国家自然科学基金项目（41901154；41530751；41471113）
中国科学院战略性先导科技专项 A 类项目（XDA19040403）

中国城市群识别与空间组织研究

陈　伟　著

科　学　出　版　社
北　京

内 容 简 介

在全球化和信息化背景下，城市间竞争不再局限于单体城市本身的规模体量，而是越来越依赖于城市参与功能分工的地位以及多尺度空间的关系地理，而城市群已经成为该背景下具有全球意义的空间组合模式。自“十一五”以来，城市群的战略地位逐步凸显，国家在一系列重要规划中均提出要把城市群作为推进城镇化进程的主体形态。本书以多尺度城市功能地域空间重构为背景，统筹关系地理和城市网络等视角，尝试对中国城市群理论内涵、空间范围、空间组织等方面进行系统性研究，以期能够为中国城市群的理论与实践提供科学依据和决策支撑。

本书可供城市地理学、经济地理学、城乡规划学、区域经济学、管理学等相关领域的研究人员阅读参考，也可供从事国土空间开发、城市与区域规划等工作的政府决策者和研究者参考。

审图号：GS(2020)6518 号

图书在版编目(CIP)数据

中国城市群识别与空间组织研究 / 陈伟著. —北京：科学出版社，2021.3

ISBN 978-7-03-066565-2

Ⅰ. ①中… Ⅱ. ①陈… Ⅲ. ①城市群-空间规划-研究-中国 Ⅳ. ①F299.21

中国版本图书馆 CIP 数据核字（2020）第 208453 号

责任编辑：杨逢渤 / 责任校对：樊雅琼

责任印制：吴兆东 / 封面设计：无极书装

科学出版社 出版

北京东黄城根北街 16 号

邮政编码：100717

http://www.sciencep.com

北京建宏印刷有限公司 印刷

科学出版社发行 各地新华书店经销

*

2021 年 3 月第 一 版 开本：720×1000 1/16

2021 年 3 月第一次印刷 印张：12 1/2

字数：350 000

定价：168.00 元

（如有印装质量问题，我社负责调换）

前　　言

近20年以来，全球化、信息化极大地重塑了全球经济地理版图，随着网络社会崛起，巨型城市与区域已经成为全球化和地方化交互作用最为剧烈的空间单元，经济活动由空间中的生产逐步向空间的生产转变。随着全球化进程和城市化发展，城市之间的竞争已经不再局限于单体城市之间的竞争，而是越来越依赖于参与分工协作的地位以及多尺度空间的功能联系，尤其表现在城市网络化、集群化的竞合态势方面，而城市群已经成为当前背景下具有全球意义的空间组合模式。在全球化、信息化背景下，城市群是当今瞬息万变全球经济中的经济引擎，是集聚经济在全球城市化背景下的最新化身，这种大型的城市化集聚景观正在崛起并主导全球经济发展趋势。因此，城市群也被认为是当前全球化下新的城市空间形态，被视为国家参与全球竞争与国际分工的全新地域单元。受集聚经济和空间外部性影响，城市群空间的合理性布局是国家与区域经济可持续发展的重要保障，对于指导城市与区域发展具有重要意义。

基于上述背景，本书以城市群为研究对象，以多尺度城市功能地域空间重构为背景，统筹关系地理和城市网络等视角，综合集成组团识别、核心–边缘结构、空间可达性、多中心性等算法，尝试对中国城市群理论内涵、空间范围以及空间组织等方面进行系统性探究，以期能够不断深化和拓展中国城市群空间组织基础理论，为我国城市与区域发展的政策制定提供科学支撑。受限于篇幅，本书的主要观点摘要如下。

1）在系统梳理了中西方城市功能地域概念的基础上，本书认为，中国的城市群概念具有尺度伸缩性，与西方的巨型城市区域、巨型都市区和巨型区域概念最为接近。从空间内涵上看，城市群是两个及以上城市体系组成的巨型城市区域，是兼具形态连续性和功能内聚力的城市系统，是全球化与本地化显著交互作用的大型经济单元，是当今时代城市与区域分工协作的一种尺度修复。基于此，城市群发育的基本条件主要包括良好的资源环境综合承载能力、大都市区与多个城市系统、地理空间上的邻近性与紧凑性、发达和完善的基础设施网络、深入协调的功能分工与经济联系以及相对一致的社会网络和文化认同。

2）中国城市网络空间形态表现出强烈的空间依赖性和层级特征，与我国主要城市群分布存在较大程度的空间耦合；通过组团识别算法，本书识别出 19 个城市经济区，其空间内涵主要包括行政区经济特征、巨型区域溢出效应和核心-边缘结构等方面；不同地域系统内城市网络自成体系，表现出强烈的空间依赖性和多元的空间组织模式，多层次、流动性和网络化的地域系统格局凸显。

3）从城市群的空间性质出发，基于关系地理与城市网络视角，本书共识别出 21 个城市群结构，并对其空间范围进行了初步划定，分别包括长江三角洲（简称长三角）、珠江三角洲（简称珠三角）、京津冀、成渝、山东半岛、中原、辽中南、海峡西岸、关中平原、环长株潭、呼包鄂榆、兰州—西宁、晋中、武汉、江淮、环鄱阳湖、北部湾、黔中、滇中、哈大齐和吉林中部城市群。

4）空间可达性是刻画城市与城市、城市与区域、区域与区域之间空间关联格局的基础性表征。从空间可达性视角，多尺度功能性城市与区域功能地域系统开始浮现。基于城市等时圈，从空间连续性、关联性和紧凑型出发，以省会城市或区域中心城市为抓手，本书共识别出 15 个城市群结构，分别包括长三角、珠三角、京津冀、成渝、山东半岛、中原、辽中南、海峡西岸、关中平原、环长株潭、武汉、江淮、晋中、北部湾和宁夏沿黄城市群。

5）基于城市群空间识别分析框架，从功能联系、空间可达性等视角出发，以中国城市社会经济发展特征为基础，兼顾城市群发育的基本条件，从多个维度对中国城市群空间范围进行轮廓刻画和综合校验。最终，本书共识别出 15 个城市群结构，包括长三角、珠三角、京津冀、成渝、山东半岛、中原、海峡西岸、辽中南、环长株潭、武汉、关中平原、江淮、北部湾、晋中和哈大齐城市群，它们构成了当前中国城市群空间范围的新方案。

6）基于中国城市群空间范围，从单中心与多中心、形态与功能维度，揭示中国城市群空间组织模式。中国城市群形态多中心和功能多中心结构发育程度各异，两者之间存在着一定程度的空间不匹配现象。中国城市群空间组织模式可以大致划分为形态多中心—功能多中心、形态单中心—功能多中心、形态单中心—功能单中心、形态多中心—功能单中心四种空间类型。其中，大多数城市群在功能维度上表现出单中心发育结构。

本书的研究得到了国家自然科学基金项目（41901154；41530751；41471113）、中国科学院战略性先导科技专项 A 类项目（XDA19040403）的资助，这些资助为本书研究内容的顺利推进和付梓出版提供了坚实的保障。特别感谢中国科学院地理科学与资源研究所刘卫东研究员、东北大学江河建筑学院修春亮教授对本书研究内容的悉心指导和关切，感谢中国科学院地理科学与资源研究所区域可持续发展分析与模拟重点实验室各位同仁长期的鼓励和帮助！

在当今全球化和信息化时代，全球经贸与区域发展瞬息万变，城市群地区的要素配置和地域功能更加凸显，城市群正在成为全球城市和区域竞合发展的主要空间载体，而城市群建设成为当今全球城市与区域发展政策制定者普遍关注的焦点。作者衷心希望本书能够为中国城市群的基础理论与政策实践提供一些有益的思考和借鉴。虽然作者尽可能努力参悟，但受限于学术视野和研究能力，本书研究内容难免存在缺憾和不足之处，诚请读者不吝赐教！

陈　伟

2020 年 7 月于中国科学院奥运村科技园

目　录

第1章 绪 论

1.1 研究背景

1.1.1 “流空间”不断塑造高密度、网络化的城市空间形态

20世纪后期，随着全球化和信息化进程逐步深入，互联网、通信技术和现代交通工具迅猛发展，新的国际劳动分工极大地推动了区域经济发展方式的变革，生产方式和空间组织呈现出多元化发展态势，由行政区划主导的等级空间逐渐向关系网络化的功能空间转变。社会学家曼纽尔·卡斯特（Manuel Castells）认为全球化的力量，特别是新的信息技术驱动的全球化力量正在用“流的空间”代替“地点空间”，当前的空间结构建立在“流”、联系、网络和节点的逻辑基础上（Castells，1989，1996）。

但即便在全球化、信息化的背景下，经济活动在空间上仍然是地方化的，它既可能是集中的，也可能是分散的，还可能是位于两者之间的（Dicken，2007）。正是由于经济活动具有的在特定区位集聚的强烈倾向，生产链和生产网络也必须嵌入在特定地点的空间地域，通过各种流联结在一起，不断改变着多尺度经济地理格局。依托“流空间”，作为空间生产的地域主体，以城市为主体的功能区域越来越多地参与到全球范围内的要素流动，一种跨越边界、通过物质和非物质网络联系所形成的新型空间组织形式——“城市网络”概念应运而生，其成为透视城市与区域空间结构发展的新视角。正是城市间的这种功能联系，城市间的专业化分工和经济互补性不断增强，从而使得不同规模、相对独立的城市由于功能联系而在地理空间上集聚，形成更大范围内的区域空间形态，促使区域空间结构不断向多中心、网络化的结构动态演化。

在此背景下，不同尺度的功能地域不断发生尺度重组和空间重构，城市不断突破自身边界，城市网络化发展趋势明显。于是，被用来描述大型城市化地域景观的“城市群”概念出现并逐步引起关注，成为人们认识和理解区域尺度上大型城市化功能地域系统的空间想象。

1.1.2 城市群被作为主体形态推进国家新型城镇化建设

自“十一五”以来，国家已经将城市群作为推进城镇化的主体形态。2006年，国家“十一五”规划纲要明确提出，“要把城市群作为推进城镇化的主体形态，逐步形成以沿海及京广京哈线为纵轴，长江及陇海线为横轴，若干城市群为主体，其他城市和小城镇点状分布，永久耕地和生态功能区相间隔，高效协调可持续的城镇化空间格局”。2011年，国家“十二五”规划纲要提出，“构建以陆桥通道、沿长江通道为两条横轴，以沿海、京哈京广、包昆通道为三条纵轴，以轴线上若干城市群为依托、其他城市化地区和城市为重要组成部分的城市化战略格局”。随后，2014年，《国家新型城镇化规划（2014—2020）》提出，“以城市群为主体形态，推动大中小城市和小城镇协调发展”，并进一步提出“优化提升东部地区城市群”“培育发展中西部地区城市群”“建立城市群发展协调机制”。2016年，国家“十三五”规划纲要则提出，“优化提升东部地区城市群，建设京津冀、长三角、珠三角世界级城市群，提升山东半岛、海峡西岸城市群开放竞争水平。培育中西部地区城市群，发展壮大东北地区、中原地区、长江中游、成渝地区、关中平原城市群，规划引导北部湾、山西中部、呼包鄂榆、黔中、滇中、兰州—西宁、宁夏沿黄、天山北坡城市群发展，形成更多支撑区域发展的增长极”。

根据2013年中央城镇化工作会议要求，国家加快推进城市群规划编制工作，跨省区的城市群规划由国家发展和改革委员会与住房和城乡建设部牵头编制，省域内的城市群原则上由所在省区政府自行编制。按照中央部署，两部委联合编制了成渝、长三角、北部湾和关中平原城市群的发展规划，国家发展和改革委员会牵头编制了长江中游、哈长城市群、中原城市群、呼包鄂榆、兰西与珠港澳大湾区等城市群，而各省区则分头编制山东半岛、辽中南、山西中部、天山北坡、滇中、黔中等城市群的发展规划。自2015年以来，国务院已经陆续批复了长江中游、哈长、成渝、长三角、中原、北部湾、黔中、山东半岛、关中平原和呼包鄂榆10个城市群发展规划，而其他城市群发展规划也正在紧锣密鼓地编制中。

虽然中央政府高度重视城市群的发展，各城市群发展规划也陆续被发布或处于编制过程中，但当前城市群发展同样面临一些突出问题。由于城市体系发展不完善和协同发展机制的缺失，城市间存在着明显的利益冲突、区域竞争和主体间博弈，尤其表现为资源争夺、产业同构、效率低下、环境生态恶化等“区域病”征兆。由于区域核心城市往往一城独大，等级规模优势过于明显，对政策、资源、产业等发展要素过度攫取和吸附，这在一定程度上造成或加剧了核心城市的

"大城市病"，抑制了周边中小城市的发展，从而在很大程度上阻碍了区域整体发展效率的提升。因此，在上述背景下，如何通过调整区域空间组织形式、构建城市群空间协同发展机制，从而兼顾提升区域整体竞争力和促进城市单体经济高效发展，是关乎我国城市与区域可持续发展的重大命题。

1.1.3 关系地理与网络成为透视区域空间组织的重要视角

在当今全球化和信息化时代，城市根植于区域，区域是城市发展的基本容器，城市与区域均处于反身性的多尺度空间。专业化的分工协作、高密度的功能网络在提升生产力和生产效率的同时，也在不断重塑着不同尺度城市与区域的空间结构，城市与区域发展不再局限于本地的人口、经济等规模，而是更多取决于它在城市网络体系中所处于的地位。城市与区域的空间结构也由单中心结构向多中心结构转变，由传统的中心地等级体系向多中心网络化的城市网络体系转变，大型经济单元成为理解全球化和地方化相互作用下形成的全新地域单元空间组织形式，其空间组织重构自然也受到许多新因素的影响。

因此，城市与区域的空间组织应更多基于尺度关联和空间交互等视角进行审视，关系地理和网络成为透视城市与区域发展的重要视角。

在"流空间"和城市网络的框架下，城市发展已经不再局限于城市单体本身的属性参数，而是更多依赖于在多尺度空间中的功能联系和分工，需要更多从多尺度空间来探索城市在城市网络中的角色、功能和定位。在上述背景下，应通过协调区域内城市间的功能分工与协作、强化城市网络联系强度，提高城市与城市群的空间组织效率，寻求城市单体发展与区域整体发展效率的最大化，从而最终提升城市群整体竞争力与内生发展动力。

综上所述，本书以城市群为研究对象，以多尺度城市功能地域空间重构为背景，统筹关系地理和城市网络等视角，尝试对中国城市群理论内涵、空间范围、空间组织等方面进行系统性研究，以期能够为中国城市群的理论与实践提供科学依据和决策支撑。

1.2 理论意义与实践价值

1.2.1 理论意义

(1) 探索和构建城市群空间识别分析框架

城市群是由两个及以上空间上分离、经济上独立的地区通过融合形成的大型城市化集聚区域，是集经济、社会、政治、文化等多种要素于一体的巨型复杂系统。作为大尺度的城市功能地域系统，经济联系和功能分工是城市群发育的重要基础，也是反映城市群本质的最基本空间特性。然而，城市群的空间识别却一直是学术界和实践部门尚未解决的难题，当前中国城市群的空间组织方案就存在多个版本。在以往研究中，关于城市群识别与空间范围界定，更多是基于指标刻画的地域差异展开的，而缺少从经济联系、功能分工等视角开展城市群空间识别的研究。因此，基于城市群发育的基本条件，从关系地理和城市网络等视角出发，依托于“流”与网络的分析途径，分析城市群空间发育特征，构建城市群空间识别的分析框架，探索不同视角下城市群空间识别方案，将为城市群空间识别提供具有普适性的分析框架。

（2）丰富和完善城市群空间组织理论认知

在全球化和信息化时代背景下，城市群是由城市网络集群化发展所形成的庞大的、蔓延的城市化形态，已经成为经济活动空间集聚的表现形式。当前，各城市群规划正在各区域如火如荼地展开。然而，由于城市群概念的模糊性，城市群的空间边界及其空间组织形式，并未得到全面深入的分析和一致性结论，城市群空间组织理论与实证有待于进一步深化。基于上述背景，重新审视不同尺度城市功能地域系统，借鉴西方巨型区域最新理论，尝试对中国城市群理论进行融合与拓展，进一步丰富中国城市群理论内涵；基于功能联系视角，对中国功能地域体系进行区域划分，识别出中国城市经济区体系；并在此基础上，从多种维度对中国城市群空间范围进行综合界定；基于中国城市群空间边界，统筹形态-功能、单中心-多中心维度，深入探索中国城市群空间组织模式，从而深化中国城市群空间组织理论认知。

1.2.2 实践价值

（1）对城市群空间识别的借鉴意义

当今中国的城市化速度和规模已经远远超过历史任何时期，城市经济正在超越本地尺度，不断扩张到更大尺度的城市区域，甚至跨越都市区尺度，形成由中心城市和周边地区所构成的网络化的城市化景观，城市群就是这样一种新的空间形态。然而，城市群的空间边界划定却一直是学术界和实践界尚未解决的重要命题，远未达成共识。因此，通过综合集成多种维度构建中国城市群空间识别框架，将有助于解决国家城市群规划与空间发展战略的现实需求，对于指导我国城市与区域发展具有重要的实践价值。

（2）对城市群空间治理的指导意义

作为全球化和本地化显著交互作用的大型经济单元，城市群已经成为我国经济空间变化的突出表现形式，跨尺度的要素流动催生了城市的集群化发展趋势，也推动了城市群尺度的空间重构，城市群空间组织形式正在不断发生变化。然而，城市群的发展也出现了一些新的问题，如碎片化的体制机制、多主体间的竞合关系等。因此，如何解决城市群内部不同经济主体间的协同发展，中心城市与周边城市的竞合关系，在效率上实现整体最优和局部最优的统筹协调，成为城市群空间治理的重要命题。

1.3 研究内容与方法

1.3.1 研究目标

基于以上背景，本书以中国城市群为研究对象，以多尺度城市功能地域空间重构为背景，统筹关系地理和城市网络等视角，尝试对中国城市群理论内涵、空间范围和空间组织等方面进行综合探究。基于上述研究目标，本书尝试回答以下科学问题：①什么是城市群？城市群和其他空间概念的区别？②城市群在哪里？空间边界如何识别？③城市群在空间上是如何组织的？存在哪些不同类型？

为完成上述研究目标，在总体格局上，本书主要遵循“研究背景—理论探讨—空间范围—空间组织”的逻辑主线，研究的思路主要包括：①对比中西方城市功能地域概念，结合西方巨型区域理论最新进展，尝试对中国城市群理论进行融合和拓展，进一步丰富中国城市群理论基础；②基于功能联系视角，探索中国城市网络的内蕴结构与功能体系，对中国功能地域体系进行区域划分，识别出中国城市经济区体系；③在中国城市经济区基础上，进一步识别城市经济区中的“核心结构”，也就是潜在的城市群结构，并以城市群发展的基础条件作为主要参考，从多个维度对中国城市群空间范围进行轮廓刻画和综合界定；④统筹单中心—多中心、形态—功能等维度，构建测度城市群多中心结构的分析框架，对中国城市群的形态多中心和功能多中心进行测度，进一步提炼中国城市群的空间组织模式。

1.3.2 研究内容

基于上述研究思路与目标，本书拟在以下几个方面展开重点研究。

(1) 城市群空间组织理论探究

概念辨析是区分城市群和其他空间想象的必要前提和研究基础。对比国内外城市与区域概念，深入探索城市功能地域由城市单体向城市-区域景观变迁过程，为认识城市群空间组织理论内涵提供基础保证。同时，借鉴西方巨型区域理论最新进展，进一步深化和拓展国内城市群空间组织基础理论，并为建立符合中国情景的城市群空间识别与空间组织类型分析框架提供有力保障。

(2) 中国城市网络和城市经济区体系

若深入探索城市群空间边界和空间组织形式，就需要分析城市群发育的宏观背景。城市网络是城市群发育的基本判断标准之一，紧密联系的城市网络是城市群发育的重要空间表现。一般而言，城市群的空间识别建立在对城市经济区体系的基本认知基础之上。因此，本书尝试基于中国城市间交通流划分中国城市经济区体系，深入剖析城市经济区内城市网络结构及其空间组织模式。

(3) 基于功能联系的城市群空间范围识别

作为城市功能地域系统，经济联系和功能分工是城市群发育的基础，也是反映城市群本质的最基本空间特性。因此，从城市群的空间性质出发，基于关系地理与城市网络视角，依托于城市经济区的空间网络属性，本书尝试集成组团识别和核心-边缘结构等算法，识别中国城市地域系统中的内蕴结构与功能体系，为中国城市群空间界定提供一种基于关系地理的识别方法体系。

(4) 基于空间可达性的城市群空间边界提取

空间可达性是指示区域间相互作用与空间结构的重要度量，是刻画城市与区域空间关联程度的基础性表征，已经成为城市与区域系统发挥集聚与扩散功能的显著表征。考虑自然地表空间的异质性，本书综合集成陆地交通网络和自然地表要素，构建更为逼近真实情景的可达性分析算法，精确刻画中国城市的空间可达性，基于城市等时圈进一步解析和提取中国城市群空间范围边界。

(5) 中国城市群空间范围综合界定

城市群的发育、形成与演化具有其内在规律，是自然、经济、社会等多重因素综合作用的结果，城市群空间范围的界定也应从多个维度进行审视。基于城市群空间识别分析框架，以城市群发育的 5 个基本条件作为主要参考，对比静态与动态、属性与关系、形态与功能等视角，从多个维度对中国城市群空间范围进行轮廓刻画和综合校验，形成多视角融合的中国城市群空间范围新方案。

(6) 中国城市群空间组织模式

统筹形态-功能、单中心-多中心等视角，构建测度不同空间尺度形态多中心与功能多中心的分析框架，对中国城市群的形态多中心和功能多中心结构发育程度进行综合测度，分析城市群究竟是由单一核心城市所驱动产生的？还是相对均衡城市间的结果？进一步探讨不同城市群在形态-功能、单中心-多中心维度的内在关系，最终凝练出中国城市群的空间组织模式及其演化趋势。

1.3.3 研究方法

城市群概念正在成为当前最时髦的经济区域概念，涉及了多个学科领域，包括地理学、城乡规划学、经济学和社会学等众多学科，在实际研究过程中，本书总体遵循“研究背景—理论探讨—空间范围—空间组织”的逻辑主线，综合运用城市地理、经济地理、城乡规划和城市经济等学科的相关理论和研究方法，重点从理论研究与实地调研、定性判别与定量分析、学科交叉与视角融合以及尺度转换与尺度关联等研究方法入手，深入剖析中国城市群空间组织模式。

（1）理论研究与实地调研相结合

考虑到城市群研究的植根性和本土特色，需要系统梳理国内外相关文献资料，辨析城市与区域、多中心结构等概念内涵，廓清中国城市群与西方城市功能地域研究的理论和实证进展，构建理论研究框架和实证分析框架。同时，城市群又是国内外宏观尺度重要的空间发展战略，通过实地调研和野外考察，有助于理解城市和区域的运行机制，为深入探索不同类型城市群的空间组织、演化过程及其驱动机制提供感性认识和区域认知。

（2）定性判别与定量分析相结合

基于文献资料的系统梳理，深入理解城市群与其他城市功能地域的理论内涵。在研究过程中，注重定性判别的重要性，结合基本的地理学知识和城市群的理论基础，扎实推进城市群理论分析框架的构建。在实证研究中，综合运用数理统计、空间分析、网络科学等技术方法，对城市群空间范围、空间组织模式展开计量模拟和定量测度，并做好实证结果的检验工作。

（3）学科交叉与视角融合相结合

城市群并不是一个新的话题，但长期以来，在学术界始终存在着争议，尤其体现在其概念的模糊性。城市群研究涉及地理学、城乡规划学、经济学和社会学等学科体系，属于典型的多学科、多视角交叉范畴。地理学更重视城市群的发育特征、演化过程与形成机制，城乡规划学更关注城市群的空间发展战略，经济学相对重视城市群的集聚效率，而社会学更侧重个体、社区、阶层等不同行为主体与城市群潜在的利益关系。因此，需要从不同学科、不同视角来探索城市群内涵，从而为全面、客观认识多中心结构提供理论支撑。

（4）尺度转换与尺度关联相结合

城市群是全球化和本地化显著交互作用的空间经济单元，是资本主义空间生产的一种尺度修复。从宏观层面来看，由于全球化和本地化过程的交互作用，城市群空间结构也在不断发生重构；从微观层面来看，不同行为主体在不同空间尺度上进行着经济和社会活动。因此，为更好理解城市群空间的运行机制及其演化过程，我们需要适时地进行尺度转换和尺度关联。

第 2 章　理论基础与研究进展

2.1　相关概念辨析

随着全球城市化进程的深入，城市人口数量逐步超过乡村人口，城市实体地域持续扩张，城市区域化发展态势明显。于是，为了描述当前全球城市化发展态势，越来越多的词汇和术语被创造用来描述当前不断变化的城市空间形态。与此同时，对城市功能地域的描述已经不再局限于单体城市本身的空间形态，而是逐步扩展到单体城市联合表征的大型城市化地区，即区域尺度的城市空间形态，一些新的超越城市行政边界的功能地域概念产生。

由于地域差异和认知差异，不同国家、不同作者分别采用了不同的划分标准，用来定义不同尺度的城市地域景观，涉及的空间尺度包括城市内部尺度、城市间尺度以及区域间尺度，常见的概念主要包括巨型城市、大都市、都市区、都市圈、组合城市、城市区域、功能城市区域、全球城市区域、巨型城市区域、巨型区域、城市走廊等（Lang and Dhavale，2005；Georg et al.，2016）。

随着城市地理和城乡规划的发展，为了更好地刻画城市与区域发展中的地理现象和规律，学术界常用一些专业术语来进行定义。

然而，在实际使用过程中，不同概念在定义上的混淆常常导致研究结论莫衷一是。考虑到城市群概念的模糊性，学术界和公众界对城市群的理论一直存在着一定程度的疑惑。因此，需要进一步梳理城市与区域的相关概念，理解城市行政地域、实体地域和功能地域间的区别，辨析城市群和相关空间想象的异同和联系，从而更好地理解城市群的空间组织与演化。

2.1.1　城市

具体到空间上，城市主要包括三种地域概念：行政地域、实体地域和功能地域概念（许学强等，2009）。大多数发达国家是城市行政地域小于城市实体地域，而我国绝大多数情况下是城市行政地域大于城市实体地域，这是由中西方不同的政治和行政管理体制差异所造成的。“城市”这一概念对应的英文名称主要有两种：urban 和 city。通常意义上，city 是一个具有法律效力的行政管辖实体，一个相对稳定的空间单元；而 urban 是一个功能地域的概念，即以商业、就业、娱乐、教育、医疗等城市功能为核心的空间单元，作为生产中的空间，urban 是时刻在发生变化的。由于我国并没有与国际通用概念相接轨的标准的功能地域界定，在实际中，我国官方的城市统计数据大多是以 city 为基本单元，而没有对应的 urban 尺度的统计数据。因此，在实证研究中，应当特别注意区别 city 和 urban 概念的内涵。

2.1.2 都市区

都市区（metropolitan area）是国外最常见的城市功能地域概念。它是一个大的人口核心以及与这个核心具有高度的社会经济一体化倾向的邻接社区的组合，一般以县作为基本单元（周一星，1995）。美国最早于 1910 年提出都市区（metropolitan district）概念，1994 年正式建立具体的统计标准用于国情普查，命名为标准都市区（standard metropolitan area），1959 年又定义了标准都市统计区（standard metropolitan statistical area），其一直沿用到 1980 年，以后改称为都市统计区（metropolitan statistical area）。都市统计区通常由一个以上中心城市和外围县两部分组成，同中心城市结合在一起组成都市统计区的外围县必须满足某些大都市特点（如人口密度、城镇人口比例等）和与中心城市之间的社会经济联系（主要指标是通勤）等具体标准。

2.1.3 都市圈

都市圈（metropolitan region）是日本在美国“都市区”概念基础上，结合自身城市特点形成的一个概念。一般认为，都市圈是以中心城市职能的空间集聚与扩散为条件，由中心城市与多个周边城市和地区共同构成的，以城市日常生活圈（当日往返通勤范围）空间范围为界限的一个多核心的一体化的城市实体地域（Castells，2002）。都市圈地域空间范围的划界通常选用能够反映都市圈地域间内在联系的各类指标，主要从城市日常生活的生产和消费两方面考虑，如通勤联系等。

2.1.4 城市区域

城市区域（city region 或 urban region）是经济全球化时代透视区域空间组织

和空间结构的重要理论工具（刘卫东和陆大道，2005）。随着全球化和信息化的逐步深入，世界经济“地点空间”正在被“流空间”所替代，在一定程度上重塑了全球城市等级体系，作为各种“流”的汇集地、连接区域和世界的节点、经济体系的控制中心，由“门户城市”（gateway city）及其腹地组成的、具有有机联系的“城市区域”逐步成为参与全球竞争的基本地域单元（Sassen，2000；Scott，2001）。同时，西方的行政市（city）面积普遍小于功能地域的城市（urban），这也成为出现城市区域概念的原因。与此类似概念还有全球城市区域（global city-region）、巨型城市区域（mega city-region）等。全球城市区域是在后工业化时代新经济产业崛起背景下，城市与周边地区密切联系形成的城市经济功能区域，被认为是全球城市理论与区域世界理论之间的一种妥协（Storper，1997；Soja，2000；Scott，2001），Allen Scott 对于这个概念的发展做出突出贡献。巨型城市区域是信息化时代的产物，强调互联网、现代通信技术对于城市区域的塑造，提出从区域间的功能联系出发，关注非可视化地理对区域不均衡性进行解释（Hall and Pain，2006）。

2.1.5 都市连绵区

在 1986 年，周一星在分析中国城市概念和城镇人口统计口径时，提出了都市连绵区（metropolitan interlocking region）的概念，从而与国外普遍使用的大都市带（megalopolis）这一概念相对应。周一星认为都市连绵区是以都市区为基本组成单元，以若干大城市为核心并与周边地区保持强烈交互作用和密切社会经济联系，沿着交通走廊分布的巨型城乡一体化地区。都市连绵区形成有五个必要条件：①具有两个以上人口超过百万的特大城市作为发展极；②具有对外口岸；③发展极和口岸之间具有便利的交通干线作为发展走廊；④交通走廊及其两侧人口稠密，有较多中小城市；⑤经济发达，城乡间有紧密的经济联系。

2.1.6 城镇密集区

城镇密集区（urban agglomerative region）是对城镇分布比较密集、相对发达的地理空间的一种称呼，是一种比较中性的、一般性的、可以广泛使用的词汇（胡序威等，2000）。一般认为，城镇密集区是经济较发达、城市化水平较高、对其外围区域有较大辐射影响的核心地区。目前，城镇密集区概念内涵与“城市群”基本相似，城镇密集区或城市密集区基本上就是城市群所在的地区。

二者的主要区别在于：城市群的重点是城市，是指区域内较密集的城市群体，重视城市之间的联系；城镇密集区的重点是区域，是指城镇分布较密集的区域，重视城镇之间和城乡之间的联系。

2.1.7 大都市带

法国地理学家简·戈特曼（Jean Gottmann）在研究美国东北部大西洋沿岸的城市密集区时，于1957年首次提出大都市带（megalopolis）的概念。戈特曼选择以古希腊时代的megalopolis（指非常大的城市）来称呼这个当时世界上最大的、人口超过3000万的超级大都市区。戈特曼认为大都市带的地域组织主要包括多核心、发达的交通走廊、密集的交互作用、超大规模和国家核心区域等基本特征。20世纪70年代，戈特曼进一步认为当时世界上有6个大都市带：①从波士顿经纽约、费城、巴尔的摩到华盛顿的美国东北部大西洋沿岸大都市带；②从芝加哥向东经底特律、克利夫兰到匹兹堡的北美五大湖沿岸都市带；③从东京、横滨经名古屋、大阪到神户的日本太平洋沿岸大都市带；④从伦敦经伯明翰到曼彻斯特、利物浦的英格兰大都市带；⑤从阿姆斯特丹到鲁尔和法国北部工业集聚体的欧洲西北部大都市带；⑥以上海为中心的长三角大都市带。

2.1.8 城市群

近30年来，城市群（mega-city region；megapolitan area；mega-region）一直是我国城市地理领域重要的研究议题。一般认为，城市群是在特定地域范围内，以若干个中心城市为核心，依托于现代化的交通通信等基础社会网络，所形成的空间组织紧凑、经济联系密切、功能分工明确和交通一体化发展的城市集合体（姚士谋，1992；顾朝林，1992；方创琳，2009；宁越敏，2011）。城市群是工业化和城镇化发展到高级阶段的产物，是都市区发展到高级阶段的产物，是实体地域空间和关系网络空间的交互叠加区域（顾朝林，2011；方创琳，2014；苗长虹和胡志强，2015）。一般而言，国内学者更多将城市群的英文名称翻译成urban agglomeration，但西方文献中的urban agglomeration多指都市区尺度的城镇集聚体，要小于多个城市体系组合的城市群尺度。

2.2 理论基础

2.2.1 “流空间”理论

20 世纪 90 年代后，在全球化、信息化背景下，在互联网、通信等技术的推动下，网络社会崛起，生产方式和空间组织出现并呈现出多样化态势。在此背景下，社会学家 Castells（1989）提出“流空间”（space of flows）概念，用来描述信息化和网络社会中一种新的空间逻辑，迅速引起国内外不同学科领域的普遍关注。Castells（1996）认为，在当今信息化时代，我们的社会是由“流”所构成，包括资本流、信息流、技术流、组织互动流，以及影像流、声音流、符号流等，是这些同时性的“流”在主导着我们的经济、政治、社会等。在这样的背景下，一种社会实践中新的空间形态特征出现了，并主导和塑造了网络社会，即“流”的空间。

作为信息化社会中主导过程与功能的物质形态支撑，Castells（1996）认为“流空间”是分时系统的社会实践通过“流”建立的物质组织，可以从三个层面认识。第一层面，在网络社会中，互联网、通信技术和依赖于信息技术的高速交通系统为“流空间”的形成提供了物质支撑和基础。这是一种瞬时性的社会实践，信息技术和互联网为这些主导功能的空间衔接提供了可能性。在网络中，没有地方能孤立存在，所有位置正在经历着“流”的交换。第二层面，“流空间”是由节点和枢纽组成。“流空间”不是脱离物理场所存在的，而是基于互联网、通信网络将具体的场所连接到一起。一些场所可能是网络中的枢纽，而另外一些场所可能是网络中的节点，根据在网络中的重要性，枢纽和节点被等级化地组织在一起。第三层面，“流空间”指的是占据主导性的管理精英的空间组织，这些技术、金融、管理类型的精英占据了社会中的主导地位，主导了“流空间”的运行和表现形式。

“流空间”并非占据了网络社会的全部，实际上，人类社会依然依赖于场所的存在。从某种程度上说，“流空间”是对传统“场所空间”（space of places）的延伸和拓展，两者并非完全对立，实际上是既存在区别又有所联系。尤其在高度信息化的当今社会，已经很难将“流空间”与“场所空间”完全剥离开来，两者间存在着广泛的相互作用。“流空间”可以重塑场所空间，而“场所空间”也可以形塑“流空间”。场所空间至少通过以下三种方式影响流：①影响流的产生和发展；②通过政治、文化、制度、语言或社会经济等因素的作用，对外来的流有筛选作用；③通过改变流的承载内容和表现形式，适应多种场所的特殊性。

相对于“场所空间”，“流空间”更加强调，在信息化时代和互联网社会背景下，各类要素流动对空间组织的建构作用，并且在此过程中引致的时空压缩效应。然而，地理距离的约束并不会消失，只是核心节点或枢纽节点在网络中占据了更多的资源和机会，进一步引发非均衡现象和空间重构。同时，虽然卡斯特尔构建的基于“流”与网络的城市研究框架在实践研究中数据是贫乏的，但却为后续关于城市网络、多中心城市区域等研究提供了坚实的理论基础。后期，彼得·泰勒（Peter Taylor）领导的全球化与世界城市研究网络（GaWC）[①] 及彼得·霍尔（Peter Hall）和考蒂·佩因（Kathy Pain）领导的欧洲多中心巨型城市区域可持续发展管理项目[②]（Sustainable Management of European Polycentric Mega-City Regions，简称 POLYNET 项目）的研究工作均在不同程度上借鉴和延续了“流空间”的思想。

2.2.2 巨型区域理论

20 世纪，简·戈特曼的经典城市地理与城乡规划著作《大都市带：美国东北部海岸的城市化》，成为当代巨型区域研究的开端。半个多世纪以来，诞生了许多专业术语用来描绘这种由城市网络集群化所形成的庞大的、蔓延的城市化景观。而近年来，巨型区域概念逐渐凸显，吸引了大量学者和政策制定者的关注。越来越多的学者和机构开始认为，随着全球化和城市化进程的加快，城市不断扩张到更大尺度的城市区域，跨越都市区尺度、由网络化的中心城市及其周边地区所构成的城市化景观正在形成（Harrison and Hoyler，2015），巨型区域已经成为全球化背景下经济活动的空间表现形式和新的城市形态，逐渐成为全球和区域经济的新引擎（UN-Habitat，2008）。

巨型区域概念本身具有很长的历史，大致可追溯到 20 世纪初。1915 年，著名的苏格兰规划师和理论家帕特里克·格迪斯（Patrick Geddes）首先提出了大都市带的概念，并将其作为一个地方（Geddes，1915）。后来，与格迪斯同时代的刘易斯·芒福德（Lewis Mumford）选择采用大都市带这样一个词汇，来定义城市演化六个阶段中的第四阶段（Mumford，1938）。其中，前三个阶段分别是原始

---

① 相关介绍和研究进展可参考其学术网站：http：//www. lboro. ac. uk/gawc.

② 由欧盟区域发展基金出资 240 万欧元委托完成的国际合作项目。项目由英国 Young 基金会主持，集合了来自荷兰阿姆斯特丹大学、德国海德堡大学、法国巴黎第一大学、爱尔兰国立都柏林大学、苏黎世联邦理工学院、多特蒙德区域与城市研究院、拉夫堡大学及布鲁塞尔自由大学八所院校的专家学者。该项目主要研究了西北欧八大巨型城市区域的形成与发展，即英格兰东南部、荷兰兰斯塔德、比利时中部、莱茵-鲁尔区、莱茵-美因区、瑞士北部、巴黎地区以及大都柏林地区。

城市（eopolis）、城邦（polis）、中心城市（metropolis），用来描绘城市的不断增长；后三个阶段则分别是大都市带（megalopolis）、专制城市（tyannopolis）、死城（nekropolis），用以阐述超大城市的衰落。在这样背景下，戈特曼提出了美国东北部沿海大都市带，具有极大的象征意义（Gottmann，1957，1961）。戈特曼明确指出，2000 年以前，古希腊计划建立一个新的城邦，被称为大都市带，希望它能成为希腊最大的城市，它是人们美好愿望的象征（Gottmann，1961）。格迪斯和芒福德对于城市扩张持猛烈的批判态度，而戈特曼则积极地提出了一种更加现代主义的、进步的新的城市形态。而实际上，戈特曼的思想遗产一直传承到今天的巨型区域研究。

从当前研究进展来看，关于巨型区域的研究大致可以分为“北美学派”和“欧洲学派”。“北美学派”以提取空间形态作为识别巨型区域空间的出发点（Carbonell and Yaro，2005；Florida et al.，2008；Lang and Knox，2009；Nelson and Lang，2011），而“欧洲学派”主要基于功能维度来研究巨型区域空间。当前，巨型区域的形成过程分为三类：第一种类型称为雅各布斯区域增长方式（Jacobs，1985），主要依赖于首位城市不断扩张，促进中心城市带动中小城市，如伦敦、巴黎（Taylor and Pain，2007）；第二种类型是地理位置邻近、彼此间规模相当的城市组合，不依赖于单一中心，如荷兰的兰斯塔德、德国的莱茵-鲁尔区；第三种类型是前两种类型的混合，如以旧金山湾区为核心的美国加利福尼亚北部（Schafran，2015）。

虽然很多人认为，巨型区域的出现在很大程度上是一种经济逻辑上的建构。巨型区域是经济活动的空间表现，是当前瞬息万变全球经济中的引擎，是集聚经济在全球城市化背景下的最新化身，在一定程度上表征着由较少数量的、日益增长的大型城市化集聚崛起从而主导全球经济的发展趋势（Florida et al.，2008）。然而，也有部分学者提出疑问，为什么巨型区域能够凸显出来成为一种更强大、更有说服力和占据明显优势的空间想象？而其他的相互竞争的空间想象出现后却又消失了？巨型区域是当前时间点上的单一片段的快照，还是长时期历史发展轨迹的必然？巨型区域是否能够反映全球化下新的城市形态？这些问题仍需要更为有力的理论和实践检验。

2.2.3 城市网络理论

20 世纪后期，随着全球化和信息化进程逐步深入，互联网、通信技术和现代交通工具迅猛发展，极大地推动了区域经济变革，生产方式和空间组织呈现出多元化发展态势，世界经济的“场所空间”逐步向“流空间”转变（Castells，

1989)，当前的世界体系建立在流、连接、网络和节点的逻辑基础上。Castells 进一步认为全球经济将形成一个网络状的空间组织，而现代通信和互联网技术的发展正在不断加速这种组织的形成，城市的地位不再取决于其本身的社会经济条件，而是由其所在网络中的地位决定，即“流”的规模、广度和方向。依托“流空间”，城市越来越多地参与到全球范围内的要素流动中，作为一种新的跨越行政界限的城市间功能关系，“城市网络”概念应运而生，城市地理学的研究视野由原先更多关注城市等级规模体系开始转变为更多关注多尺度城市网络的结构、功能和联系。作为全球化、信息化时代背景下产生的新型空间组织方式，城市网络是相似或互补的城市间形成的水平和非层级性的联系以及流动的网络体系，强调专业化分工和外部性（Camagni and Capello，2004）。

在上述背景下，基于关系地理和网络视角，英国拉夫堡大学的 GaWC 为研究世界城市网络（world city network，WCN）做出了开创性的贡献，尤其体现在，为解决现实中城市间关系型数据的缺失，GaWC 创造性地以生产性服务业在全球的区位选择为基础，基于全球企业组织构建世界城市网络互锁模型，并借鉴大量社会网络分析方法，分析了城市在世界城市体系中的地位变化和发展态势。在全球化的今天，不能理解跨国公司的作用就无法理解城市的发展，不能理解城市的作用就无法理解国家的发展，城市网络的研究工作极大地推进和探索了城市功能联系和关系地理的日益重要性，城市网络已经成为理解城市与区域发展的重要理论视角。

2.2.4 多中心结构理论

空间结构是地理学永恒的话题，是地理学家透视真实世界的独特视角。同时，空间结构也是一个具有丰富内涵的概念，不同学者有自己不同的理解，但其基本内涵主要包括空间形态、土地利用结构、等级规模分布、空间相互作用等。《人文地理学辞典》中，空间结构被定义为“社会以及自然现象在空间上的组织”（Gregory et al.，2009）。中国经济地理学家陆大道（1995）认为，空间结构是指社会经济客体在空间中的相互作用和相互关系及其所形成的空间集聚规模和集聚形态。空间结构是区域发展状态的指示器，区域的最佳组织是指区域的社会经济各组成部分的合理分布和合理的空间结构，主要表现在空间中合理集聚和最佳规模。

空间结构研究始于20 世纪 30 ~ 40 年代的德国，以经典区位论理论为代表，德国学者相继提出了农业区位论［杜能（1826 年）］、工业区位论［韦伯（1909 年）］、城市区位论（中心地理论）［克里斯塔勒（1932 年）］、市场区位论［廖什（1940 年）］。空间结构是区位论学者通过理论假设、抽象提炼、演绎归纳和实证检验等对现实世界空间组织普遍规律的探寻，空间结构理论是在区位论基础上产生的，基本沿袭了区位论研究传统。50 年代以后，空间结构研究在美国、瑞典和联邦德国取得了进一步的发展，尤其是以艾萨德为代表的区域科学学派崛起，进一步推动了空间结构理论的发展。随着“计量革命”失败，西方发达国家逐步进入后工业时代和信息网络化社会，全球经济呈现出新的发展态势，一些新因素涌现，空间结构也产生了一些新的理论进展，如核心–边缘结构（Friedmann，1966）、“点轴系统”（陆大道，1995）、双核结构（陆玉麒，1998）、“流空间”（Castells，1999）、城市网络（GaWC；POLYNET 项目）以及多中心结构（Kloosterman and Lambregts，2001；Davoudi，2003；Hall and Pain，2006；Taylor et al.，2008）。

“多中心”概念主要缘起于城乡规划学领域，最早可以追溯到 19 世纪末 20 世纪初。作为一种理想的政策工具，“多中心”已经作为国内外众多城市与区域空间规划的核心理念，被用来提升城市与区域的社会凝聚力、经济竞争力和环境可持续性，在国内外不同尺度的空间规划中得到大量的实践应用，包括城市内部、都市区、城市区域、城市群甚至是国家尺度等。虽然，在规划实践层面，多中心并不是一个新的词汇。但目前学术界对于“多中心”还没有一个统一的定义，由于“多中心”是一个涉及地理学、规划学、经济学和社会学等多个学科的概念，不同学科给予了“多中心”多样化的解释。为了更好地理解单中心和多中心空间结构，本书将从多中心的缘起、多中心的定义、多中心的尺度效应以及多中心的分类等角度对多中心的内涵和发展进行深入解析，为之后的实证研究做好基础性的铺垫。

（1）多中心的缘起

自从“欧洲空间发展展望”（European Spatial Development Perspective，ESDP）文件公布以来，“多中心”成为城乡规划学和经济地理学文献中的重要概念。关于“多中心”议题，学术界给予了大量的关注和热情。1998 年，*European Planning Studies* 期刊首次推出关于多中心研究的专刊“西北欧多核心大都市区”（*Polynucleated Metropolitan Regions in Northwest Europe*），引起热烈反响；2001 年，*Urban Studies* 刊出了“多中心城市区域：迈向一个新兴的研究议程”（*The Polycentric Urban Region：Towards a Research Agenda*）；随后，2008 年，*Regional Studies* 发表了题名“西北欧的全球化，城市区域及多中心”（*Globalization，City-Regions and Polycentricity in North-West Europe*）的专辑。其中，欧洲空间规划观测网络（European Spatial Planning Observation Network，ESPON）对多中心研究起到巨大的推动作用。此外，由彼得 · 霍尔（Peter Hall）与考蒂 · 佩因（Kathy Pain）领导的 POLYNET 项目对西北欧巨型城市区域（mega-city region，MCR）

多中心空间发展进行了深入探索，推动多中心城市区域研究由学术领域转向应用领域。

（2）多中心的定义

多中心相对于单中心而言，是城市与区域空间结构的一种表现维度，主要用来刻画城市、区域内部要素的空间分布模式，如图 2-1 所示。单中心与多中心之间并不存在绝对的分界线，两者具有一定的空间连续性。虽然目前仍未有一个统一的标准定义，但多中心的基本内涵是相对明确的：①在一定地理空间范围内，具有几个空间上分离的中心；②具有几个规模体量相当的中心和一大批规模不等的单元，但并不存在政治、经济、文化和其他方面都具有绝对地位的主导性中心；③这些中心不仅在空间上分离，同时也是相对独立的政治实体（Kloosterman and Lambregts，2001）。总体来说，多中心的本质是“分散的集聚”，即强调要素在地理空间上的分散化集聚，“多中心主义”一定程度上是在不断寻求空间均衡性和区域多样性，从而提高区域的整体竞争力和可持续发展。

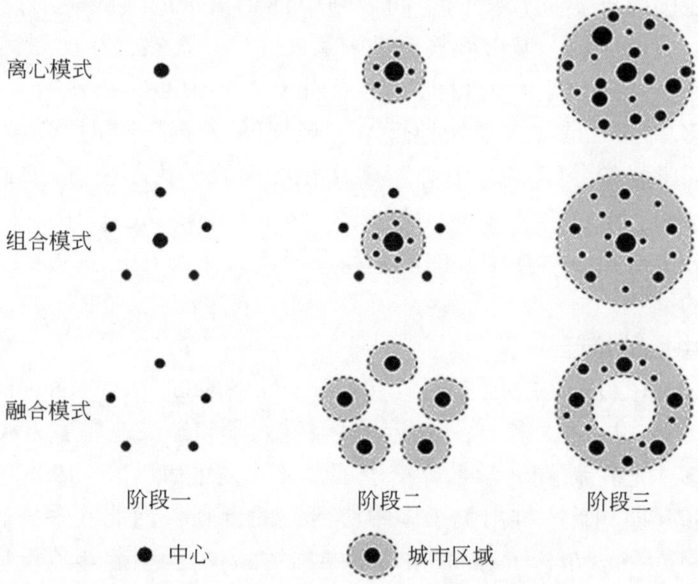

图 2-1　多中心空间结构演化路径示意图

资料来源：Champion，2001

（3）多中心的分类

针对多中心内涵的理解，一般可以从空间形态、功能联系和治理结构三个维度展开，即形态多中心、功能多中心和多中心治理。形态多中心（morphological polycentricity）是对人类聚落在特性地域上分布特征（数量、等级和空间分布）

的描绘。形态多中心主要强调城市或区域内各中心的规模分布，是一种相对平衡的空间分布模式。其规模分布越均衡，则层级结构越弱，多中心性越明显。而功能多中心（functional polycentricity）是从功能维度来探索区域的多中心性，强调城市或区域内各中心的相对重要性、经济互补性和功能联系，而这种功能联系也是相对均衡的和多方向性的。多中心治理是功能多中心发展到一定程度的必然需求，尤其是跨境治理。多中心的城市与区域治理结构意味着多元主体参与决策过程，改变了自上而下单中心的、权威的主导权，强调高度的互动、最少的等级，调和权力和利益，增强不同主体的创新、学习和适应（图 2-2）。

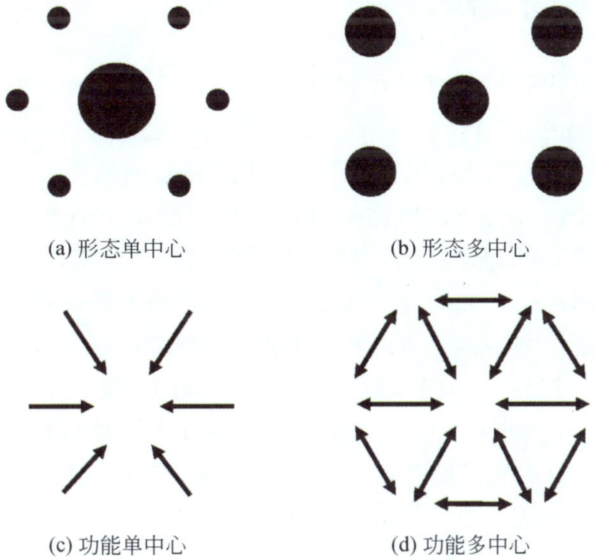

图 2-2　形态多中心和功能多中心关系示意图

资料来源：Burger and Meijers，2012

（4）多中心的尺度效应

多中心是高度尺度依赖的概念，在不同空间尺度上，多中心具有不同的表现形式和内在驱动，某一尺度上的多中心可能是另一个尺度上的单中心（Hall and Pain，2006；Taylor et al.，2008）。在不同尺度上，多中心的内涵是不同的（Davoudi，2003）。从国家尺度上看，经济活动往往主要集中在少数的城市区域、都市连绵区或城市群等尺度单元上，可能表现为单中心结构；从区域尺度上看，城市区域、城市群、巨型区域等功能地域，在内部结构上可能是由多个中心城市构成的相对均衡的规模分布，这样的空间结构就属于多中心的；从城市尺度上看，进一步细化，作为功能区域内的中心城市，城市内部空间结构既可能是单中心的，也可能是多中心的。因此，探讨城市与区域的多中心结构发育程度必须注意到尺度依赖性，不同的空间单元需要选取不同的分析尺度。

在传统意义上，多中心概念主要被应用到城市内部尺度来解释都市区人口或就业集聚现象。近年来，多中心城市区域（polycentric urban region，PUR）逐渐在世界范围内成为新一个研究议题（Batten，1995；Kloosterman and Musterd，2001；Parr，2004）。而多中心城市区域基本对应的是区域尺度，是指在地理邻近的城市集合，并不存在一个绝对的中心，而是具有普遍的网络联系，从而构成多中心的功能区域。

2.2.5 关系经济地理理论

关系视角在当代经济地理学中逐渐变得日益重要，被认为是经济地理学的“关系转向”（Storper，1997；Boggs and Rantisi，2003；Yeung，2005；Sunley，2008），也被称为“关系经济地理学”。经济地理学中的关系思维主要包括两种类型，一种源自经济社会学的网络嵌入性，将“关系”看作是个体间和组织间特定类型网络和联系的保证；另一种基于后结构主义思潮，将“关系”更宽泛地用来表示实体间网络和关系的所有形式。关系经济地理学强调社会和组织网络的重要性，试图通过网络和后结构视角拓展新的研究议题和理论框架。空间上的差异是社会关系和过程不同的衔接，而不是连续的、变化的表面（Allen et al.，1998）。Massey 等（1999）认为，关系性的思维方式让我们看到了一个非二元的世界。社会空间是社会关系的产物，即网络、相互作用、毗邻和连接的产物。

对于经济地理而言，经济联系、关系和网络是重要的研究内容。关系经济地理从行动者网络理论中汲取了很多营养，强调行为主体的多元、异质性网络（Leyshon and Pollard，2000；Smith，2003；Murphy，2006；Bathelt and Glückler，2005）。Amin（2004）认为，区域的关系想象正在成为一种新的空间想象，城市与区域正在嵌入全球组织网络成为地点和节点，并通过联系和网络施加影响。空间形态和空间边界已经不再必须是有特定范围或标量的，社会、经济、政治和文化通过行动者网络组织在一起，空间构造正在变得逐渐动态和多元化。城市与区域不再囿于本身所处疆界，而是正在通过流、邻近、渗透和关系连接的空间性，成为持续变化的空间构成。例如，Amin 和 Thrift（2002）认为，本地不再是本地竞争优势的来源，而是连接经济行为的低点，是空间上展开的经济范围。

理论发展初期，受限于具体视角和有限范围，关系路径更多被看作是协作的价值，后来经济地理学中关系现象和网络的定义被不断拓展。Dicken 等（2001）认为，经济地理学中的关系路径应该关注所有类型的网络和关系。Bathelt 和 Glückler（2005）认为，考虑空间实体所处的背景和相互作用的本性，所有类型的资源都是关系化的。Grabher（2006）强调，目前还没有一种最好的方式能够直截了当地、很清晰地度量网络的真实本质，而只能够通过多元化的路径来解析不同类型网络，从而突出其不同维度。因此，关系经济地理学逐渐成为理解广泛问题和现象的一种思考方式。

2.2.6 集聚经济理论

对经济活动空间集聚现象的解释一直是经济地理学、区域经济学和城市经济学等相关学科的经典命题和核心任务。对地理空间集聚现象的系统性研究始于马歇尔，马歇尔认为经济活动空间集聚从根本上而言是集聚所带来的外部经济，认为外部经济主要包括劳动力市场、中间投入产品以及知识外溢，集聚经济是城市发展的内在动力。在马歇尔之前，杜能就对经济集聚现象进行过解释，但并没有明确提出外部性的概念。“集聚经济”概念是由韦伯首先提出，他在《工业区位论》一书里区分了影响工业区位的因素，其中就包括集聚因素。

一般而言，集聚经济就是经济活动的空间集聚带来的成本节约和效率提升（贺灿飞和潘峰华，2005）。马歇尔最早指出集聚经济能够推动产业发展和城市经济增长。他认为属于同一产业内的相关企业倾向于选择相同的区位，主要是看重这些区位的劳动力市场、中间产品市场和专业化的服务业以及知识和信息溢出等，从而可以降低企业的各种成本，如搜寻和培训劳动力的成本、劳动力匹配成本、交通通信成本、距离交易成本和创新成本等。在马歇尔的基础上，胡佛对集聚外部性做了进一步标准化分类，将马歇尔外部经济分为两类：一是地方化经济（localization economies），即相同行业内的企业在空间上集聚所带来的外部性，在空间上反映的是城市产业不断专业化，也称为 MAR 外部性（Marshall- Arrow-Romer externality）；二是城市化经济（urbanization economies），即城市内不同产业在空间上集聚所带来的外部性，强调产业多样化的作用，与简·雅各布斯（Jane Jacobs）的观点一致，也被称作雅各布斯外部性（Jacobs externality）。

但长期以来，受微观经济学工具、数值模拟、经济集聚现象与一般均衡分析框架互不相容等因素的限制，对经济集聚现象的解释一直没有很好的模型化①。后来，亨德森（Henderson，1977）、克鲁格曼（Krugman，1991）、藤田（Fujita，1988）、格莱泽（Glaeser，1999）及罗森萨尔和斯特兰奇（Rosenthal and Strange，

① 详细可参考 Starrett（1978）的“空间不可能定理”（spatial impossibility theorem），该定理证明了在考虑了运输问题的一般均衡分析框架之中，在均质区域假设条件下不存在地区间的贸易和专业化，也就不存在经济的集聚现象。

2001）等经济学家，借助微观经济学、计算机模拟等，较好地将经济活动的空间集聚现象予以模型化，涌现出了一大批解释经济集聚现象的理论模型，进一步推动了集聚经济理论发展。

2.3 城市群研究进展

2.3.1 城市群的概念内涵

20世纪80年代以来，城市群一直是我国城市地理领域重要的研究议题。作为一种客观存在的地理现象，城市群是具有中国特色的城市地理概念，是我国城市地理学界做出的重要学术贡献（宋家泰等，1985；姚士谋，1992；顾朝林，1992；方创琳，2009；宁越敏，2011）。自“十一五”以来，我国将城市群作为推进城镇化的主体形态。当前，城市群已经成为学术界和政府部门炙手可热的流行概念，在很多场合城市群的概念被不断提及。然而，由于概念的模糊性，在很多场合，城市群的概念也不断被泛化，与经济区、城镇体系等相关概念混淆不清，直接影响了城市群作为城市与区域发展战略的实施效果。

宋家泰等在1985年编著的《城市总体规划》一书中，最早明确了城市群的概念，他们认为，城市群即“多经济中心的城市区域，即在同一个特定地区内，除其中一个作为行政性的经济中心，还存在具有同等经济实力或水平的几个非行政性的经济中心”。

顾朝林认为城市群是指以中心城市为核心向周围辐射构成的多个城市的集合体。城市群在经济上紧密联系，在功能上分工合作，在交通上联合一体，并通过城市规划、基础设施和社会设施建设共同构成具有鲜明地域特色的社会生活空间网络（顾朝林，2011）。几个城市群或单个大的城市群可进一步构成国家层面的经济圈，对国家乃至世界经济发展产生重要的影响力。

姚士谋最早对中国城市群展开了系统性的研究，于1992年出版了《中国的城市群》一书，随后又陆续出版了第二版、第三版、第四版。姚士谋认为城市群是指在特定的地域范围内具有相当数量的不同性质、类型和等级规模的城市，依托一定的自然环境条件，以一个或者两个超大或特大都市作为地区经济的核心，借助于现代化的交通工具和综合运输网的通达性，以及高度发达的信息网络，发生与发展着城市个体之间的内在联系，共同构成一个相对完整的城市集合体（姚士谋等，2001）。

近年以来，方创琳致力于城市群研究，做出了大量探索性工作。方创琳认为城市群是指在特定地域范围内，以 1 个以上特大城市为核心，由 3 个以上大城市为构成单元，依托发达的交通通信等基础设施网络，所形成的空间组织紧凑、经济联系紧密并最终实现高度同城化和高度一体化的城市群体。城市群是工业化和城镇化发展到高级阶段的产物，也是都市区和都市圈发展到高级阶段的产物（方创琳，2014）。

宁越敏延续着 20 世纪 90 年代中国学者研究都市区、都市连绵区的学术传统，认为城市群的界定必须建立在都市区基础之上，即一个大城市群拥有较高的城市化水平，至少有两个人口百万以上大都市区作为发展极，或至少拥有一个人口在 200 万以上的大都市区；沿着一条或多条交通走廊，连同周边有着密切社会、经济联系的城市和区域，相互连接形成的巨型城市化区域（宁越敏，2011）。

苗长虹从区域概念的多重属性出发，认为城市群空间是一种新的区域空间，具有地域空间、网络空间、空间的生产与建构等多重属性，并提出了认知和界定城市群的多维度分析框架，包括领土（territory）、地方（place）、尺度（scale）、网络（network）和功能（function）五个方面，并指出了今后进行城市群研究需要关注的理论重点（苗长虹，2015）。

但从学术层面看，长期以来城市群属于一个基本内涵模糊的概念，缺乏统一的界定标准，无论是概念内涵还是空间范围，学术界均未能达成一致性共识。不同学者，从不同视角和层面阐释不同的城市群概念内涵，划分出不同数量、类型和范围的城市群，这也直接导致了当前城市群理论与实践中的诸多分歧。

2.3.2 城市群的空间界定

城市群空间范围界定一直是城市群研究的基础性工作，是理解城市群形成发育、演化过程的前提工作。然而，由于城市群是一个复杂、动态、开放的巨型系统，其空间范围具有模糊性和动态演化性，关于城市群空间范围的界定和识别也是一件烦琐又难以操作的工作。借鉴大都市带的识别（Gottmann，1961），结合都市区、都市圈等判断指标和标准，国内外学者从不同视角和层面提出了城市群（或大都市带）空间范围的识别标准（顾朝林，1992；周一星，1995；方创琳，2009；宁越敏，2011）。同时，伴随着现代地理信息技术的进步以及大数据时代的来临，除了沿用传统的基于都市区为基础的空间范围识别方法（李凯等，2015），部分学者开始试图利用引力模型（王丽等，2013；黄金川，2016）、网络分析（潘竟虎和刘伟圣，2014；潘竟虎和戴维丽，2017）等新兴地理信息分析方法，挖掘以夜间灯光（周亮等，2019；梁泽等，2020）、信息点（POI）（高晓路等，2015）等为代表的新兴数据类型，或者结合定性与定量分析（张倩等，

2011；孙伟等，2018），从多维度视角探索城市群空间范围的识别框架，界定中国城市群空间范围或单一城市群空间范围。由于研究视角的差异，不同学者定义、划分出不同数量、类型和范围的城市群，也产生了不同的城市群边界方案。

1957 年，法国地理学家戈特曼提出大都市带的概念，形成了识别大都市带空间范围的五个标准（Gottmann，1957）：①区域内有较密集的城市；②有相当多的大城市形成各自的都市区，核心城市与都市区外围有密切的社会经济联系；③有联系方便的交通走廊把核心城市连接起来，各都市区之间没有间隔，且联系密切；④必须达到相当大的总规模，人口在 2500 万以上；⑤具有国际交往枢纽的作用。按照这一标准，戈特曼认为世界上有 6 个大都市带达到了上述标准，分别是美国东北部大西洋沿岸，北美五大湖沿岸，日本太平洋沿岸，欧洲西北部，从伦敦经伯明翰到曼彻斯特、利物浦的英格兰以及中国以上海为中心的长三角。

借鉴大都市带的识别，结合都市区、都市圈等判断指标和标准，国内学者在研究过程中也纷纷提出了自己的界定标准和城市群版本，主要包括周一星在研究都市连绵区过程中提出的五大标准（周一星，1995）、姚士谋提出的十大标准（姚士谋，1992）、方创琳提出的十大标准（方创琳，2009）以及宁越敏提出的五大标准（宁越敏，2011）等版本。

（1）周一星关于都市连绵区空间范围的识别标准

周一星提出了中国都市区的界定标准，在此基础上，进一步提出了都市连绵区空间范围识别的 5 个标准（周一星，1995）：①有 2 个以上人口超过 100 万人的特大城市作为发展极，其中至少 1 个城市有相对较高的对外开放程度，具有国际性城市的主要特征；②有相当规模和技术水平领先的大型海港（年货运吞吐量大于 1 亿 t）和空港，并有多条定期国际航线运营；③有多种现代运输方式叠加而成的综合交通走廊，区内各级发展极与走廊之间有边界的陆上运输手段；④有数据较多的中小城市，且多个都市区沿交通走廊相连，总人口规模达到 2500 万人以上，人口密度达到 700 人/km^2；⑤组成都市连绵区的各个城市之间、都市区内部中心市和外围县之间存在紧密的经济社会联系。

（2）姚士谋关于城市群空间范围的识别标准

姚士谋在《中国城市群》论著中，提出中国城市群空间范围识别的 10 个标准：①城市群区域总人口超过 1500 万～3000 万人；②城市群内特大超级城市不少于 2 座；③区域内城市人口比例大于 35%；④区域内城镇人口比例大于 40%；⑤区域内城镇人口占省区比例大于 55%；⑥城市群等级规模结构完整，形成 5 个等级；⑦交通网络密度：铁路网络密度为 250～350km/万 km^2，公路网密度为 2000～2500km/万 km^2；⑧社会消费品零售总额占全省比例大于 45%；⑨流动人口占全省、区比例大于 65%；⑩工业总产值占全省、区比例大于 70%。

（3）方创琳关于城市群空间范围的识别标准

在综合分析国内外专家有关都市区、都市圈、城市群、都市连绵区等的判断指标和标准后，方创琳（2009）提出中国城市群空间范围识别的 10 个基本标准：①城市群内都市圈或大城市数量不少于 3 个，但最多不超过 20 个，其中作为核心城市的城镇人口大于 100 万人的特大或超大城市至少有 1 个；②城市群内人口规模不低于 2000 万人，其中城镇人口不少于 1000 万人；③城市群人均 GDP 超过 3000 美元，工业化程度较高，一般处于工业化中后期；④城市群经济密度大于 500 万元/km^2，经济外向度大于 30%；⑤城市群铁路网络密度为 250 ~ 350km/万 km^2，公路网密度为 2000 ~ 2500km/万 km^2，基本形成高度发达的综合运输通道；⑥城市群非农产业产值比例超过 70%，非农产业劳动力比例超过 60%；⑦城市群区域城市化水平大于 50%；⑧城市群内核心城市 GDP 的中心度大于 45%，具有跨省级的城市功能；⑨城市群周边地区到中心城市的通勤率大于本身人口的 15%；⑩中心城市到紧密圈外围的时间不到 0. 5h，发车频率在 10min 左右，视为半小时经济圈，到中间圈外围的时间不到 1h，发车频率在 20min 左右，视为 1 小时经济圈，到外围圈的时间不超过 2h，发车频率在 30min 左右，视为 2 小时经济圈。

（4）宁越敏关于城市群空间范围的识别标准

宁越敏（2011）在提出的大城市群概念的基础上，进一步提出了大城市群空间范围识别的 5 项标准：①以都市区统计范围为基础；②至少有 2 个人口 100 万人以上大都市区作为发展极，或至少拥有一个人口在 200 万人以上的大都市区，大城市群的总人口规模达 1000 万人以上；③应高于全国平均的城市化水平；④沿着一条或多条交通走廊，连同周边有着密切社会、经济联系的城市与区域，相互连接形成的巨型城市化区域；⑤大城市群的内部区域在历史上具有较为紧密的联系，区域内部有共同的地域认同感。

2. 3. 3 城市群的空间组织

2014 年 12 月，“中国城市群发展高层论坛”在中国科学院地理科学与资源研究所隆重举办，来自全国 40 多所科研机构和高校从事城市群研究的知名专家与领导约 120 人出席会议。在论坛中，会议专家分别从不同视角提出了中国城市群空间组织格局的不同方案，包括徐匡迪院士提出的“5+6+11”的空间组织格局、方创琳提出的“5+9+6”的空间组织格局、顾朝林提出的“3+3+7+17”的新格局、肖金成提出的“10+6”的新格局、宁越敏提出的“10+3”的新格局、姚士谋提出的“6+7”的新格局以及武廷海提出的“3+7+17”的新格局等。

总体来看，各种城市群划分方案对于重点建设的5个国家级城市群达成了高度共识，对于建设的若干个区域性城市群基本达成共识，但数量不一致，对于建设的地区性城市群的方案争论很大，意见不一。虽然政府部门已经多次提及城市群建设，但当前学术界关于中国城市群的空间组织方案并未有完全一致的观点，不同的组织方案反映出不同的出发点和落脚点。其核心症结在于，城市群的基本认知和空间内涵仍未得到一致性见解，不同学者通过不同的视角、采用不同的衡量标准研究城市群，自然得出的结论也有所差异。

目前，城市群已经被作为主体形态推进国家新型城镇化建设，不同地区的城市群规划编制也接近尾声，然而，城市群的空间组织理论却仍有待于进一步深化。廓清城市群空间组织是理解城市群空间构造、演化过程及其形成机制的关键途径，对于深化城市群基本发育规律具有重要的研究价值。当前，关于城市群的研究更多集中在空间结构、产业结构、土地利用、资源环境效应、合作机制等方面。而单纯针对城市群内在的空间组织模式及其演化机制的深入研究，却显得相对较少，但这却是认识城市群本质特征的主要维度。

2.3.4 城市群的形成机制

(1) 发育过程

虽然“城市群”这一学术术语最早在20世纪80年就已经被提出，但国内对于城市群的系统性研究开展得相对较晚。姚士谋于1992年出版了《中国的城市群》，这是第一本专门针对城市群的学术著作。早期的城市群研究，更多是蕴含在城镇体系、城市密集区和城市经济区研究中，主要研究城市群的定义、地域范围、空间结构等，而关于城市群发育过程及其形成机制的研究则开展得相对较少，直到近年来才逐步出现对城市群基本发育规律的理论探讨。

在早期研究中，姚士谋等认为，城市群的形成发育过程大致包括农业经济时代、前工业化时代、工业化时代和城市化阶段四大阶段（图2-3），不同阶段对应发育不同的城市空间形态（姚士谋，1992；姚士谋等，2001）。而王兴平（2002）认为，在都市区的区域空间序列上，存在这样的演化发展过程：一般城市—都市区—城市密集区—城市群—大都市区—都市连绵区—大都市带。区域内的城市最初是一般城市，部分城市演化为都市区，随着都市区密度增大，形成城市密集区，从而最终发展成城市群。

近年来，以中国科学院地理科学与资源研究所方创琳教授为首的团队，对城市群开展了系统性的研究，并创新性地提出了城市群形成发育过程中空间范围的四次拓展过程。方创琳等认为，在全球化、信息化、新型工业化、交通便捷化等

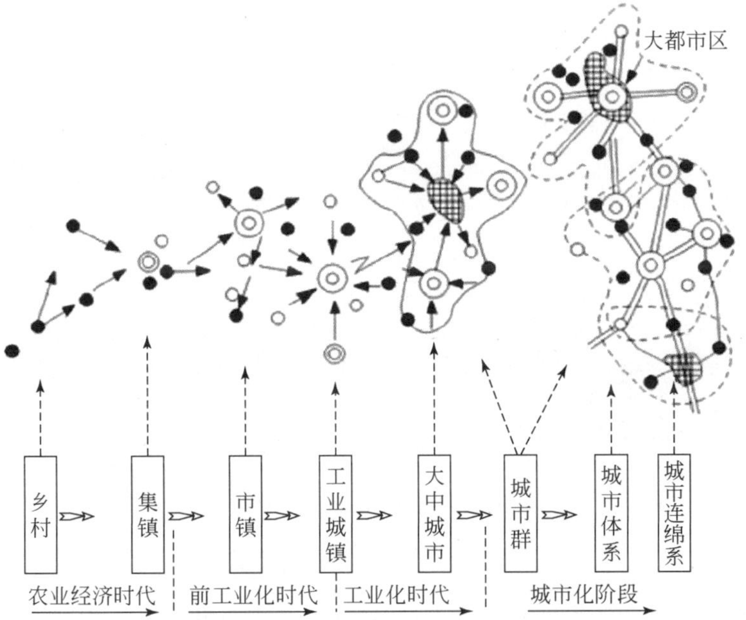

图 2-3 城市群形成发展的几个阶段

资料来源：姚士谋，1992；姚士谋等，2001

驱动因素的综合作用下，城市群空间范围的拓展理论上沿着城市—都市区—都市圈—城市群（大都市圈）—大都市带（都市连绵区）这样一条时空演进主线，经历了四次拓展过程，从城市到都市区，再到都市圈，再到城市群，最后到大都市带，城市群的空间范围实现了四次拓展过程（图 2-4），体现出城市群梯度演进和多层次性结构（方创琳，2009；方创琳等，2016）。

方创琳等（2018）进一步提出了城市群形成发育遵循的自然规律，包括城市群形成发育的阶段性规律、城市群多尺度空间集约利用传导规律、城市群空间晶体结构组合规律、城市群自然生长的育树成林规律和城市群可持续发展的梯度爬升规律共五大规律。关于城市群形成发育的阶段性规律，他们认为，城市群形成与发育的过程就是城市群的节点、基质和网络 3 个构成要素演进的过程。城市群形成发育一般划分为 3 ~ 4 个阶段，且通常第 1 阶段是单节点主导阶段，第 2 阶段是单节点膨胀性增长阶段，第 3 阶段是城市群形成的初级阶段，而第 4 阶段则为城市群形成与发育的高级阶段。

（2）驱动机制

城市群的形成和发展是复杂的自然、经济、社会、文化等各种系统相互作用的结果，是一种城市区域化集聚的大型城市化现象。姚士谋（1992）的研究较为

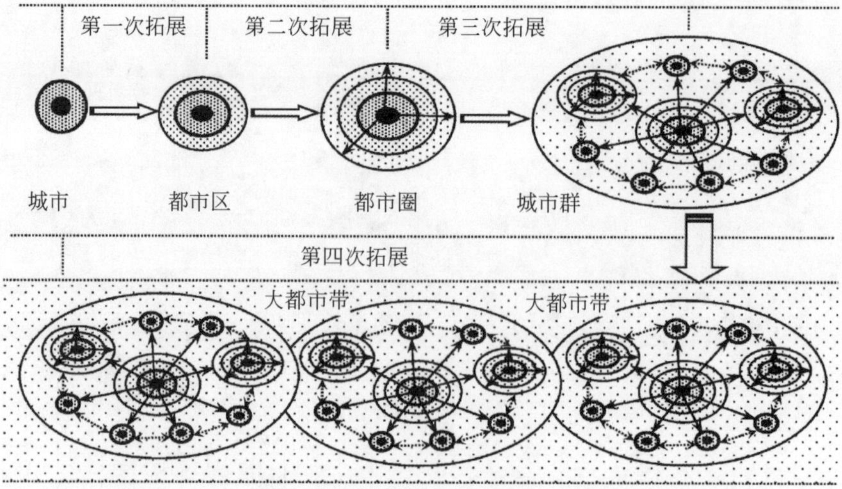

图 2-4　城市群形成发育过程中空间范围的四次拓展过程

资料来源：方创琳，2009

系统地指出，城市群的形成机制主要在于该群体的内聚力所产生的吸引集聚功能和辐射力所产生的扩散辐射功能。随后部分学者通过实证研究，探讨了珠江三角洲都会区、穗港澳都市连绵区、长江三角洲都市连绵带的形成机制。进入 21 世纪以来，城市群形成机制的探讨依然以实证研究为主导，但关注的视角已从以往侧重城市群整体的形成机制，深化到城市群某一方面的形成机制（叶玉瑶，2006；王发曾和程丽丽，2010）。

概括而言，有关城市群形成机制的研究涉及内生和外生机制两大类。对内生机制的研究主要包括以下两个方面：一是工业化和市场机制。工业化促进经济迅速发展，使农业由传统性的自给农业向商品性的农业转变，加快市场建设与乡镇和个体企业发展，有利于提高县域非农化水平，促进城市化，为城市群形成奠定有利的经济与城镇基础（许学强和周春山，1994；顾朝林和张敏，2000）。二是聚集、扩散与协调机制。在一定的时空条件下，区域中心（城市）以其集聚经济优势和比较利益，促使区域内物质、能量、人口、资金的集聚，并通过乘数效应不断增强内聚力。而向外扩散的辐射力也随着内聚力增强而增强。在这种集聚和扩散的共同作用下，中心城市规模得以扩大，中心城市与周围城镇的联系得以加强，导致宏观城市区域向城市群阶段过渡，中心城市向都市区过渡（宁越敏等，1998）。

对外生机制的研究则主要从以下三个方面来进行：一是全球化和跨国公司的作用机制。经济全球化和跨国公司的迅速崛起是当今世界经济发展的两大特征，深刻改变着世界城市体系格局，是城市群形成的重要背景因素（袁瑞娟和宁越敏，1999)。二是体制和政策机制。在我国，对城市群形成与发展作用最显著的体制和政策当属产业政策、户籍政策和土地政策，这三大政策对城市规模的扩大和新城镇的形成至关重要，并制约着非农化与城市化过程（徐永健等，2000；刘荣增，2003)。三是历史区位和地理环境机制。历史基础以及良好的地区条件是城市群形成的基础力量，也决定了城市群可能的扩展方式和格局（闫小培等，1997)。

总体来看，国内有关“城市群为什么会形成”的研究，侧重于从实证出发寻找城市群发展的影响因素，如交通、产业、环境等因素，而对城市群的地位、作用以及对我国城乡发展客观影响等研究较少。对城市群发展的深层作用研究，尤其欠缺从产业体系的升级和重组、产业空间转移和跨国集团公司等方面的考虑，使得城市群作用机制的研究不够完善。

2.4 研究评述与展望

2.4.1 城市群的理论内涵仍有待于进一步廓清和完善

由于城市群概念本身的模糊性，当前中国城市群的理论内涵并未能达成一致性共识。在理论方面，城市群与城镇群、都市区、都市圈、都市连绵区、城市区域等相关概念时常混淆，在一些学术研究中常被用来相互替代，这也导致城市群研究中的一些误解。在实践层面，城市群仍未能从区域经济、城市体系等概念中独立出来，与经济区、城镇体系等概念边界模糊，被单纯作为用来描述特定区域的空间概念。

城市群是中国城市地理学界的理论贡献，长期以来，在西方学术界并不存在一个与中国城市群完全对等的西方学术概念。然而，近年来，受到全球化和信息化等影响，西方城市-区域研究领域也提出了一些新的大尺度城市-区域概念，用来描述这种跨越单一城市体系的大型城市化集聚现象，与中国城市群的概念存在相似的城市空间集聚构造，并逐渐得到越来越多的关注和讨论。在后续研究中，作者尝试借鉴西方最新的城市-区域理论，进一步探讨城市群概念的空间内涵，廓清城市群与其他空间概念的区别与联系，构建认识城市群空间内涵的分析框架，以期能够丰富和完善中国城市群的基础理论。

2.4.2 城市群空间范围识别框架仍有待于进一步明确

伴随着全球化、信息化与城镇化进程的不断深入，我国城市与区域空间结构也在不断被重塑，不同类型和尺度的功能地域正在发生重组，而城市群已经成为多尺度城市功能地域空间重构中的显著现象。然而，当前我国城市群空间范围的界定方法和识别标准却呈现出多样化发展态势，不同学者和部门基于自身视角识别出不同体系的城市群空间方案，彼此间并未达成一致性的见解。而城市群空间范围的合理性界定将在一定程度上影响城市群作为政策工具的实际效果。

考虑到中国广阔的疆域和领土、不同的自然地理环境以及稠密的人口经济活动，我国城市群尺度的空间构造具有良好的发育基础和发展潜力。作为政策工具，当前城市群规划被大量实践，但由于缺乏明确统一的城市群空间范围界定标准，不同城市群的空间范围相差较大，可能会在一定程度上导致城市群的实际建设成效不一。因此，通过构建城市群空间范围识别分析框架，明确城市群空间范围界定标准，不仅有助于发挥城市群空间生产的集聚效应，同时也在不断丰富对城市群空间战略的基本认知。

2.4.3　城市群空间组织理论有待于进一步深化和提炼

城市群空间组织模式是城市群理论的核心构成。目前国内学术界分别从不同的研究视角、界定标准和学科背景来探究中国城市群空间组织格局，并形成了不同的空间组织方案，但彼此间差异较大，既存在城市群数量的差异，也包括城市群范围的界定。整体而言，当前的城市群研究仍主要基于城市的属性数据，聚焦于城市群形成发育的空间形态维度，而较少关注功能维度以及关系地理背后的空间运行机制，导致对城市群空间组织理论规律性认识的实质性突破有待提高。

未来研究应更加注重对城市群的系统性研究，综合考虑自然环境、经济水平、发展阶段、产业结构、空间尺度、历史基础、政策制度、城市职能等异质性因素，深化对城市群空间结构演化过程和形成机制的认知，不断扩展城市群空间组织理论。同时，重视城市群研空间组织由静态向动态、由形态向功能、由表象到机制的深层转向，充分顾及要素流动和动态演化，利用大数据时代的技术优势，挖掘更为精细尺度和粒度的关系型数据，不断提炼中国城市群空间组织模式。

2.4.4　城市群研究需要加入关系地理与城市网络视角

城市群具有实体地域空间和关系网络空间的双重属性，实体地域空间是城市群的物理表现和承载体，而关系网络则涉及城市群背后的空间运行机制。在当今全球化和信息化时代，城市不再是相对孤立的个体，而是更多被纳入城市网络当中，城市与区域均处于反身性的多尺度空间。城市与区域发展问题，应更多基于尺度关联、关系地理和空间交互等视角来进行重新审视。而城市群作为全球化与本地化交互作用最为激烈的经济单元，是全球资本主义生产的一种尺度修复，全球化的力量、本地化的力量、各种行为主体的博弈都对城市群的形成发育起到至关重要的作用。

因此，为更好理解城市群内部的空间重组、演化过程与形成机制，需要更多基于多尺度空间重构与城市网络的视角来进行重新审视。将城市放到更大范围的区域层面，思考如何通过协调区域内城市间合理的分工协作，提升多尺度城市网络联系强度，降低单体城市由于要素过度集聚造成的负外部性，从而通过“互借规模”兼顾城市单体发展与区域整体效率最大化，这也是理解城市群与可持续发展的关键所在。

第 3 章　城市群空间组织理论探讨

作为描述大型城市地域景观的概念，城市群成为人们认识和理解区域尺度上大型城市功能地域系统的空间想象。为深入剖析城市空间组织，本章重新审视不同尺度的城市功能地域系统，结合西方城市-区域理论最新研究进展，梳理中外城市功能地域发展脉络，尝试对当前中国城市群的理论内涵进行拓展和挖掘，以期能够丰富中国城市群理论的基础认知。

3.1　城市功能地域景观变迁

厘清不同城市地域概念是理解城市与区域发展的前提。一般认为，城市地域可划分为城市行政地域、城市实体地域和城市功能地域（许学强等，2009）。城市行政地域是依据法律规定，行政区划所管辖的地域范围；城市实体地域是指物质形态上或景观上的城市地域，以城市建设用地/城市建成区为主，是一种城市化地域；而城市功能地域是一个对应城市实体地域的概念，一般指的是以一日为周期的城市工作、居住、商业、娱乐、教育、医疗等功能所波及的地域范围，通常以建成区为核心，包括与建成区在功能上具有一体化倾向的城市地域（周一星和史育龙，1995）。总之，城市功能地域是内部存在密切社会经济联系的一体化区域，建设密度比较大，同时也存在大量的村落、农田和其他开敞空间，甚至这些空间在面积上要多于城市性建设空间。为理解城市功能地域景观变迁过程，这里进一步梳理不同空间尺度城市功能地域概念的异同。本质上，从空间构造上看，城市功能地域主要可分为单一城市体系功能地域和多城市体系功能地域两种构造形式，前者主要包括组合城市（conurbation）、都市区（metropolitan area）、都市圈（metropolitan region）、城镇密集区（urban agglomeration region）、城市区域（city region 或 urban region）、全球城市区域（global city region）等，后者主要包括巨型城市区域（mega- city region 或 mega- urban region）、巨型都市区（megapolitan area）、巨型区域（megaregion）、大都市带（megalopolis）、城市走廊（urban corridor）等。

3.1.1 单一城市体系功能地域

从空间构造上，组合城市、城市区域、都市区、都市圈、城镇集聚体、全球城市区域等具有相似的内在结构，均以一个或多个城市为核心、连同周边地区形成单一城市体系，只是在不同地理背景、由不同国家或机构所定义。组合城市源于英国，是由格迪斯所创造，用来描述基于一小时交通圈的连续的城市空间形态。索亚和金井定义城市区域是超过 100 万人口的城市功能地域（Soja and Kanai，2007）。UN-DESA（2011）描述城镇集聚体是城市连同周边地区形成的功能地域，并且不一定和行政边界一致。而在美国，都市统计区被用以描绘高密度的城市功能地区，随后 2013 年，美国进一步实施了划分都市区（metropolitan area）、联合统计区（combined statistical areas）、标准都市统计区（standard metropolitan statistical area）和大都市统计区（primary metropolitan statistical area）的新标准。而都市圈是日本参照美国的都市区提出的城市地域概念，即由一个以上的中心城市，以一日为周期，与可接受到中心城市功能服务的周边地区共同构成的城市实体地域，是一种城市地域在空间上连续分布的功能地域形态。此外，考虑到全球化背景下，特别是全球城市的功能作用，艾伦·斯科特定义了全球城市区域，用来刻画都市区连同周边腹地（分散的城市居民点）共同形成的具有连续性的大都市区域，但它仍属于单一城市体系功能地域（Scott，2001）。

3.1.2 多个城市体系功能地域

相较于单一城市体系功能地域，多城市体系功能地域是则由两个及以上城市体系功能地域组合而成，是城市空间突破自身边界后发生尺度重组形成的大型城市地域连绵景观。多城市体系功能地域主要包括大都市带、巨型城市区域、巨型都市区、巨型区域、城市走廊等概念。大都市带最早是由格迪斯和芒福德所提出，后来被戈特曼用来形容美国东北部沿海大都市带现象，并产生了深远的影响，也为后来的巨型城市区域、巨型都市区和巨型区域等概念提供了启示。

基于卡斯特尔（Castells）的“流空间”和斯科特（Scott）的全球城市区域理论，霍尔（Hall）和佩因（Pain）于 2006 年提出了巨型城市区域的概念，认为巨型城市区域是以一个或多个中心城市为核心，连同周边 10 ~ 50 个空间上分散的但功能上具有联系的城镇共同构成的在经济联系和劳动力分工的城市地区。

在欧盟资助下，POLYNET 项目小组通过功能网络和信息流分析了西北欧的八个巨型城市区域，为之后的全球化与世界城市网络研究奠定了基础。在戈特曼研究的基础上，2006 年，美国区域规划协会（Regional Plan Association，RPA）从环境、基础设施、经济、居民点与土地利用以及文化和历史等视角提出了巨型区域的概念，认为巨型区域是由多个城市及其外围腹地共同组成的、劳动力和资本能以较低成本流动的一体化城市地域（Florida et al.，2008；Ross，2009）。其后，UN-Habitat（2008）认为巨型区域与城市走廊、城市区域共同构成三种新的城市构造类型，并指出巨型区域主要见诸北美和欧洲地区，但强调亚洲及世界其他地区呈快速增长态势。之后，越来越多的学者和机构开始认为，巨型区域是全球化的重要现象，是经济活动的空间表现形式，已成为全球化下新的城市形态，正在变成全球和区域经济的新引擎。与此同时，美国弗吉尼亚理工大学都市研究所也定义了一种新的城市单元，即巨型都市区，指的是由两个及多个都市区组成、主要城市间相距 50 ~ 200mi① 的功能地域系统（Lang and Dhavale，2005），此概念的尺度要大于都市区，但又小于巨型区域尺度（Lang and Nelson，2009）。Whebell（1969）最先以加拿大安大略省南部为案例引介了城市走廊的概念，认为走廊是通过发达的交通运输束连接的大量城镇的线性分布格局，并将城市走廊与戈特曼的波士华大都市带进行对比；之后多位学者也纷纷聚焦城市间的交通基础设施，此后其成为界定城市走廊最重要的特征。

3.1.3 城市-区域空间构造类型

随着全球城市化进程的深入，近年来，城市与区域功能地域概念可谓纷繁复杂，包括城市、都市区、都市圈、城市区域、大都市带、都市连绵区、城市密集区和城市群等，不同概念的背后都有其独特内涵和适用范围。然而，在实际使用过程中，一些概念经常被混淆甚至误用，这也导致研究结论常常莫衷一是，影响了对关键问题的科学判断和政策决策的实施效果。

本质上，城市-区域空间构造类型大致分为单一城市体系功能地域和多个城市体系功能地域。其中，常见的单一城市体系功能地域主要包括组合城市、都市区、都市圈、城市区域、全球城市区域等，而多个城市体系功能地域主要包括大都市带、巨型城市区域、巨型都市区、巨型区域，以及中国本土概念城市群与都市连绵区。此外，星球城市化则代表了跨越各种地理空间的全球城市体系（Brenner，2013a）。从形成过程看，单一城市体系往往是由中心城市要素集聚，

---

① 1mi = 1.61km。

城市空间不断扩张，并与外围县市、小城镇、卫星城等发生要素流动和功能联系，在空间上联合构成的单一城市体系功能地域系统；而随着各种要素不断流向城市集聚，单体城市实体地域不断向外扩张和蔓延，城市功能地域往往会突破现有的单一城市功能地域边界，产生两个甚至是两个以上的城市系统进行功能整合过程，从而形成多个城市体系在地理空间上组合、关联的城市空间形态，这类功能地域系统属于巨型或大型的城市经济单元，以大都市带、巨型城市区域、巨型区域、城市群、都市连绵区等空间构造为主要代表。

为廓清不同功能地域空间构造，本书在借鉴 Georg 等（2016）文献基础上，绘制了全球主要城市与区域功能地域空间构造示意图，如图 3-1 所示。从不同城市功能地域的空间构造属性看，城市群的规模体量要远超过都市区、都市圈、城市区域等单一城市体系；在构成成分上，都市区只是城市群的基本组成部分。城市群是由多个单一城市体系（都市区、都市圈或城市区域等）在空间上组合构成的相互联系的城市体系，其空间构造要远复杂于如都市区、都市圈、城市区

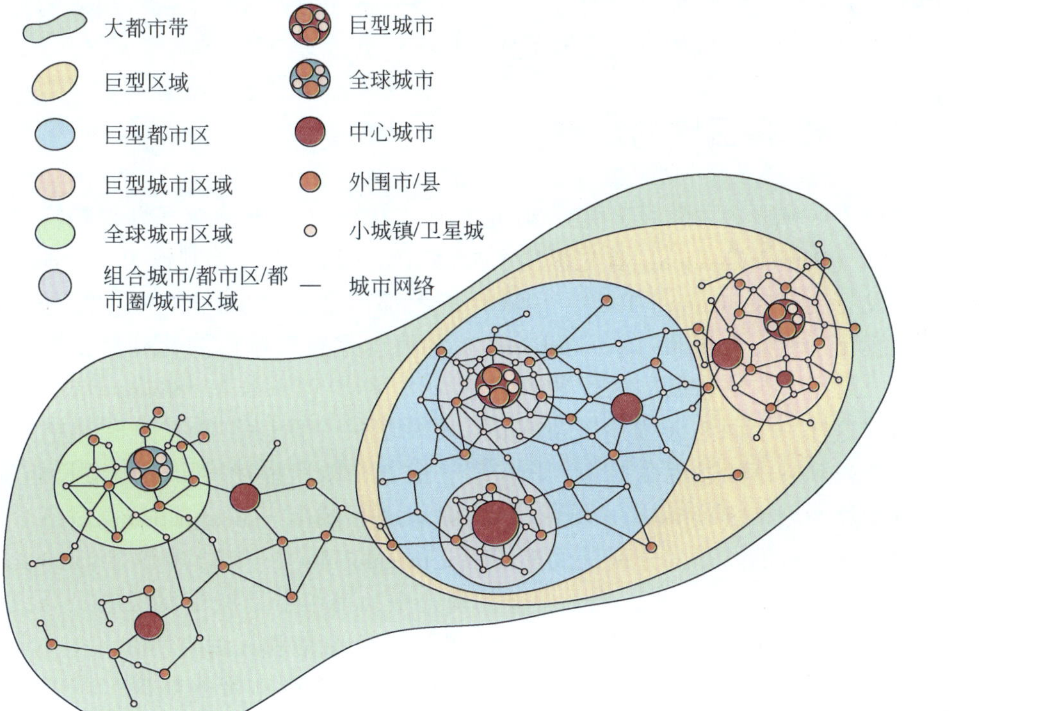

图 3-1　全球主要城市与区域功能地域空间构造示意图

资料来源：在 Georg 等（2016）文献基础上，经作者进一步修改后绘制

域、全球城市区域等单一城市体系。因此，无论是从空间构造上，还是在规模体量上，城市群均与单一城市体系的概念具有明显差异。此外，考虑到当前城市群概念的泛化使用，中国的城市群概念实际上具有一定的尺度伸缩性（flexible scale），即存在着规模等级的差异。综合各类城市地域概念，本书认为，中国的城市群概念与西方学术界的巨型城市区域、巨型都市区和巨型区域三个概念是最为接近的，本质上，均是由两个及以上空间关联、相互联系的城市体系构成，在空间内涵、规模体量以及空间组织形式等方面具有较大的相似性和共通之处。

3.2 巨型区域理论发展脉络

作为一种更大尺度、更有竞争力的城市经济单元，巨型区域被认为是全球经济发展的引擎（Florida et al., 2008）。近年来，巨型区域的概念在国际学术界获得了爆发式的关注。那么，西方巨型区域概念是在何种背景下被提出来的？巨型区域在城市功能地域体系又占据了什么位置？

3.2.1 巨型区域的起源

巨型区域概念大致可追溯到20世纪初。1915年，苏格兰规划师帕特里克·格迪斯（Patrick Geddes）首先提出了大都市带的概念，并将其作为一个地方，比简·戈特曼（Gottmann, 1957, 1961）的大都市带理论早约50年。后来，格迪斯又提出了“组合城市”（conurbation）的概念来解释城市演化和新出现的城市构造。之后，与格迪斯同时代的刘易斯·芒福德（Lewis Mumford）选择采用大都市带这样一个词汇来描述城市演化发展中的一个阶段。芒福德将（超大）城市由增长到衰落的过程概括为六个阶段，前三个阶段描述城市不断增长的过程，分别是原始城市（eopolis）、城邦（polis）、中心城市（metropolis）；后三个阶段则是由盛转衰的过程，分别是大都市带（megalopolis）、专制城市（tyannopolis）、死城（nekropolis）。可见，在芒福德的理论中大都市带是城市发展的最高级阶段（第四阶段），此后，城市将由于过度发展而进入衰落和瓦解时期。

格迪斯和芒福德均认为，一旦城市逐渐步入大都市带的规模，城市的增长将变得不可持续。在20世纪上半叶，很多人认为，城市的过快增长已经使得城市本身成为问题。而Gottmann（1957, 1961）对大都市带的展望，则是完全站在对立面。在当时的背景下，戈特曼积极地提出了美国东北部沿海大都市带，被认为具有极大的象征意义。戈特曼认为，到20世纪后期，随着城市经济扩张，城市将会产生巨大的社会经济成就（大量的非体力劳动，更好的住房、教育和文化设施等），而大都市带是一种更加现代主义的、进步的城市空间形态。关于这些憧憬的描述，使得“大都市带”概念在美国引起了巨大的关注，并迅速获得了支持，其被认为是北美城市规划的进步。实际上，戈特曼的思想遗产一直传承到当代我们关注的巨型区域。戈特曼的经典城市地理与城乡规划著作《大都市带：美国东北部海岸的城市化》被视为当代巨型区域（城市群）研究的开端。

3.2.2 巨型区域的崛起

越来越多的学者和机构开始认为，巨型区域是全球化背景下经济活动的空间表现形式，成为新的城市与区域集聚形态，正逐步变成全球和区域经济发展的新引擎（UN-Habitat，2008）。无论是佛罗里达（Florida）的“尖峰世界”还是布伦纳（Brenner）的“星球城市化”，都是对全球化背景下城市经济整合过程的重要考量。这是由地缘政治逻辑所支撑的，城市化的规模和速度前所未有，新的超越本地尺度的城市化过程正在建立，为保证高效的运行，就需要经济系统和政治系统在地理空间上实现耦合集成（Harrison and Hoyler，2015）。随着全球化和城市化进程的加快，城市不断扩张到更大尺度的城市区域，跨越都市区尺度、由网络化的中心城市及其周边地区所构成的巨型的城市化景观正在形成，即所谓的“巨型区域”。

戈特曼（Gottmann，1961）曾预言，到20世纪后期，大都市带将成为一种新的空间秩序。而在21世纪初，美国区域规划协会即提出了美国当前和近期的巨型区域地理，并于2005年正式提出了一个愿景，即“美国2050”。“美国2050”识别了在21世纪上半叶期间，11个正在浮现中的巨型区域，它们被认为是美国走向均衡和可持续增长的雏形。支持者认为，巨型区域对于全球经济的意义正如都市圈对于国家经济的作用（Florida et al.，2008）。

当然，“美国2050”的出台也具有其内在和外在的压力。从内部来说，当时缺少联邦行动来推进交通、能源和水网等基础设施建设以确保未来美国的全球经济竞争力；从外部来看，美国区域规划协会觉察到美国的竞争对手已经通过整合专业经济功能与交通一体化模式来保证更大地理尺度上人流、物流和信息流等运行效率，如欧洲和亚洲。总之，相较于其他空间尺度的城市地域概念，巨型区域逐渐成为当前最流行和趋于主流的空间政策工具（Harrison and Hoyler，2015）。

3.2.3 巨型区域的空间类型

关于巨型区域的研究进展，大致可以分为北美学派和欧洲学派。北美学派的研究视角主要根植于形态主导的空间规划传统，以形态视角为主导的巨型区域研究在美国产生了重大影响；而欧洲学派则更多采取了功能联系视角，更加关注于功能主导的“流空间”和城市网络视角。北美学派以提取空间形态作为识别巨型区域空间的出发点（Florida et al.，2008；Carbonell and Yaro，2005；Lang and Knox，2009；Nelson and Lang，2011），通过地图化表达刻画巨型区域空间，这在很大程度上假设并默认了识别出的巨型区域空间内部具有功能性的内聚力（Burger and Meijers，2012；Schafran，2014）。而欧洲学派则主要基于功能维度来识别巨型区域空间，通过功能联系检验跨国尺度或国家尺度的大型城市区域内部/甚至超越城市区域边界的城市间联系，解释巨型区域的不可视化地理（Hoyler et al.，2008）。

对于不同背景、不同目标的不同行为主体，巨型区域也意味着不同的空间想象，不存在一成不变的、通用的巨型区域。表 3-1 显示了全球主要城市与区域空间构造类型的概念解读。首先，关于地理背景。广泛地说，全球城市区域、巨型城市区域和都市圈都是单一城市体系，巨型区域包含了两个及以上相互联系的城市体系，而星球城市化则代表了跨越所有各种地理空间的全球城市体系。其次，关于大尺度城市化区域的研究视角。北美研究视角多注重于城市的空间形态维度，而欧洲研究视角则更多注重于功能维度的“流空间”和城市网络视角。此外，作为更大尺度、更有竞争力的经济单元，巨型区域是具有内部凝聚力的功能地域空间（Florida et al.，2008）。

在 2007 年，美国区域规划协会和林肯土地政策研究院联合在北加利福尼亚州聚集了一批城市学者召开了关于巨型区域的学术研讨会。这个会议收录了很多学者和政策专家关于美国巨型区域的论文，其中也包括来源于欧洲的彼得·霍尔和考蒂·佩因的成果。这篇论文就是《多中心巨型城市区域：来自西欧的探索性研究》，主要是对 POLYNET 项目小组研究成果的总结。基于 POLYNET 项目的思考，来自欧洲的彼得·霍尔和考蒂·佩因提出了巨型区域的两种类型。一种被称为雅各布斯区域增长模式（Process A），该模式主要依赖于不断扩张的首位城市，带动周边中小城市发展，如巴黎和伦敦。另外一种是地理位置邻近、彼此间规模相当的城市组合（Process B），而不依赖于单一中心，如荷兰的兰斯塔德、德国的莱茵-鲁尔区等。后来，亚历克斯·沙夫兰对霍尔和佩因关于城市扩张过程的概念框架做了进一步拓展，提出了第三种类型，即前两种类型的混合（Process A+B），如以旧金山湾区为核心的美国加利福尼亚北部（Schafran，2015）。

表 3-1　全球主要城市与区域空间构造类型

概念	定义	人口/万人	典型区域	数量	空间构造	重要文献
城市群	姚士谋(1992)认为城市群是指在特定地域范围内具有相当数量的不同性质、类型和等级规模的城市,依托一定的自然环境条件,以一个或者两个超大或特大都市作为地区经济的核心,借助于现代化的交通工具和综合运输网的通达性,以及高度发达的信息网络,共同构成一个相对完整的城市集合体	1 500 ~ 3 000	长三角、珠三角等	6	两个及其以上相互联系的城市体系	姚士谋(1992)、姚士谋等(2016)
	方创琳(2014)认为城市群是指在特定地域范围内,以 1 个以上特大城市为核心,由 3 个以上大城市为构成单元,依托发达的交通通信等基础设施网络,所形成的空间组织紧凑、经济联系紧密,并最终实现高度同城化和高度一体化的城市群体	>2 000		20		方创琳(2009,2014)
	宁越敏(2011)认为城市群是指拥有较高的城市化水平,沿着一条或多条交通走廊,连同周边有着密切社会、经济联系的城市和区域,相互连接形成的巨型城市化区域	>1 000		13		宁越敏(2011,2016)
	顾朝林(2011)认为城市群是指以中心城市为核心向周围辐射构成的多个城市的集合体。城市群在经济上紧密联系,在功能上分工合作,在交通上联合一体,共同构成具有鲜明地域特色的社会生活空间网络	—		—		顾朝林(2011)

续表

概念	定义	人口/万人	典型区域	数量	空间构造	重要文献
都市连绵区	以都市区为基本单位，以若干大城市为核心并与周边保持强烈交互作用和密切社会经济联系，沿一条或多条交通走廊分布的巨型城乡一体化地区	>2 500	长三角、珠三角	2	两个及以上相互联系的城市体系	Zhou(1991)
全球城市区域	超越国家关系的、复杂交织的资本、劳动力和社会生活等的高度极化、集中。就其本身而言，它代表的是大都市区，或者是连同周边腹地(分散的城市居民点)共同形成的具有连续性的大都市区(Scott,2001)	100～2 790	全球	>300	单一城市体系	Scot(2001)
巨型城市区域	由10～50个城镇组成，在空间上分离但在功能上又具有联系，集中围绕一个或多个较大的中心城市，从新劳动分工上看表现出强大的经济实力(Hall 和 Pain,2006)	160～1 900	西欧	8	单一城市体系	Hall 和 Pain(2006)
都市圈	由高度集中的人口与经济活动所组成的经济功能地域，经常包括一系列的地方行政管辖范围。在这层意义上，经济地域指的是大量经济联系在一定地理空间上的集中(OECD,2006)	150～3 400	经济合作与发展组织(OECD)	78	单一城市体系	OECD(2006)

续表

概念	定义	人口/万人	典型区域	数量	空间构造	重要文献
巨型区域	更大尺度上的，一系列城市及其周边腹地的功能整合。在这样的区域内，劳动力和资本能够以较低成本重新配置并发挥功能（Florida et al.，2008）	370～12 160	全球	40	两个及以上相互联系的城市体系	Florida 等（2008）
		2 000～12 000	全球	未指定		UN-Habitat（2008）
	大都市中心及其周边区域，通过环境、经济和基础设施的互联互通，在空间上和功能上具有网络化的联系（Ross，2009）	500～5 400	美国	11		Ross（2009）
大都市带	由多个都市区组成的，具有足够连续性和内部联系的、大型的多中心城市化系统（Gottmann，1976）	>2 500	美国东北部	1	两个及其以上相互联系的城市体系	Gottmann（1961）
星球城市化	超越传统以城市为核心、郊区为边缘的空间形式。在世界范围内，形成的不可或缺的城市结构组成部分，从跨洋运输到“自然”空间，如海洋、沙漠、森林、山脉和苔原等（Brenner 和 Schmid，2011）	<700 000	全球	1	全球城市体系	Brenner（2013a，2013b）；Brenner 和 Schmid（2011）

资料来源：在 Harrison 和 Hoyler（2015）基础上，经作者进一步梳理、凝练而成

3.3 城市群理论内涵再认知

3.3.1 城市群研究中几点认识

(1) 城市群对应的西方学术概念是什么

目前，无论是在学术界还是在政府部门，城市群均经常被提及，却又与都市区、都市圈、城市区域、大都市带、都市连绵区等概念存在着认知上的混淆或误解。一般而言，国内学术界更多将城市群的英文名称翻译成“urban agglomeration”，也有部分研究翻译成“city cluster”。作为官方概念，“urban agglomeration”最早出现于联合国经济与社会事务部，被用来描述城市与城市化边缘区（可能跨越了行政边界），指的是都市区尺度的城镇集聚体，是一个与组合城市（conurbation）、都市区（metropolitan area）等名词对等的概念，要小于多个城市体系组合的城市群尺度。同时，在西方文献中，“urban agglomeration”也很少被作为严谨的学术概念使用。

由于城市群概念天生的模糊性，并在实践中一再被泛化，当前城市群概念实际上具有一定程度的尺度伸缩性，即存在不同空间尺度的城市群。既有跨越省级行政边界的大尺度城市群，如长三角、珠三角和京津冀等，也有像长株潭这类的小尺度城市群，不同城市群在空间构造上的复杂程度和规模等级存在着明显差异。因此，无论是从地理背景还是空间构造上看，其实很难找到一个与中国城市群概念完全对应的西方学术术语。但从学术概念的本源出发，本书认为，巨型城市区域、巨型都市区和巨型区域这三个概念与中国城市群概念在理论内涵、空间构造上最为相似，分别对应了不同规模等级的城市群构造，其空间尺度也依次对应了由小及大的城市群类型。

(2) 城市群是否是城镇化的唯一主体形态

考虑到中国本身复杂多维的异质性分布，包括空间异质性、制度异质性甚至是社会文化异质性等方面，中国城市与区域的空间重构过程和机制与西方社会存在明显差异。在官方文件和政策中，城市群被作为城镇化发展的“主体”形态。然而，作为跨越单一城市体系形成的社会经济活动集聚的空间组织形式，城市群是介于都市区和经济区尺度之间的一种空间想象，与其他相关空间概念应当属于相互竞争、相互补充、有所交叉的关系，而不应是理解广阔城市与区域空间中具有排他性的专属概念。表征不同尺度功能地域的其他空间概念，如县域、都市区、都市圈、（全球）城市区域等，也应属于城镇化发展的重要空间形态。

在我国沿海和中部地区，人口和社会经济活动集聚，大城市空间分布密集，具有显著的区域分工协作潜力和趋势，城市群可以成为这些区域城镇化发展的主体形态；而在中西部一些地区，由于自然本底和禀赋差异，人口和经济活动分布相对分散和稀疏，大城市分布数量相对较少，与中观尺度的城市群发育存在较大差距，部分地区短时间内甚至很难真正发育成为以城市群为主体的空间形态。因此，结合我国实际国情，本书认为，城市群应当是与县域、都市区、都市圈、城市区域等空间构造共存的空间集聚形态，不同尺度的城市功能地域共同构成了城镇化的“主体”形态。

（3）城市群是否等同于城镇群

不同于“城市化”与“城镇化”的关系，“城市群”与“城镇群”在概念内涵上具有本质上的差别。从空间构造上看，城市群是由两个及以上相互联系的城市系统构成，包括不同等级规模的城市以及小城镇等，覆盖了区域中被城市群化的全空间；但一般而言，城镇群指的是多个小城镇在地理空间上的集聚状态，属于小区域尺度上的城镇集群体，远小于城市群的空间尺度。因此，无论是在基本构成上，还是在空间尺度上，“城市群”与“城镇群”均不是相互对等的概念，两者对应着不同的人口与社会经济空间集聚形态。在实际研究中，需要将两者进一步廓清，而不能相互替代使用，以免引起歧义。

3.3.2 城市群理论内涵再审视

（1）城市群是两个及以上城市体系组成的巨型城市地域

在全球化和信息化时代，互联网、通信技术和现代交通工具迅猛发展，经济活动在全球化范围经由生产网络和价值链发生空间重构，城市间的要素流动更加频繁、功能联系不断提升，城市网络化发展趋势明显。在本地尺度上，由于生产要素的大量集聚，城市功能地域持续扩张，不断突破城市自身边界，与周围地区发生紧密的要素关联和经济联系，新的城市空间形态出现。在此背景下，被用来描述大型城市地域景观的“城市群”概念应运而生，成为人们认识和理解区域尺度上大型城市功能地域系统的空间想象。同时，从空间构造上看，不同于单一城市体系，城市群本质上是由城市景观突破自身空间边界形成的跨越都市区尺度的网络化功能地域系统，是两个及以上个城市系统组成的巨型城市系统，是城市网络集聚化发展所形成的庞大的、蔓延的城市地域景观。

（2）城市群是兼具形态连续性和功能内聚力的城市系统

从发展机制上，城市群是由城市发展突破行政边界、连同周边其他城市集聚融合而形成的更大尺度的城市经济单元。因此，空间形态和功能联系是城市群的两个重要维度，也是认识城市群空间内涵的基本视角。在形态维度上，城市群往往是由在物理景观上彼此邻近、关联，经过聚合而形成的单一的、更大尺度的城市经济单元，城市群内各主体具有相对的空间连续性、关联性和紧凑性，而不是在空间上处于彼此分离的状态。在功能维度上，城市群是由多个城市系统发生功能整合而形成的具有紧密的社会经济文化联系的功能地域系统，是具有明显内部凝聚力的关系地理空间，城市网络发育是城市群的基本特征，而不是孤立的、缺乏联系的城市分散分布。因此，对于城市群的探索，需要分别从空间形态和功能联系两个视角出发，尤其需要关注自然景观背后的不可视化地理。

（3）城市群是全球化与本地化显著交互作用的大型经济单元

作为全球化背景下新的城市空间组织形态，城市群通常是全球或国家范围内经济发展水平最高、人口密度最大、创新活动最为活跃的区域。同样，城市群是全球对接本地的中间通道，向上对接全球、向下连接本地，是全球化与本地化显著交互作用的大型经济单元。一方面，城市群是国家尺度上对接全球经济的门户枢纽，城市群的首位城市或主要城市向上对接全球其他门户枢纽城市，成为全球经济中重要的节点城市，参与“流空间”中各种“流”的指挥、控制和协调等功能，促进区域内城市加快融入全球生产网络和价值链分工；另一方面，城市群同样是本地尺度上的城市与区域分工协作的经济单元，作为“流空间”中的中间通道和节点区域，城市群承担着将各种“流”固定在本地的功能，从而提升本地经济规模和区域竞争力。

（4）城市群是当今时代城市与区域分工协作的尺度修复

在当今时代，互联网、通信技术和现代交通工具的发展，极大地推动了区域经济变革，越来越多的城市参与到全球范围内的要素流动中，城市网络在“流空间”中不断深化，由行政区划主导的等级空间逐渐向关系网络化的功能空间转变。作为全球化、信息化背景下产生的新型空间组织方式，城市群成为当前城市与区域参与全球经济分工协作新的地域单元。作为全球和区域经济的新引擎，城市群已经成为经济活动中显著的空间表现形式，是当今时代城市与区域分工协作的尺度重组和空间修复。具体而言，传统的单一城市体系功能地域系统的空间生产，已经无法满足当前全球范围内资本循环和积累的需要，由多个城市系统组合而成的更大尺度的城市地域景观逐步崛起，在全球经济中扮演着越来越重要的角色，成为全球资本循环和积累的新的尺度空间。从这点看，毫无疑问，城市群已经成为全球资本积累和新的经济空间组织的一种尺度修复。

3.4 城市群空间组织分析框架

3.4.1 城市群基本发育条件

作为中国城市地理学界的重要学术贡献，城市群这一概念得到公众界、政府部门以及学术界的普遍关注，成为国内多个学科研究的前沿和热点。然而，长期以来，关于城市群的概念认识，学界却一直并未达成一致。正如 Scott（2001）所言，“并不存在一个关于城市群（他称为‘巨型区域’）的完整描述”。进一步说，对于不同背景、不同目标的不同行为主体，城市群也意味着不同的事物和现象。

为科学判断地理空间上存在着的城市群现象及其发育水平，明确和认清城市群的基本空间内涵是首要前提。通过回顾中西方城市地域研究进展，结合中国城市群理论脉络，本书认为，城市群发育的基本判断条件主要体现在六个方面，即良好的资源环境综合承载能力、大都市区与多个城市系统、地理空间上的邻近性与紧凑性、发达和完善的基础设施网络、深入协调的功能分工与经济联系，以及相对一致的社会网络和文化认同。因此，关于城市群空间边界的综合识别，本书将主要基于上述六个方面展开工作。

（1）良好的资源环境综合承载能力

城市群是城市在地理空间上集聚形成的大型城市地域景观，是城市由单体城市向城市区域化发展的空间表现，是人口、产业、资源等要素高密度集聚的城市功能地域。由于人口密度、经济活动、建设密度、开放强度等原因，城市群地域空间必然面临着功能冲突和人地矛盾。因而，城市群的形成发育，必然是建立在良好的资源环境综合承载能力基础上，合适甚至是完善的生态环境基础是必要的前提条件。考虑到我国国土空间的强烈异质性，城市群的形成发育有其内在的地域选择过程，并不是所有地域都会发育出城市群这种空间现象，尤其是在一些资源环境本底相对脆弱的地区。因此，一个区域整体的资源环境综合承载能力是否能够满足城市群化的需要，是城市群形成和发育的基础性条件。

（2）大都市区与多个城市系统

城市群概念的初衷就是用来表示大尺度的城市化连绵景观或城市密集地域，是区域经济的核心地区。但由于概念的模糊性，城市群概念一直缺乏科学界定以及公认的标准，现有城市群研究中出现大量“同物异构”现象，这在很大程度上降低了现有研究的科学性与价值。例如，一方面，同样均是城市群，但不同城市群在规模属性、空间尺度等方面差异非常大；另一方面，对于同一个城市群，不同行为主体根据不同识别标准，划分出不同的城市群空间边界。从地理背景出发，相较于城市区域、都市圈和全球城市区域等均为单一城市体系（由一个或多个城市组成），城市群则是包含了两个及以上相互联系的城市系统，这是城市群区别于其他相关概念的基本原则之一。作为功能地域系统，都市区是表征城市功能所触及的实际地域范围，也是城市化经济发展的基本载体。因此，都市区的发育是城市群形成发展的前提条件，城市群的基本界定也应当以大都市区作为基本构成单元，以区域中心城市为核心，同时拓展空间尺度，考虑在地理空间上相邻的、具有紧密社会经济联系的其他功能地域单元。

（3）地理空间上的邻近性与紧凑性

城市群是具有显著功能内聚力的实体地域系统，城市间的空间关联性与紧凑性是城市群空间组织结构的基本特征，也是城市群形成发育的基础条件。在城市群地域系统内部，城市在地域空间上的分布应具有明显的邻近性以及相对的紧凑性，而不应是“漫无边际”的松散分布。在地理空间上表现出的具有形态学意义的关联性和紧凑性，能够有效地克服地理距离带来的空间阻滞，保证各类“要素流”能够在城市群地域系统内部自由、快速流动，从而增强城市群系统内在功能性黏结力，更好地发挥城市群地域经济和社会发展的效率和功能。

（4）发达和完善的基础设施网络

作为具有内聚力的功能地域体系，城市群同样也是一种关系网络空间。在城市群内，多个城市体系之间实现功能整合，各类生产要素能够以较低成本自由流动，在空间上和功能上均表现出网络化发展态势，而发达、完善的交通、通信等基础设施网络是实现城市群内城市网络发展成熟的必要条件。在当前信息化、网络化的时代，“时空距离”被大大压缩，而基础设施网络是区域间人流、物流、信息流等要素流动的基本载体，发达完善的基础设施网络将能有效地将区域内各城市串联、交织成网络，进一步释放、推动区域间的要素流动的速度、强度和广度等，从而更好地发挥城市对网络空间中对各类资源要素等的优化配置作用。

（5）深入协调的功能分工与经济联系

作为具有内聚力的功能地域体系，城市群是由单一城市体系跨越行政边界形成的多个城市体系联合协作的巨型经济单元，是驱动全球、国家、区域尺度上城市与区域经济发展的核心引擎，而深入协调的功能分工与经济联系是城市群地域体系最为重要的本质特征之一。尤其在当前全球化、信息化时代，城市竞争力已经不再单纯受限于城市本身的物理属性，如地理区位、人口规模、经济规模、硬件设施等属性，而是更多取决于单体城市在城市网络中的角色和地位，即为城市在“流的空间”中所具有的支配、传递、流通与固定不同类型“流”和“生产网络”的能力。随着城市群内城市网络化发展，生产要素集聚与扩散的流动水平、交流频次和密集程度等均不断增强，不同类型的生产网络不断叠加，以不同等级城市为网络节点的功能分工和经济联系体系得到不断深化，城市群内部联系度与凝聚力不断增强，区域发展弹性与韧性进一步深化，从而推动区域功能整合与一体化发展进程。

（6）相对一致的社会网络和文化认同

作为功能地域系统，城市群是具有内聚力的实体地域和网络空间，而相对一致的社会网络和文化认同正是城市群内功能内聚力的重要表现形式。从时间维度上看，城市群的形成过程是一种大型的城市化集聚过程，由于多种力量的综合作用，不同行为主体从不同地域单元被联系、“捆绑”到这样具有内在一致性的城市经济版图。因此，在城市群地域系统内部，必然存在着相似的历史基础、传统习俗、地域文化等社会属性，各行为主体之间具有密切的社会网络和相对相似的文化认同，从而在整体上表现出区别于其他地域系统的、相对一致的地域认同感。

3.4.2 城市群空间范围界定

考虑到城市群功能地域的开放性、复杂性和动态性，城市群的空间识别也是一个由单一维度向多维度视角综合判别的过程。

从城市群的空间性质出发，基于关系地理与城市网络视角，综合集成组团识别、核心–边缘结构和空间可达性等算法，构建基于空间联系的中国城市群空间识别分析框架，分别识别不同视角下的中国城市群空间范围体系。同时，基于城市群基本发育条件，以中国城市社会经济发展特征为基础，从大都市区与多个城市系统，地理空间上的邻近性与紧凑性，发达、完善的基础设施网络，深入协调的功能分工与经济联系以及相对一致的社会网络和文化认同等多维度属性出发，对中国城市群空间范围进行综合考量和校验，从而最终划定中国城市群空间范围的新方案。

整体而言，其主要思路与步骤如下。

1）基于中国地级以上城市间交通流联系，分析中国城市网络结构及其宏观格局，从空间形态判断城市群发育的基本格局；利用组团识别算法，识别中国功能地域体系中的城市与区域组织结构，划分城市的组团结构，这些组团结构属于我国地域功能体系中重要的空间构造，即为中国的城市经济区。

2）以上述城市经济区为基础，利用网络核心–边缘结构算法，识别网络中最具有影响力的、彼此间联系最紧密的节点集合，即为城市经济区的核心结构，对应为城市经济区中最具内聚力的城市集合体，即为城市经济区中存在的“城市群”结构，从而进一步明确中国城市群空间范围。

3）空间可达性是指示区域间相互作用与空间关联格局的重要度量。基于时间距离维度，通过综合集成自然地表要素和陆地交通网络构建空间可达性分析模型，利用等值线分析，从空间连续性、关联性和紧凑性出发综合考量中国城市功能地域结构，并进一步提取中国城市群空间边界。

4）综合叠加基于功能联系和空间可达性视角识别出的两套中国城市群空间范围体系，综合考虑城市群发育的基本条件，依据城市群的筛选和判别标准，从多维度对中国城市群空间范围进行综合考量和校验，并最终界定中国城市群实际数量及其空间范围，提供中国城市群空间组织结构的新方案。

3.4.3 城市群空间组织模式

虽然关于城市群的学术研究和政策实践取得了明显进展，但城市群在空间上是如何被构造的？在城市群地域内，经济活动是如何被组织的？城市群结构与经济发展、社会公平、生态环境等具有什么关系？当前，以上问题仍未有公认的答案。为揭晓上述问题，我们就需要回到最基本的城市群空间组织问题。

从空间构成上看，城市群是多个城市系统融合形成的功能地域单元。相对于单一的都市区系统，城市群的优势在于其所包含的巨型的、多样化的区域经济空间，能够产生更广范围、更多类别的集聚经济效应，从而有力提升城市经济发展效率以及区域整体经济竞争力。而关于城市群化的过程，其中一个基础性的研究议题就是，城市群是一个由单一的、强大的经济核心所主导的，还是由一群相对均衡的大城市所联合带动形成的？这本质上是城市群空间结构与空间组织的问题。而关于城市群空间结构与组织模式，多中心视角为认识该类型经济区域的空间可能性提供了重要参照。

多中心结构是透视区域空间组织的重要视角。多中心结构具有尺度效应，不同尺度的多中心结构具有不同的内部运行机制。城市尺度的多中心结构，往往由于城市内部各种要素过度集中而产生集聚不经济效应，因此，通过采取功能疏解、分散式集中的多组团结构，可以更好地发挥经济和社会效应。而区域尺度的多中心结构，更加强调城市网络的集聚溢出效应，避免由单一增长极所产生的循环累积效应。随着全球经济一体化进程逐步深化，城市间的分工协作和功能联系逐步强化，城市网络化发展趋势明显，城市间能够通过互借规模产生更广范围内的集聚经济效应，而不再纯粹依赖于单一（主导）城市的外部性。因此，从多中心结构视角分析城市群空间结构，判断中国城市群是由单中心结构所主导的过程还是由多中心结构所驱动的发展模式，对于进一步认识和理解中国城市群空间组织形式及其社会经济效应具有重要意义。

3.5 本章小结

当前越来越多的词汇和术语被创造用来描述当前不断变化中的多尺度的城市空间形态。从空间构造上看，城市功能地域可大致划分为单一城市体系功能地域和多个城市体系功能地域两种形式。对比中西方学术文献中的各类城市功能地域概念，可以发现，中国的城市群概念与西方学术界的巨型城市区域、巨型都市区、巨型区域三个概念是最为接近的，均是指由两个及以上相互联系的城市系统构成的大型城市集聚单元，在空间内涵及其组织形式等方面具有较大的相似性。

通过系统性梳理中西方城市群理论发展脉络，本章认为，城市群是：①两个及以上城市系统组成的巨型城市地域；②兼具形态连续性和功能内聚力的城市系统；③全球化与本地化显著交互作用的大型经济单元；④当今时代城市与区域分工协作的一种尺度修复。此外，城市群发育的基本判断条件主要体现在六个方面，即良好的资源环境综合承载能力、大都市区与多个城市系统、地理空间上的邻近性与紧凑性、发达和完善的基础设施网络、深入协调的功能分工与经济联系，以及相对一致的社会网络和文化认同。

第4章　中国城市网络宏观格局

“流”表示空间联系，可用于识别空间格局，这也是流空间的基本要义。相较于传统通过“要素分布”或“重力模型”刻画城市间联系所体现出的“静态格局”，基于流数据的判别相对而言更直观和科学，也更贴近空间关系的本质。为辨识中国城市群空间组织结构，本章将分别从公路、铁路和航空三种交通流视角出发，对中国城市网络宏观格局进行深入探究，从而为进一步识别中国城市经济区体系和城市群结构奠定认知基础。

4.1　多元交通流与城市网络

空间关系是认识区域的基本视角，也一直是人文地理学的研究热点。当前关于城市网络的研究，在空间尺度上大致可分为全球尺度（Taylor et al.，2002）、国家尺度（Taylor et al.，2009）和区域尺度（Hoyler et al.，2008）等，网络表征媒介也日趋多样化，包括经济联系、社会联系和文化联系等方面。在实证研究方面，目前主要通过基础设施（Derudder and Witlox，2008）、企业组织（Alderson and Beckfield，2004）和社会文化（Taylor，2004）等路径展开各种尺度的城市网络研究。

人流与物流在区际流动形成的交通流作为评判交通基础设施产生与变化规律的主要依据，是真实和有效反映城市网络的重要指标。但受限于基础设施网络数据的获取，基于基础设施网络视角探索城市网络的研究相对较少，且在研究尺度、深度和广度等方面都有较大的提升空间。早期基于交通流的城市研究更多集中于航空流视角，国外学者在城市网络体系等方面做出诸多有益探讨（Derudder and Witlox，2008）。国内相关研究则始于20世纪90年代，主要围绕航空网络发育（金凤君和王成金，2005；Wang et al.，2014）、铁路网络演化（Wang et al.，2009；王成金，2009）等方面做出了系统的研究。周一星、宋伟、于涛方和武文杰等先后通过航空流量数据揭示了不同时段中国城市体系的层级结构、网络关联和格局演变等特征（周一星和胡智勇，2002；宋伟等，2008；于涛方等，2008；武文杰等，2011）；钟业喜和陆玉麒（2011）基于铁路网络研究了我国城市体系等级结构及其空间格局特征；冯长春等（2014）以城际轨道流对珠三角城市区域功能多中心进行探讨。而基于公路联系流的相关研究则开展相对较晚，且缺乏大尺度的宏观格局认识。其中，罗震东等（2012）运用公路客运班次在省域单元层面对城市间关系和区域空间结构特征进行了解析；蔡莉丽等（2013）基于城际客车发车班次从城市和功能区尺度对珠三角城市间功能联系的空间格局进行分析。上述研究在一定程度上丰富了不同尺度城市网络体系研究的实证案例，剖析了我国城市体系的空间结构、网络关联等基本特征，但仍缺乏单纯针对城市网络层级结构的深入挖掘。同时，现有研究更多的是从单一类型的交通流视角透视当前城市间相互作用关系的空间关联，而没有兼顾不同交通运输方式对于城市网络形成与发展所起的不同功能与作用，可能导致现有研究结果的片面化和指征意义的不明确。

有鉴于此，本章以全国 289 个地级以上行政单元间的汽车、火车和航空班次数据作为城市间公路、铁路和航空联系的表征媒介，顾及多元交通流的交互校验作用，采用聚类分析和网络分析等研究方法，深入剖析多元交通流视角下的我国城市网络层级结构，旨在对中国城市网络空间关联进行特征提取和规律挖掘，以期能够深化多元交通流视角对于城市网络发育程度的指示意义及区域认知。

4.2 研究对象与数据方法

4.2.1 研究对象

为了详细、全面地分析我国城市网络空间关联的层级特征，选取的研究对象为全国 289 个地级以上行政单元（截至 2012 年底，我国共有 333 个地级行政单元，包括 285 个地级市，15 个地区，30 个自治州和 3 个盟），具体包括 4 个直辖市和 285 个地级市，有效涵盖了我国绝大部分地级行政区。

4.2.2 数据来源

以往研究中的交通流数据更多源自部门统计的航空流或铁路流数据，而针对全国尺度的公路联系数据几乎不存在，同时也存在着样本量不足和实时性较差等问题。利用网络数据抓取则在一定程度上突破了上述限制，具有较好的现时性和能够全覆盖。本章研究的原始数据为全国 289 个地级以上行政单元间汽车班次联系，数据结构为 289×289 的对称矩阵，共 83 232 个关系数值，用以表征基于公路联系的中国城市间空间关联强度。考虑到数据采集的工作量，这里主要通过调用相关汽车服务网站（http：//www. checi. cn/）进行网页检索，利用循环查询从中提取出城市间班次联系数据，并结合中国公路客票网、各省市公路客票网、携程网、畅途网等商业服务网站，通过随机抽取、交叉检验等方式进行人工校验、修正，从而确保数据的完备性和科学性。需要说明的是，除节假日外，我国绝大部分城市汽车班次行程是相对固定的，因此这里仅抓取一天的班次数据作为代表。其中，数据抓取过程在 C#语言环境下进行，数据采集日期为 2014 年 4 月。

4.2.3 数据处理

考虑到各类型班次数据具有明确的方向性，如北京到上海和上海到北京的班次数据所表征的意义是有不同的。为了直观、科学地刻画城市间网络关联，需要进行数据转换，即将有向网络转换为无向网络。因此，基于原始班次数据，将各类型交通流数据由原先的（有向）关系矩阵转换成（无向）对称矩阵，表征城市间联系的属性数值也由 83 232 个转换成 41 616 个。多层级特征是城市网络空间关联的重要属性，依据聚类算法（具体为自然断裂法）依次绘制出不同交通流视角下的城市网络空间关联，相关数据预处理在 R 语言环境下操作，城市网络空间关联特征表达在 Esri ArcGIS 10.2 软件平台下实现。

4.3 中国城市网络宏观格局

空间联系是流空间的基本内涵。相对于传统研究主要通过要素分布或重力模型刻画区域间联系所体现出的等级结构、静态格局，基于流数据的判别相对而言更直观和科学，也更贴近空间关系的本质，也为城市研究带来了开放的、动态的和网络化的全新视角。图 4-1 ~ 图 4-3 分别为基于公路、铁路和航空流的中国城市网络空间关联可视化表达，对于显示地级城市单元间网络空间关联形态和程度具有清晰的指示意义。总体来看，在国家尺度上，全国地级行政单元间表现出不同程度的空间关联强度和不同类型的空间关联模式，空间异质性、空间依赖性和层级特征交互显著。具体而言，不同类型交通流刻画出不同层面的城市间关联格局，但有着其内在联系。航空流是城市关联格局骨架构筑的主要形式，铁路流则为核心骨架的连通提供支撑轴带，而公路流是对整体骨架和支撑轴带的有效填充，从而形成区域间相互依赖、不可或缺的要素关联和空间关系。

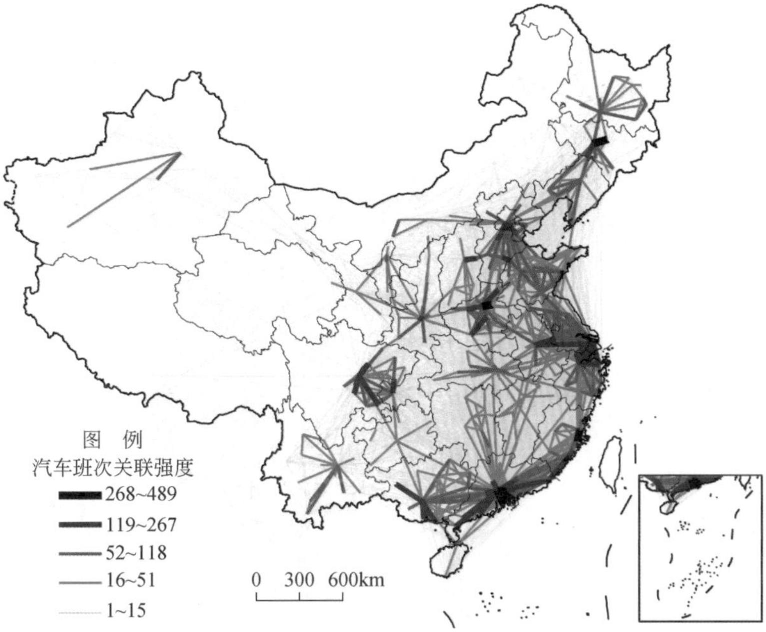

图 4-1 基于公路流的中国城市网络格局

数据来源：车次网数据库（http://www.checi.cn/）

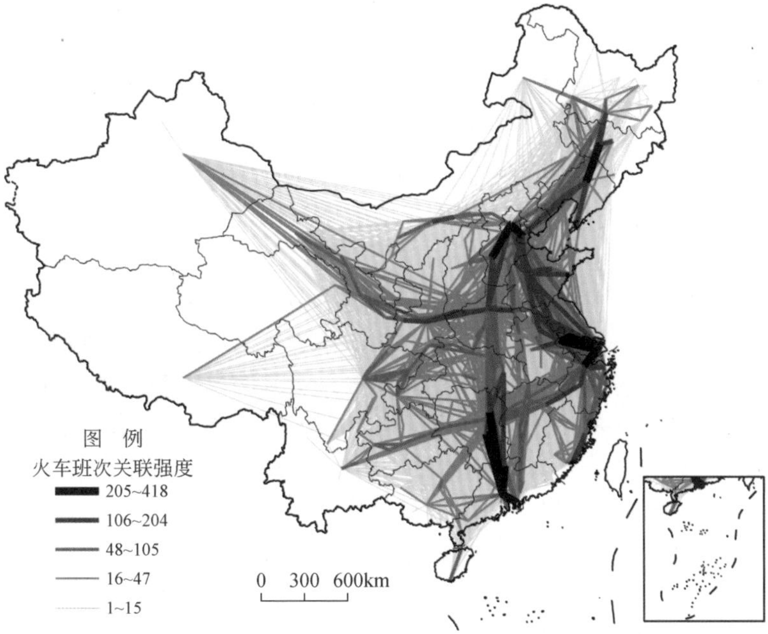

图 4-2 基于铁路流的中国城市网络格局

数据来源：火车网数据库（http://www.huoche.com/）

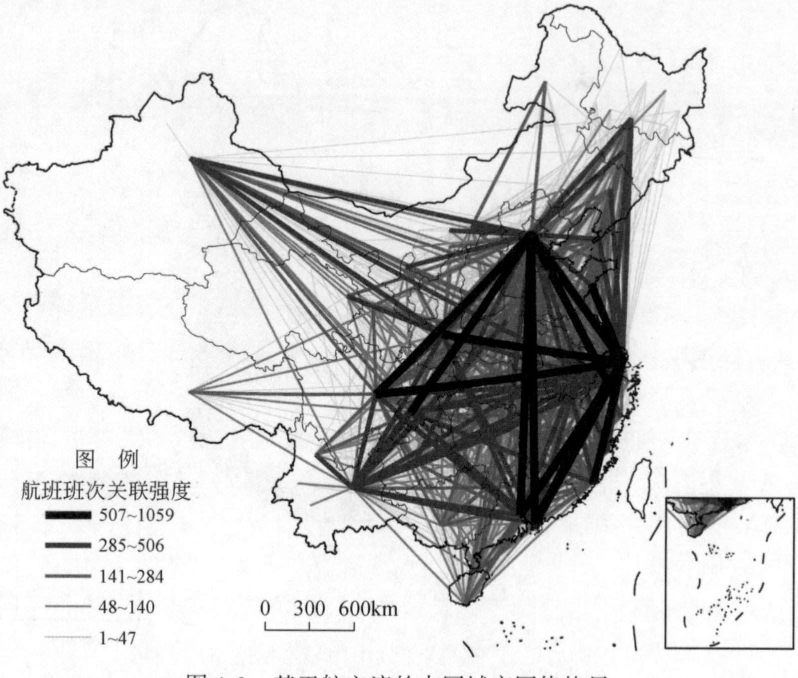

图 4-3 基于航空流的中国城市网络格局
数据来源：去哪儿网数据库（http://flight. qunar. com/）

4.3.1 基于公路联系

基于公路联系的城市网络空间关联形态表现出强烈的空间依赖性和层级特征，与我国主要城市群分布存在较大程度的空间耦合，更多体现出区域尺度的空间关系及核心-外围组合关系。

从空间分布来看，我国城市公路流主要集中分布在东部沿海地区，尤其是京津冀、山东半岛、长三角、海峡西岸和珠三角等城市群地区，共同构成了我国城市关联密集带；其次是东北地区和中西部重点经济区，依托于核心城市，形成高对外流量分布的城市区域，如以郑州为中心的中原经济区、以成都、重庆为核心的成渝经济区等。从空间关联形态来看，长三角基本形成多中心、多层级的城市网络格局，区域内部城市间紧密相连，其影响力已经逐步延伸至毗邻的安徽省；珠三角以广深为核心城市构成高度对外辐射的关联形态，并在一定程度表现出与毗邻的福建、广西的高度联系；京津冀依托于北京这一巨型城市，与周边区域构成放射状的联系格局，并向南延伸至鲁西地区部分城市，构成京津冀鲁城市网络格局；成渝地区以成都、重庆为双核心，与周边城市共同构成环绕状的城市网络格局，表现出双核心驱动型发展模式；以郑州、开封为最高联系的中原经济区，具有较高的平均织网密度，与腹地城市构成了高度联系的网络格局，但整体仍然表现为单中心发展态势；东北地区基本形成了以哈尔滨为核心的放射状空间关联格局，以长春、沈阳为节点城市的区域城市网络关联形态；其他区域，如长江中游地区，基本形成了分别以武汉为中心和以长株潭为中心的省域单元内部城市网络空间关联格局，但区域间的整体联系却相对较弱。

4.3.2 基于铁路联系

基于铁路联系刻画的城市网络更多反映的是国家铁路大动脉沿线腹地城市的对外联系格局、大区域间的要素关联和区域可达性等特征，交通基础设施对于区域空间关联的引导作用显现，并存在一定的“沿途效应”。总体来看，“两横三纵”带状分布格局构成了基于铁路联系的城市网络主干框架，成为中国国土空间开发最重要的发展轴带。其中，“三纵”主要是京哈沿线、京广沿线和京沪沿线，凭借其高度的织网密度和关联范围，构成纵向城市关联密集带；“两横”主要体现在陇海—兰新沿线和沪昆沿线，是中国东西走向最重要的区域发展轴带，但其连接密度要普遍弱于纵向城市关联走廊。上述全国和区域尺度上的“轴带”分布属于重要的空间构造，对于认识我国城市网络空间关联格局具有重要的指示意义。

4.3.3 基于航空联系

航空流则主要反映全国尺度的空间关系以及核心-外围的组合关系（一个核心可以有多个层次的外围联系），对于认识宏观尺度的城镇体系格局具有重要意义。基于航空流视角的城市网络体系基本形成了以“菱形结构”为核心的城市网络框架，其 4 个顶点分别为北京、上海、广-深和成-渝，具有显著的空间异质性和层级特征。同时，东部沿海和中部地区城市间形成了跨区域网络化交织的空间形态，而西南、西北和东北地区中小城市间网络关联仍有待于进一步发育。

4.4 中国城市网络层级特征

4.4.1 基于公路联系

基于公路联系的第一层级城市网络［图 4-4（a）］，显示出我国地级以上城市间关联程度最为紧密的区域结构，具体包括吉林省的长春-吉林，河南省的郑州-开封，福建省的福州-莆田，以及广东省的广州-深圳、广州-东莞和广州-珠海。其中，前三者的省、市政府分别在不同时期和层面提出区域一体化或同城化发展战略，如长吉一体化、郑汴一体化、福莆宁同城化等，均尝试通过推动区域基础设施共享、产业协同发展、优势功能互补等，整合区域资源、加速区域一体化进程，促进地区间要素流动和交换，培育区域整体竞争力。而后三者属于珠三角地区核心城市，形成了以广州为中心，连接深圳、东莞和珠海的城际联系流。

第二层级［图4-4（b）］依然是高密度的公路流，折射出了更多的区域结构。上海虽然没有进入第一层级的区域联系，但长三角地区的区域网络化特征已然显著，且更加均衡，形成了以上海、杭州和苏州为中心，与周边城市高度关联的城市区域。其中，合肥依托于近年来自身经济发展与城市建设，表现出与上海、南京较高的联系强度。珠三角的内部空间结构更加清晰，以广州为绝对中心、周边城市为连接腹地，构成放射状的城市间关联格局。而北京则与天津、保定和廊坊具有很高的公路流，构成了京津冀地区主要的关联骨架。此外，也形成了一些以区域中心城市为核心的区域关联结构，如以南宁为中心，钦州、防城港、北海和百色为关联点的城际联系；以成都为中心，绵阳、德阳、眉山和乐山为关联点的城际联系；以郑州为中心，洛阳和濮阳为关联点的城际联系。其他次区域结构包括厦门-泉州、西安-咸阳、重庆-广安、长春-四平及太原-阳泉等。

第三层级城市网络表现出基于第二层级区域关联特征基础上的进一步分化，更多的区域细节特征显现，尤其是东部沿海地区城市间的高度关联［图4-4（c）］。自北向南来看，辽宁省较强的城市间关联主要集中在沈阳与大连、盘锦和锦州等城市；河北省的关联格局体现为省内各城市以北京为中心的放射状关联格局，其中天津和唐山、石家庄和衡水也同样具有一定强度关联；山东省的关联格局骨架主要是由济南、青岛和临沂构成，分别在西、东和南面形成关联强度的中心，同时北京的影响已经扩散到鲁北城市；江苏省内部的城市间空间关联特征非常明显，苏南城市间已经形成网络化交织的发展格局，并与上海紧密相连，而苏北地区的连云港和徐州却呈现出了“区域塌陷”；相比于江苏省，浙江省城市间的关联强度更为均衡，但成网密度要低于苏南地区；福建省主要呈现出沿海城市间条带状空间关联格局，厦门的联系还触及广东省；广东省城市网络的整体发育程度非常高，“真空点”主要出现在韶关、清远；广西以单中心的南宁为主。此外，该层级还出现了成都-重庆等的区域关联，以及分别以武汉、西安和昆明等城市为中心、周边城市为连接腹地的区域关联格局。

其他层级的城市网络共同构成了我国地级以上行政单元间的区域联系和整体格局，基本呈现出东中西的梯度递减和三级阶梯状分布格局［图4-4（d）］。同时，表现出以区域中心城市为核心、周边城市为连接腹地的放射状空间关联格局，在一定程度上，映射出空间距离对于城市间关联网络发育的重要影响。

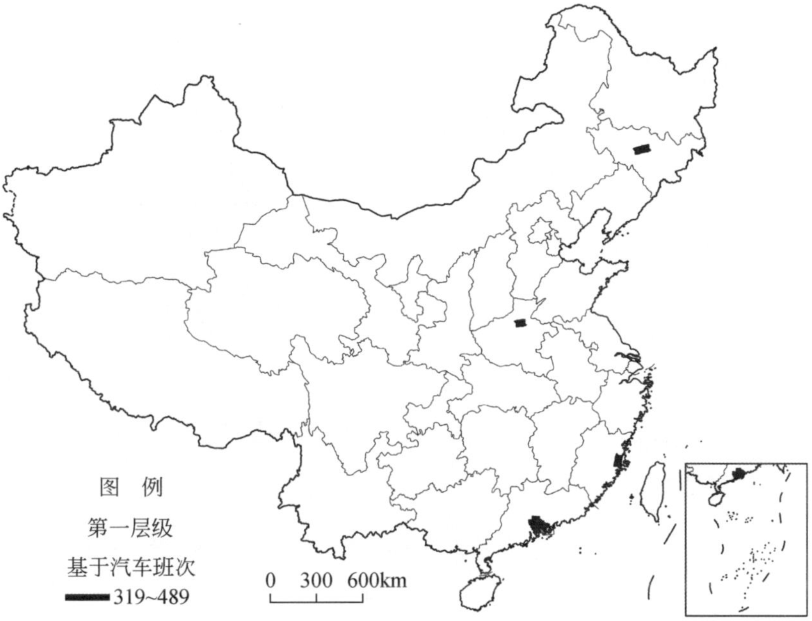

(a) 第一层级

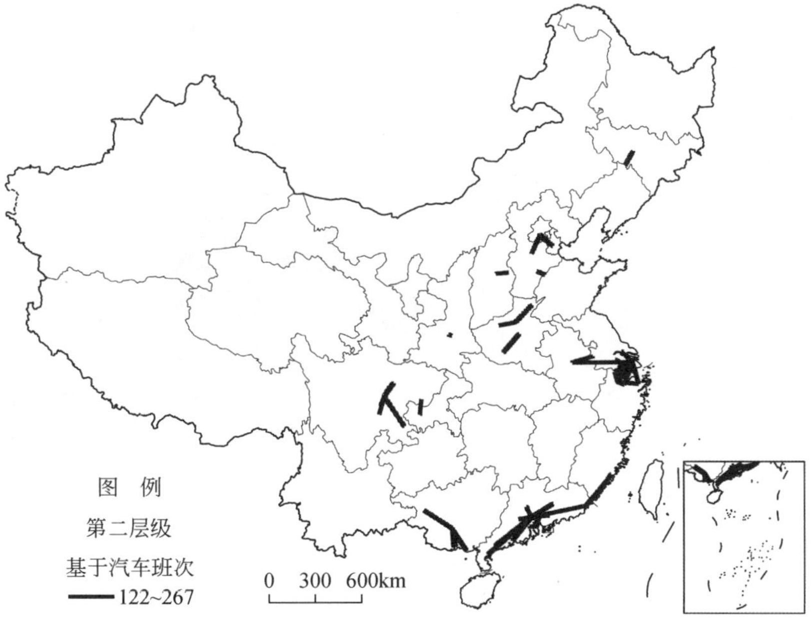

(b) 第二层级

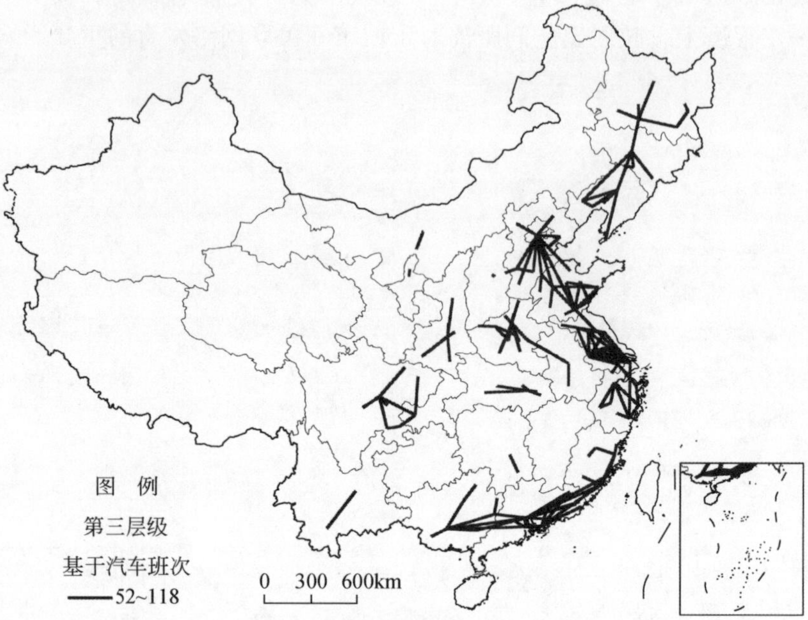

(c) 第三层级

(d) 其他层级

图 4-4　基于公路联系的城市网络空间关联

资料来源：车次网数据库（http：//www. checi. cn/）

4.4.2 基于铁路联系

基于城际火车班次强度划分出的第一层级城市网络［图4-5（a）］，与基于汽车班次所反映的结果相比有所不同，主要分布在京津冀地区的北京—天津—石家庄，长三角地区的沪杭、沪宁及其沿线，以及京广线的长沙—衡阳—广州段。基于汽车班次反映出的京津冀最强关联格局主要体现为“京津保（定）”，而基于铁路联系的关联格局则回到“京津石（家庄）”；东北地区的长春和沈阳构成了全国层面的最强连接，二者处于哈大线铁路动脉的中间位置，“沿途效应”较强；沪宁线段沿线城市的织网态势依旧明显，沪宁高铁作用日益凸显，沪杭连线频次高，但区域成网密度弱于沪宁线段；京广铁路是我国线路最长、运输最繁忙的铁路，长沙、衡阳和韶关等城市沿衡广段南下广州，直至延伸到深圳。

第二层级城市网络主要由部分纵向铁路运输通道密集带所构成［图4-5（b）］。哈大线和京哈线沿线城市关联网络构成“人”字形结构，是东北地区城市间交流的主要通道，承担着东北区内和区外要素流动的主干运输通道；京沪铁路沿线已经形成多条高密度带状城市关联，并有青岛—济南、合肥—南京、宁波—杭州等东西向城市联系，成为我国南北走向最为繁忙的铁路运输通道；而京九线则被分割成南北两段，北段为北京到郑州（经过石家庄、邯郸等城市），南段为武汉到广州，中间的郑州到武汉并未有足够联系强度；在全国层面，东西走向城市关联格局主要体现在陇海线的中段，即商丘—开封—郑州—洛阳—三门峡—西安—咸阳—宝鸡段，成为我国东西走向最为繁忙的铁路干线，直接连通了陕西和河南省沿线各大城市；位于福建沿海的福州、莆田、泉州和厦门自成一体，同样具有很高的关联强度；其他区域结构主要包括浙赣线部分城市、呼包段。

“两横三纵”铁路大动脉共同构成了第三层级城市网络主干骨架［图4-5（c）］，反映了我国区域发展的轴带分布格局。“三纵”主要是京哈线、京广线和京沪线。其中，京哈线沿线城市紧密相连，形成了城市关联密集带；相比于第二层级城市网络，该层级京沪沿线城市网络关联范围更加广泛；京广沿线腹地城市全线连通，在第二层级网络中出现中断的郑州—武汉段也恢复相连，并显现出较大密度；而京九沿线城市自北向南并未全线连通，阜阳到九江段出现“真空”，且全网密度一般。“两横”主要体现在陇海沿线和沪昆沿线，成为我国国土空间开发最重要的东西发展轴带，但相对于纵向城市关联走廊，其连接密度要低不少。其中，前者实际顶点为徐州，并未连接至连云港；而西出终点兰州，经过武威、张掖、酒泉，直至嘉峪关。而后者，在沪杭、浙赣线密度相对较高，西段连接较弱。另外，襄渝线腹地城市有一定联系强度，并延伸至成都。另外，现有网络格局并未显示出长江中游地区形成城市关联密集带，与近期国家提出的“长江黄金水道”发展战略并不吻合。

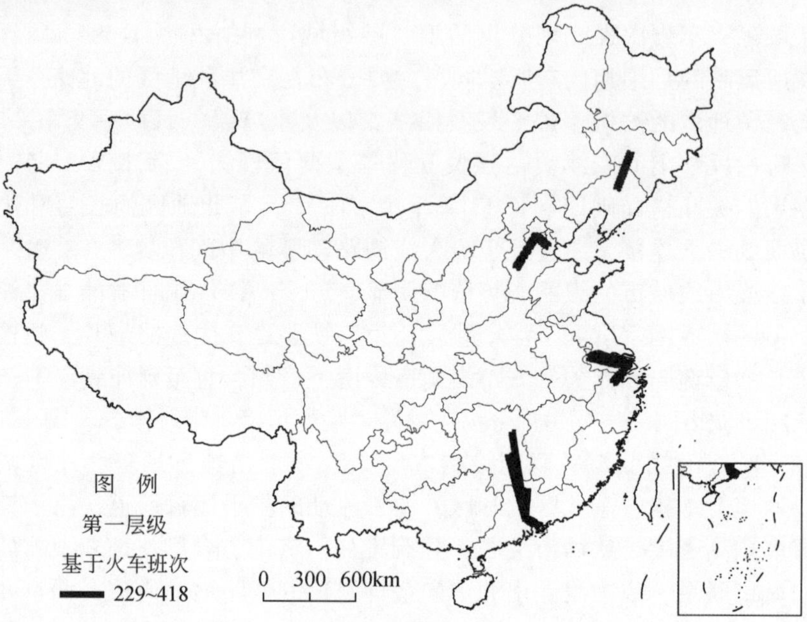

(a) 第一层级

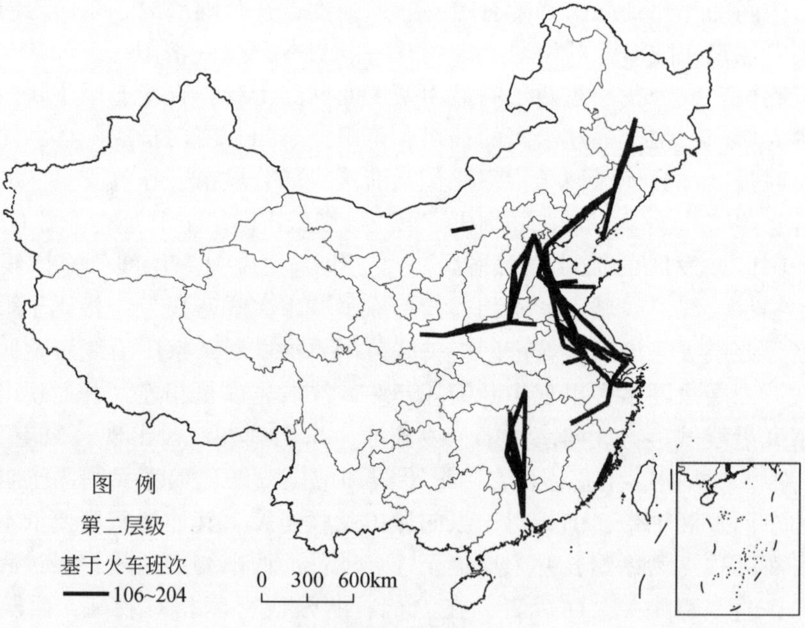

(b) 第二层级

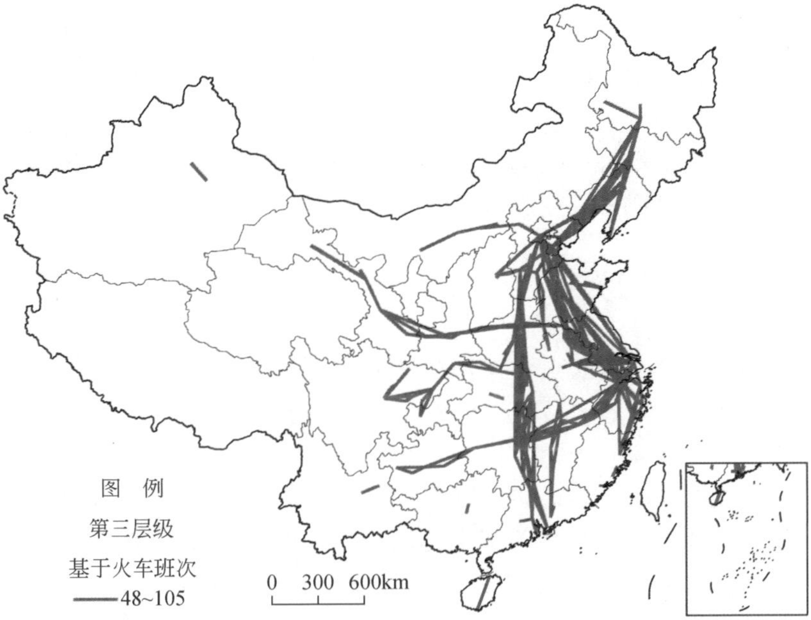

(c) 第三层级

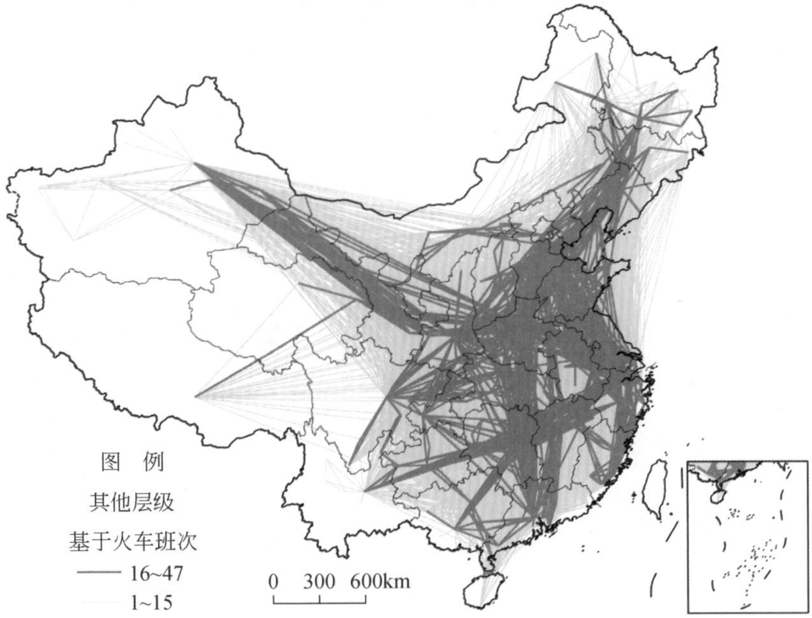

(d) 其他层级

图 4-5　基于铁路联系的城市网络空间关联

数据来源：火车网数据库（http://www.huoche.com/）

其他层级［图4-5（d）］网络特征是在第三层级城市网络特征基础上的进一步深化，全面展现了基于铁路联系的全国地级行政单元间的整体关联格局和主要轴带分布，刻画了更多区域细节。从东西走向看，陇海—兰新沿线城市关联格局进一步显现，但陇海线关联密度要低于兰新线，而京包—包兰线、滨洲—滨绥线、南广线和青藏线等有一定连接强度；而在南北走向上，京九沿线腹地城市关联格局较为明显，宝成—成昆线、鹰厦线等也具有一定连接度。

4.4.3 基于航空联系

基于航空流的第一层级城市网络体系基本形成以“菱形结构”为核心的城市网络主干框架［图4-6（a）］，构成了全国尺度上关联程度最强的城际关联，其四个顶点分别为北京、上海、广-深和成-渝，而杭州、西安、厦门和青岛等城市也出现在此层级中。北京和上海在航空流总量上具有绝对的优势和控制力，在国家尺度上表现出普遍联系的基本特征；广-深和成-渝均直接与北京和上海表现出最强的关联程度，但二者之间却并未形成最强的直接联系。具体而言，北京的关联强度主要集中在与上海、杭州、广州、深圳、成都和重庆等，均是全国性或区域性中心城市；基于上海的城际最强关联线段则包括了七条，分别是上海—北京、上海—广州、上海—深圳、上海—成都、上海—西安、上海—厦门和上海—青岛等，均为副省级以上级别城市，凸显出上海作为华东地区国际航空枢纽的重要地位；广州、成都的最强联系主要体现在与北京和上海，而深圳除了与北京、上海有较强联系外，还与杭州有较强联系，重庆的主要联系是与北京。

第二层级城市网络进一步显现了高联系强度的区域关联特征，主要以全国性或区域性中心城市为关联核心，与其他较高等级城市构成大区域间的关联格局［图4-6（b）］。北京的网络关联特征基本表现出“轴辐式”对外联系格局，在第一层级基础上，进一步与东北地区、山东半岛、东南沿海、新疆、云南等地区城市有较紧密的联系；结合第一层级，上海基本形成了以自身为核心、面向内陆放射状的空间联系格局，与该层级关联城市包括东北地区的哈尔滨、沈阳和大连，西南地区的重庆、昆明，以及天津和长沙等城市；杭州是华东地区的第二大航空枢纽，在该层级表现活跃，与哈尔滨、乌鲁木齐、成都、西安、重庆、昆明和广州等均有较强联系；而在空间形态上，以沪宁杭、广深、成渝和昆明为端点构成了我国南方地区区域关联次一级的菱形结构，主要沟通了长三角、珠三角和西南地区，彼此紧密相连；西安凭借其特殊的地理位置和行政等级，成为连接西北地区和南方地区的重要节点。

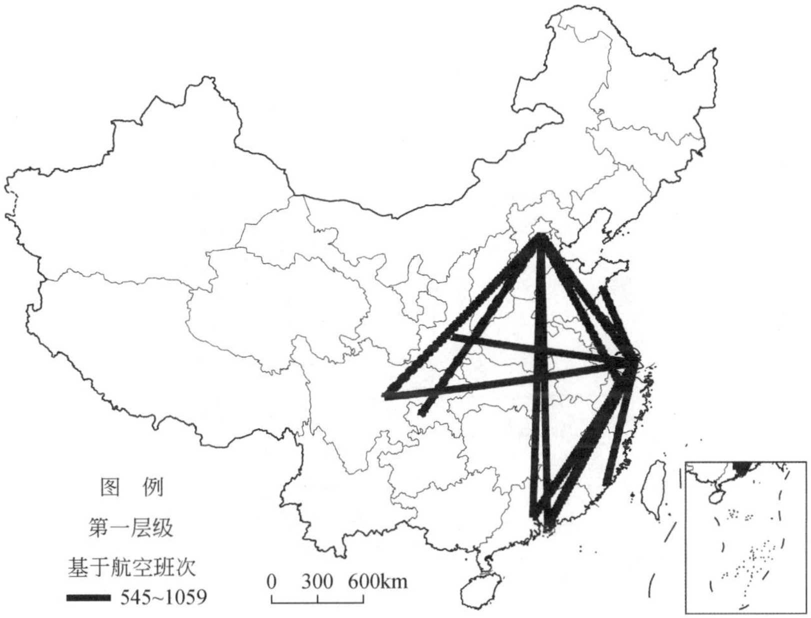
图 例
第一层级
基于航空班次
545~1059
0 300 600km

(a) 第一层级

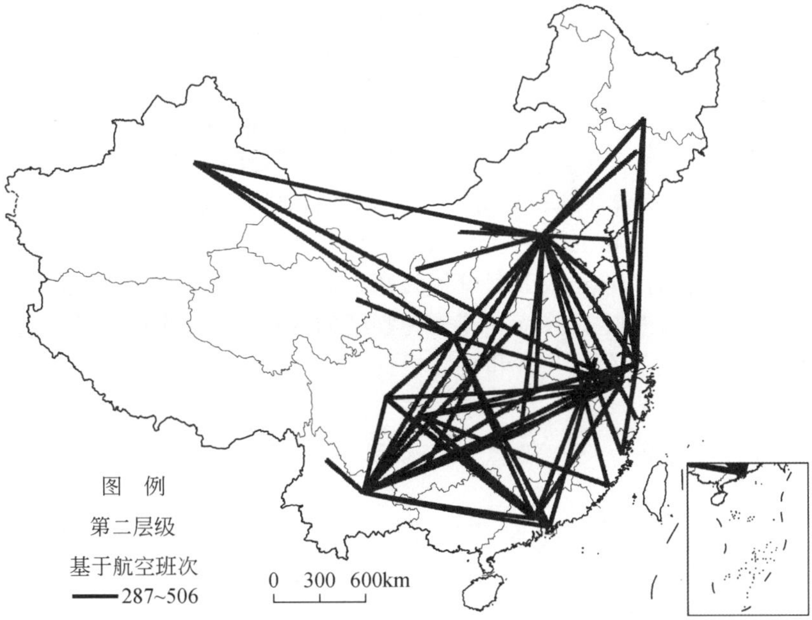
图 例
第二层级
基于航空班次
287~506
0 300 600km

(b) 第二层级

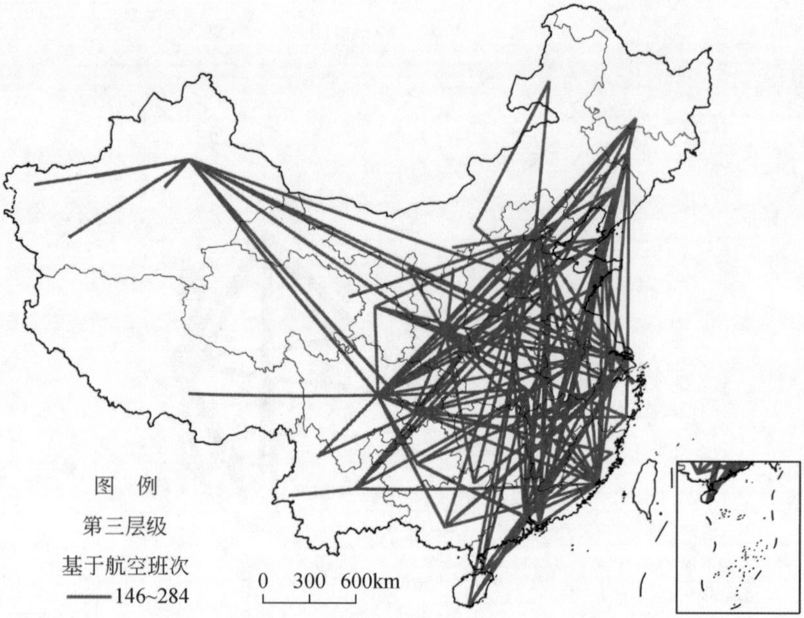

(c) 第三层级

图 4-6　基于航空联系的城市网络空间关联

数据来源：去哪儿网数据库（http://flight. qunar. com/）

对于第三层级［图 4-6（c）］，就全国空间格局而言，该层级城市网络主要由大中城市构成，中小城市参与度较低；东部沿海和中部地区城市间已经形成了网络化交织的基本形态，与西南、西北和东北地区中小城市间网络关联有待于进一步发育。乌鲁木齐是新疆地区内外联系的核心节点和中枢，在与东中部大城市联系的同时，还与疆内部分城市有着较为密集的联系。拉萨的最强联系城市是成都，呼伦贝尔与北京及呼和浩特有着较为紧密的联系。其他层级，进一步刻画了全国地级行政单元间的底层关联和整体格局。

4.5 本章小结

以全国 289 个地级以上行政区的公路、铁路、航空班次联系作为基础数据，采用聚类分析和网络分析等研究方法，划分多元交通流视角下的城市网络层级结构，从而实现对我国城市网络空间关联的特征提取和规律挖掘。主要得出以下结论：①基于公路联系的城市网络空间关联，表现出强烈的空间依赖性和对城市群发育程度的良好识别作用。②基于铁路联系的交通流更多反映的是国家铁路大动脉沿线腹地城市的对外联系格局、大区域间的要素关联和区域可达性等特征，由京哈沿线、京广沿线、京沪沿线与陇海—兰新沿线、沪昆沿线构成的“两横三纵”带状分布格局构成了基于铁路联系的城市网络主干框架，成为我国国土空间开发最重要的发展轴带。③基于航空流视角的城市网络体系基本形成了以“菱形结构”为核心的城市网络骨架，其四个顶点分别为北京、上海、广-深和成-渝，具有显著的空间异质性和层级特征。整体而言，在东部沿海和中部地区城市间形成了跨区域网络化交织的空间形态，而西南、西北和东北地区中小城市间网络关联仍有待于进一步发育。

随着全球经济一体化进程深化，区域间要素流动频繁，交通基础设施对区域间要素流动的纽带和引导作用日益凸显，不同交通运输方式的职能分工更为明确。公路主要承担短距离运输上的便捷联系，更多是用于表征发育较为完整地域系统的内部联系功能，在我国则突出体现在省区或类省区的行政单元中；铁路则主要用于沟通不同地域系统间的联系，承担中长距离上的运输职能，在宏观层面服务于国家发展战略的重要轴带，航空运输则具有“超平面”的网络特性，受到地理空间约束影响较小，承担长距离的运输职能，服务于不同区域间主要中心城市的直接关联，具有架构国家或全球层面主体网络框架的功能。从三者层级联系的地域特征来看，公路、铁路和航空联系折射出的城市网络联系对应的空间尺度分别是省区、区域和全国，但各自网络所涵盖的地域范围和覆盖密度有所差别。

现实世界中的城市网络时空格局能够从城市间内部联系流所映射，但在一定程度上受到城市等级和地理距离的空间交互叠加作用。因此，如何认识城市等级与我国城市网络层级发育间的交互关系，以及地理距离在城市网络发育中的作用，具有重要的研究意义，也将是未来努力的方向。基于多元交通流视角研究城市网络空间关联格局是一种全新的尝试。但考虑到真实交通流的难获取性，本章研究所采用的班次数据仍是对真实流数据的参量替代。受限于数据来源，本研究未能获取时序上的交通流数据，仅探讨了当前单一年份中国城市网络空间关联的多层级特征，未能深入剖析中国城市网络空间关联的时序演化过程及其动力机制。同时，学界关于城市网络体系的研究尺度和视角均在不断丰富，多尺度和多视角的实证研究将会不断深化和完善传统的城镇体系基础理论，有助于加深学界和社会部门对于多尺度和多视角下城市网络发育的区域认知。

第5章　中国城市经济区体系

作为大尺度的区域经济概念，城市经济区是城市群发育的基础，也是腹地范围更广的、构成成分更为多样化的地域系统。同时，作为城市功能地域，经济联系和功能分工是形成城市群的重要前提，也是反映城市群本质的最基本空间特性。因此，基于对中国城市网络宏观格局的基本判断，本章以全国地级以上城市间公路、铁路和航空联系数据为基础，采用组团识别和网络可视化等方法，识别中国城市经济区体系，探索中国城市功能地域结构特征，为中国城市群空间识别奠定基础。

5.1　功能地域体系基本认知

5.1.1　功能地域

区域是地表空间的基本组成单元。在经济全球化背景下，区域正在成为参与全球竞争的基本单元，培育区域竞争力、促进区域协调发展成为地域空间治理的重要目标。精细化的空间管理需要科学的区域空间范围识别，区域划分是进行地域空间规划的基础工作，尤其体现在中宏观尺度的经济区规划、城市群规划等。区域划分一直是地理学的基本问题，它是指将地表空间划分为若干区域，强调区域内的相似性和区域间的差异性，如农业区划、经济区划等。经济区划是地域空间管理的重要手段，主要基于区域经济特点和劳动地域分工对一定空间范围进行的区域划分，其主要目的是明确各地区在劳动地域分工中的地位，并进行相应的生产布局（刘卫东等，2013）。而经济区是经济活动在特定地域空间上的投影，是在劳动地域分工基础上形成的具有要素流动、分工协作的经济地域。

5.1.2　城市经济区

一般认为，城市经济区是以中心城市或城市密集区为依托，在城市与其周边腹地发生经济联系的基础上，形成的具有一定强度的对内、对外经济联系同向性特征的功能地域（顾朝林，1991；周一星和张莉，2003）。作为一种重要的区域经济空间形态，城市经济区是城市与周边腹地协同共生的产物，对于突破行政束缚、优化资源配置、调整产业布局、促进区域可持续发展等方面具有重要价值（胡序威，1993）。然而到目前为止，关于城市经济区的识别，国内外学术界并没有公认的、统一的成熟做法。国外研究开展相对较早，尤其侧重于对功能地域的识别和挖掘，主要途径包括出租车流（Goddard，1970）、迁移流（Slater，1976）、通勤流（Karlsson and Olsson，2006；Farmer and Fotheringham，2011）、全球定位系统（GPS）轨迹（Rinzivillo et al.，2012）、手机通信（Gao et al.，2013）等，研究尺度则包括国家尺度、区域尺度和城市尺度等。而国内的研究开展相对较晚，早期研究主要基于属性数据，更多采用指标测算、数学模型和地理信息系统（GIS）等手段来划分区域边界。但目前，实践中的城市经济区划仍更多依赖于专家经验和区域认知，导致政策决策的制定往往缺乏科学依据，尤其是流数据获取和网络分析方法均具有较大的提升空间。

随着互联网、通信技术和现代交通工具迅猛发展，新的生产方式和空间组织呈现出多元化发展态势，“场所空间”与“流空间”交互作用，由行政区划主导的等级空间逐渐向关系网络化的功能空间转变（Taylor et al.，2010；Castells，2010）。作为信息化、全球化时代背景下产生的新型空间组织方式，城市网络已经逐渐成为透视区域间相互作用和尺度间相互关联的核心视角，对于认识区域空间重构具有重要意义。而区域空间组织是区域经济发展的内生动力，合理的空间组织模式将极大地提升区域经济发展的整体效率，促进区域健康可持续发展。因此，本章尝试基于城市网络视角刻画区域空间结构，深入挖掘城市间关联结构和区域空间组织模式。

5.2 研究思路与数据方法

5.2.1 研究思路

基于 289 个地级以上城市间公路、铁路和航空联系数据，采用组团识别和网络可视化等方法，对中国城市经济区进行特征提取和规律挖掘，以期能够为多尺度城市网络和功能区域划分提供新的方法支撑和认知视角，并将有助于廓清在全球化和地方化过程中的区域空间重组。

5.2.2 数据说明

本章所采用的原始数据为全国289个地级以上行政单元间的汽车、火车和航空班次联系，分别表征基于公路、铁路和航空联系流视角下的中国城市网络空间关联强度。各类型班次的数据结构为289×289的对称矩阵，共83 232个关系数值。考虑到数据采集的工作量，主要通过编制程序，直接调用汽车（http://www.checi.cn/）、火车（http://huoche.com/）和航空（http://flight.qunar.com/）相关服务网站应用程序接口（API）或网页检索，利用循环查询从中提取出需要的班次数据，数据抓取过程均在C#语言环境下完成，并通过随机抽取、交叉检验等方式进行人工校验、修正以确保数据的完备性和科学性。需要说明的是，汽车班次和火车班次行程相对固定，均抓取一天的数据作为代表；而航班数据受市场、季节等因素影响，有小幅波动，采取抓取一周的数据作为代表。其中，铁路和航空班次数据采集的时间为2013年10月，而公路班次数据采集时间为2014年4月。

5.2.3 研究方法

（1）组团识别

基于拓扑关系和属性，识别网络内蕴的组团结构，即为组团识别（community detection），也称为社区发现。其基本特征是组团内部节点间联系紧密，而组团间节点联系却相对较弱，与传统聚类理论存在着一定的方法论相似。组团识别一直是复杂网络领域的前沿命题，目前主流组团识别算法主要包括Girvan-Newman（Girvan and Newman，2002）、Walktrap（Pons and Latapy，2006）、Fast-greedy（Clauset et al.，2004）、Multi-level（Blondel et al.，2008）、Label propagation（Raghavan et al.，2007）和InfoMap（Rosvall and Bergstrom，2008）等。

其中，Rosvall和Bergstrom基于流和信息论提出了著名的InfoMap算法。该算法的核心思想是通过整个网络中的信息流来度量节点间的关系，组团内部节点间的信息流显著大于组团间节点的信息流。它以随机游走路径的编码长度作为优化的目标函数，将网络剖分问题转化为最小化描述长度的信息压缩编码问题。根据香农定理，假设使用n个码字来表示随机变量X在游走过程中出现概率p_i的n种状态信息，则平均编码长度不低于随机变量X本身的熵，即

$$H(X) = -\sum_{i=1}^{n} p_i \log(p_i) \tag{5-1}$$

为刻画随机游走过程，对所有节点进行霍夫曼编码，每个节点将由其所处的

组团霍夫曼编码和组团内部具体节点的霍夫曼编码共同构成，利用霍夫曼编码来描述节点在网络中随机游走的访问量和访问频率，使得网络中的任意路径都可以通过编码组合来表达。因此，如果将最小编码长度作为目标函数来优化，则组团结构划分问题便转化成了信息流路径编码压缩问题。根据信息熵理论，其映射方程如下：

$$L(M) = qH(Q) + \sum_{i=1}^{m} p_i H(p_i) \tag{5-2}$$

式中，$L(M)$ 表示随机游走于组团内和组团间所沿路径的平均编码长度期望值；q 表示随机游走离开一个组团进入另一组团的概率；$H(Q)$ 表示随机游走在各个组团间运动概率的熵；p_i 表示随机游走存在于某一组团内部的概率；$H(p_i)$ 表示随机游走在组团 p_i 内部节点间运动概率的熵。

InfoMap 算法实现过程主要包括：①对组团进行初始化，将每个节点单独看作一个小组团；②节点随机移动，分别计算节点和组团合并情况下的 $L(M)$，合并使得 $L(M)$ 减少最少的节点和组团；③重复执行上一步骤，直到 $L(M)$ 的变化量最小。如图 5-1 所示，从图（a）到图（c），大致显示了信息流的组团识别过程。

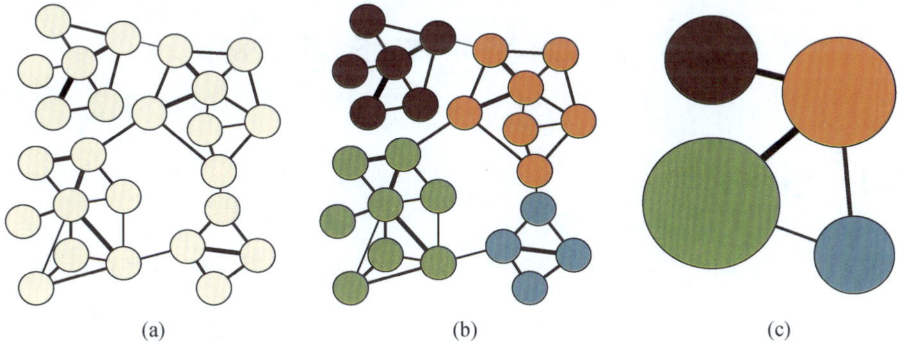

图 5-1　网络中信息流的组团识别示意表达

资料来源：Rosvall and Bergstrom，2008

就网络数据而言，节点权重、连边权重及连接方向均是其重要属性，对于刻画网络组团结构特征具有重要意义。但目前大多数传统算法，依然无法有效顾及有向加权网络，更多的是在丢失网络权重、连接方向等属性信息情况下进行的网络分割，且算法性能参差不齐，得出的结果往往与真实世界有所偏差。而 InfoMap 算法是目前唯一能够充分顾及节点权重、连边权重和连接方向等拓扑属性的主流算法，同时还可以兼顾到高阶网络数据，对于真实世界网络组团划分具有显著的适应性和稳健的性能。相关研究表明，InfoMap 算法已经成为目前最好的网络组团识别方法之一（Lancichinetti and Fortunato，2009；Zhong et al.，

2014)。这里，将城市作为网络中的节点，城市班次强度作为节点的权重；将城市间联系作为网络中的边，班次联系强度作为边的权重。

(2) 网络可视化

地理学关注流空间格局、过程与内在逻辑，而对流数据的统计建模和可视化表达是从定量角度认识流空间的关键途径。一般而言，拓扑网络能够较好地描述拓扑关系和属性，实现对网络细节特征的精准刻画，然而却缺乏对地理空间的指示作用。地理网络在表达空间结构和空间形态等方面，具有天然优势，但在大数据量的网络特征解析方面，往往容易丢失复杂网络结构中的细节特征。因此，本章尝试综合集成拓扑网络和地理网络，深入挖掘基于公路联系的我国城市网络结构及其空间组织模式。

弦图（chord diagram）作为一种新兴的拓扑网络可视化方法，能够将网络数据高度图形化，从而被广泛用来揭示网络节点间拓扑关系和属性。弦图以节点属性为圆弧，不同颜色的圆弧表示不同的节点，属性值越大，对应的圆弧越长。各圆弧间的连线为弦，弦的颜色表示不同节点间的拓扑关系，弦的粗细则取决于节点间关联强度的大小。

5.3 中国城市组团结构

5.3.1 划分结果

基于全国地级以上城市间公路、铁路和航空联系，采用组团识别算法，将我国地级以上城市划分为不同数量、规模的城市组团结构，这些组团结构具有“组团内部紧密联系、组团间联系最少”的基本特征，即为我国城市体系中存在的“地域共同体”，这些“地域共同体”为全面和客观认识我国功能地域系统注入了全新视角。测度结果如图 5-2 ~ 图 5-4 所示，分别对应为基于公路、铁路和航空联系划分的我国城市组团结构。

基于公路联系，共识别出 19 个城市组团结构（图 5-2），这些“地域共同体”的空间边界与我国省区边界存在较大程度的耦合。从空间范围来看，这些“地域共同体”的尺度要普遍小于传统的“三大地带”“四大板块”等区域划分，却又大于都市绵延区或城市群尺度，基本对应类省区的空间尺度。可以看出，这些“区域结构”类似于我国早期的城市经济区划分结果。相较于早期的城市经济区划分方案，顾朝林（1991）划分为 33 个（二级）城市经济区，周一星和张莉（2003）划分为 11 个（二级）城市经济区，本章的划分结果介于两者之间，并与顾朝林的划分方案存在着一定的结构相似，但同时也识别出一些新的城市与区域结构。因此，可以看出，这些城市组团结构即对应为我国的“城市经济区”，在一定程度上勾勒出空间联系视域下的内在功能地域结构，为全面认识不同地域系统内部要素间关联结构提供了全新视角。

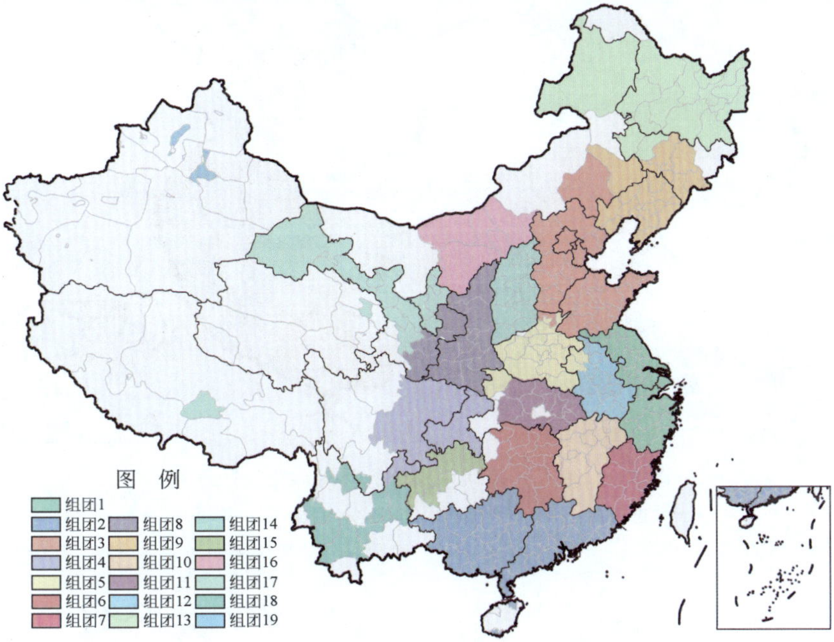

图 5-2　基于公路联系划分的我国城市组团结构

数据来源：车次网数据库（http://www.checi.cn/）

基于铁路联系，共识别出 11 个城市组团结构（图 5-3）。这些城市组团的空间边界显得较为破碎，而且数量规模也存在着明显差异，显示出一定程度的大区域关联结构与沿铁路动脉沿线分布的基本格局。一方面，相较于公路流，铁路流表征的城市网络同样受到空间距离的作用，城市组团结构表现出一定的地理空间集聚特征，部分区域结构与主要的大区域地理划分方案较为一致，包括东北地区、西南地区、西北地区等。另一方面，部分城市组团结构呈现出明显的沿国家尺度铁路大动脉沿线分布的基本态势，京九铁路、京沪铁路以及沪昆铁路等沿线均形成了明显的条带状的城市关联结构，具有一定的“沿途效应”，这与铁路客流运输本身的性质紧密相关。

基于航空流划分的地域结构，则显得数量相对较少，仅包括 6 个城市组团结构（图 5-4）。同时，这些城市组团并不具有明显的地理空间集聚分布，而是显示出随机分布的基本格局。

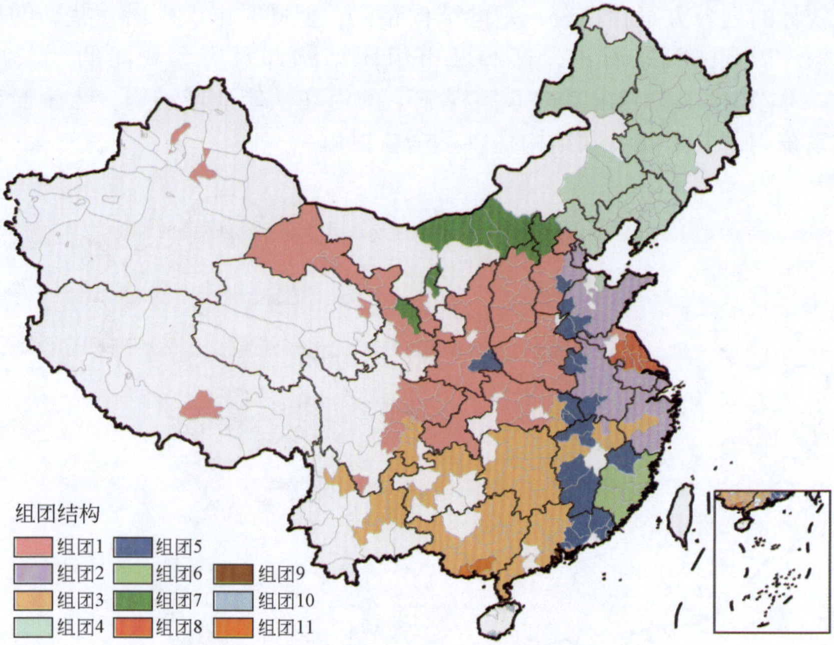

图 5-3　基于铁路联系划分的我国城市组团结构

数据来源：火车网数据库（http://www.huoche.com/）

图 5-4　基于航空联系划分的我国城市组团结构

数据来源：去哪儿网数据库（http://flight.qunar.com/）

5.3.2 空间效应

随着全球经济一体化进程深化，区域间要素流动频繁，交通基础设施对区域间要素流动的纽带和引导作用日益凸显，不同交通运输方式的职能分工更为明确。从三者层级联系的地域特征来看，公路、铁路和航空联系折射出的城市网络联系对应的空间尺度分别是类省区、区域和全国，但各自网络所涵盖的地域范围和覆盖密度有所差别。

公路主要承担短距离运输上的便捷联系，实现“点对点”的服务，更多是用于表征发育较为完整的地域系统的内部联系功能，具有明显的“属地化”特征，在中国则突出体现在省区或类省区的行政单元中，其重要原因可能在于行政力量在不同省区间的作用形成和带来的地区分割。铁路则主要用于沟通不同地域系统间的联系，承担中长距离上的运输职能，在宏观层面服务于国家发展战略的重要轴带，尤其是相邻省区中心城市的直接关联带动沿线城市的发育而形成分布于此联系线上的重要经济轴带，即大区域内部的要素流动和直接关联。而航空运输则具有“超平面”的网络特性，受到地理空间约束影响较小，承担长距离的运输职能，服务于不同区域间主要中心城市的直接关联，具有架构国家或全球层面主体网络框架的功能。

5.4 中国城市经济区体系

5.4.1 整体格局

5.3 节利用组团识别算法共识别出 19 个城市经济区，其基本属性是区域内部联系紧密、区域间联系较少。这些城市经济区属于重要的空间构造，为全面认识不同地域系统内部要素间关联结构提供了全新视角。这里，基于“城市经济区”识别范围，进一步对各地域系统内部构造进行地理空间和拓扑属性的可视化表达，以期能够深入揭示我国城市网络结构和空间组织模式，具体如图 5-5 所示。

整体而言，不同地域系统内城市网络自成体系，表现出显著的空间依赖性和多元的空间形态，多层次、流动性和网络化的地域系统格局凸显。其中，织网密度最高的区域主要是江浙沪地区、两广地区和京津冀鲁地区，其次是成渝地区、河南省和辽吉地区。公路联系能够较好地刻画空间距离对于城市关联结构的重要作用。在单一地域系统内部，由于距离衰减效应，往往形成以中心城市为核心、向周边城市辐射的空间关联格局。

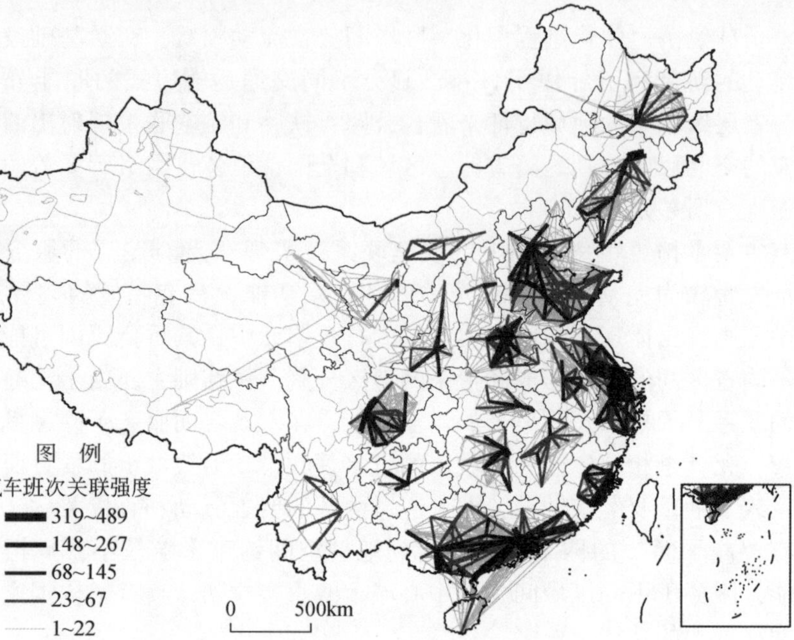

图 5-5　基于组团分割的中国城市网络格局

数据来源：车次网数据库（http://www.checi.cn/）

5.4.2　空间内涵

（1）行政区经济特征

行政边界是理解区域经济和空间相互作用的基本视角。基于空间联系视角划分出来的城市经济区，在较大程度上沿袭了省级行政边界，表现出明显的行政区经济特征。一方面，部分省份行政边界基本延续了自然地理界线，如山西和河北以太行山为界，武夷山隔开了福建和江西，南岭山脉是两广地区同福建、江西、湖南的天然分界。自然屏障阻隔使一些地区形成了相对封闭或半封闭的区域经济空间，如福建、江西、湖南、四川等省份，导致省内城市间联系远高于同外界城市的联系。另一方面，在我国“强政府、弱市场”和“自上而下”体制机制框架下，同一省份内城市在资源配置、要素流动、基础设施共享和区域分工协作等方面具有天然优势，从而形成行政区范围内的区域经济系统。由于行政管理体系、政策壁垒等因素存在，跨越行政边界的要素流动受到相当程度限制。

（2）巨型区域溢出效应

巨型区域的空间溢出效应能够跨越行政边界形成跨省际的区域联系。在图 5-5 中，存在一些跨越省级行政边界的城市经济区。在华东地区，上海、江苏和浙江共同被划分成同一组团。以上海为龙头的长三角地区是我国经济发展水平最为发达的区域，区域间人流、物流、信息流等要素流动频繁，区域空间结构趋于多中心、网络化发展阶段，经济辐射能力强，区域经济一体化趋势明显。在华南地区，广东、广西两省（自治区）被划分到同一组团。珠三角城市群已经成为我国发育最为成熟的城市群之一，核心城市辐射带动能力较强，并逐步辐射到周边区域。广西和广东同处南岭山脉以南、珠江流域，两地在自然地理、历史基础和社会文化等方面都具有共性，尤其社会经济联系紧密，目前覆盖两地的珠江–西江经济带已经上升为国家战略。在华北地区，北京、天津、河北和山东被划分为同一组团。京津二市是京津冀地区的节点城市、区域经济增长引擎，统领区域间要素关联，其辐射能力逐步扩散至山东省，形成京津冀鲁的经济联系格局。

（3）核心–边缘结构

基于公路流视角的城市经济区划分表现出明显的行政区经济特征，省级行政边界成为不同区域重要的分界线，然而部分省区边界城市却脱离本省区行政框架而进入相邻省区经济区。例如，内蒙古的通辽与辽吉二省（组团 9）的联系更加紧密，内蒙古赤峰和河南安阳进入京津冀鲁城市组团（组团 3），皖北地区的阜阳、亳州被划入中原经济区（组团 4），甘南地区的天水、平凉、庆阳和陇南与以西安为核心城市的陕西组团（组团 8）联系更加紧密，成渝地区城市连成一体，川南的攀枝花进入云南的行政框架，吉林省的白城市、松原市纳入黑龙江为主的组团。位于省域边界的城市往往由于地理位置或自然条件阻隔，能够接收到的省域经济辐射有限，往往与省域中心城市形成明显的核心–边缘结构，成为行政区内资源配置和政策覆盖的真空区域。因此，这些城市可能会受到相邻省份强大经济中心的吸引而发生跃迁，克服行政束缚，脱离本省框架而进入相邻省份城市区域。

5.4.3 空间组织

图 5-5 显示了基于组团分割的中国城市网络宏观格局。从空间形态来看，基于公路联系视角下的区域城市网络空间结构大致可划分为单核心结构、双核心结构、多核心结构和低水平均势结构等区域关联形态，并以单核心发育模式为主。其中，单核心发育模式主要包括组团 3、组团 4、组团 8、组团 11、组团 12、组团 13、组团 14、组团 15 和组团 18；双核心驱动发育模式主要包括组团 6 和组团 9；

多核心发育模式主要包括组团 1、组团 2、组团 5 和组团 7；低水平均势发育模式主要包括组团 10、组团 16 和组团 17。

（1）单核心结构

单核心地域系统往往以一个大城市为核心，与周边若干个中小城市紧密联系，构成中心-外围结构的空间组织模式。单核心城镇体系主要表现出等级规模结构，垂直联系特征明显，核心城市处于主导地位，中小城市具有明显的向心联系空间指向。在经济发展初级阶段，区域内中心城市处于集聚状态和扩张趋势，对于生产要素具有强大的吸附能力，极化效应显著。由于规模效应，城市间的要素流动更多指向大城市，因而更容易形成单核心的区域结构。单核心结构是社会经济发展过程的自然现象，在特定发展阶段具有其合理性。从空间形态上看，基于公路联系的我国区域城市网络结构以单核心发育模式为主，其空间结构以放射形、环状和扇形等关联形态为主。区域内核心城市处于绝对优势，并没有明显的次级中心发育，这也在一定程度上折射出我国区域经济发展现状。在划分得到的这 19 个组团中，有 9 个组团均表现出不同程度的单核心结构。具体结果如图 5-6 所示。

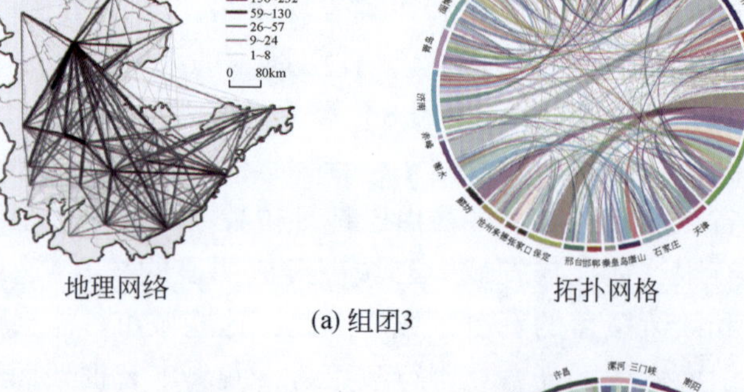

(a) 组团3

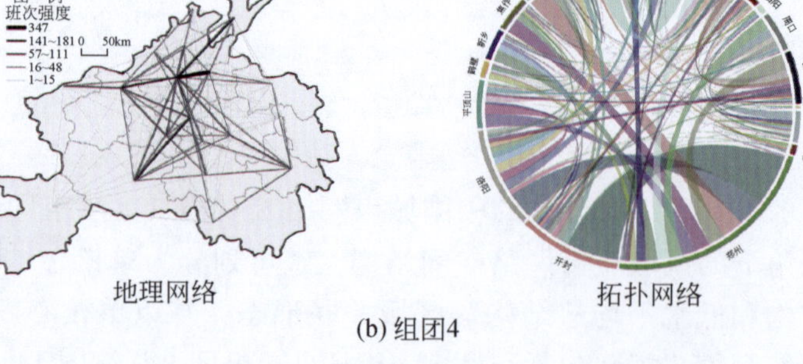

(b) 组团4

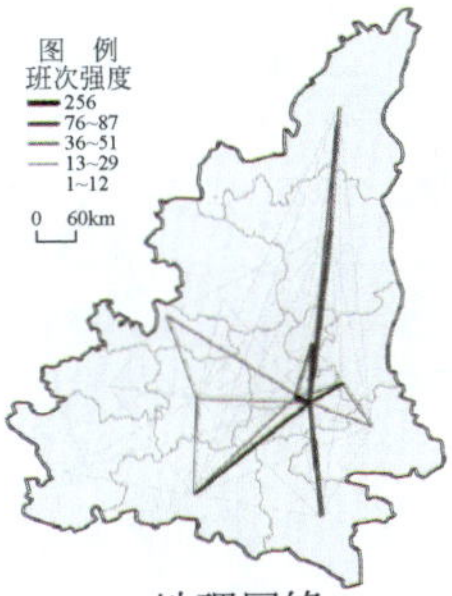

地理网络

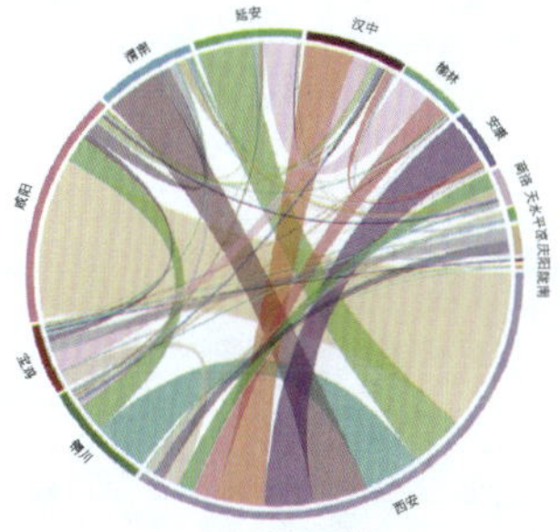

拓扑网络

(c) 组团8

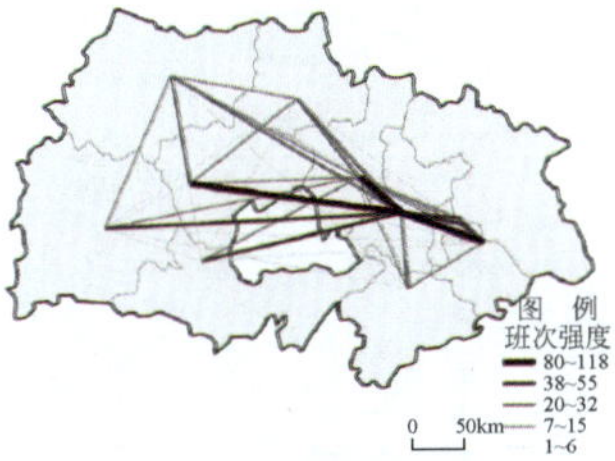

地理网络

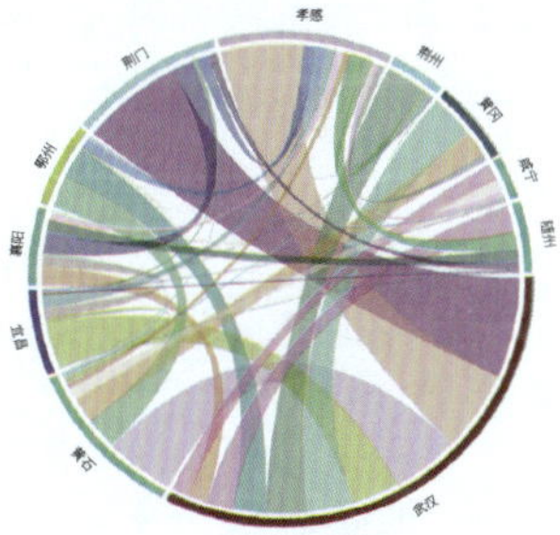

拓扑网络

(d) 组团11

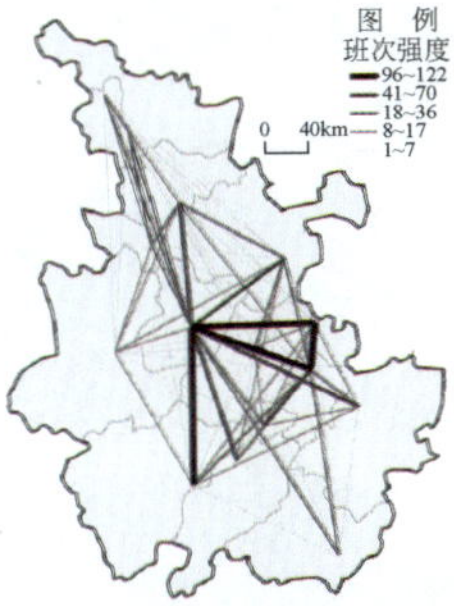

地理网络

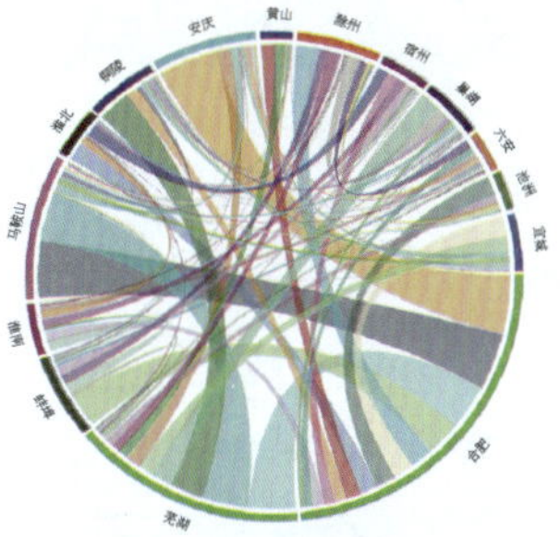

拓扑网络

(e) 组团12

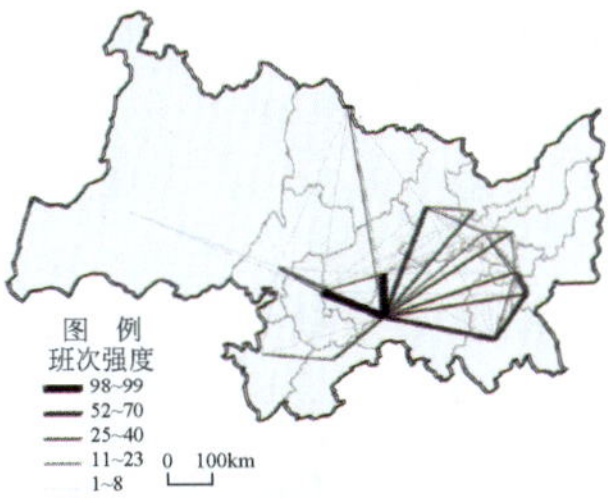

地理网络

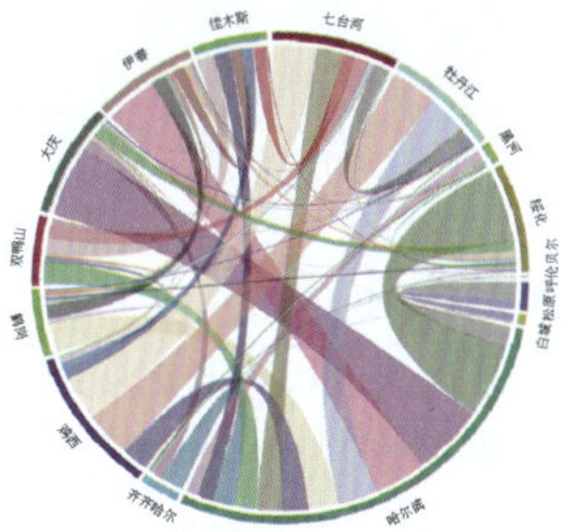

拓扑网络

(f) 组团13

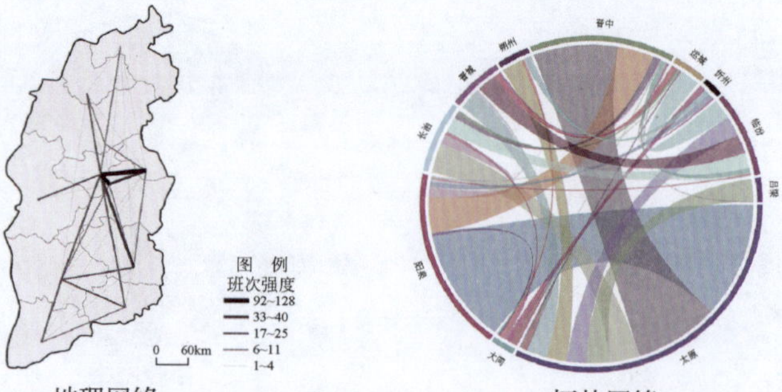

地理网络　　拓扑网络

(g) 组团14

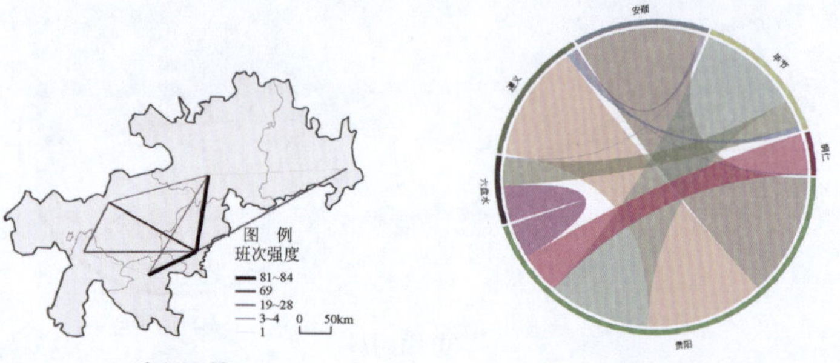

地理网络　　拓扑网络

(h) 组团15

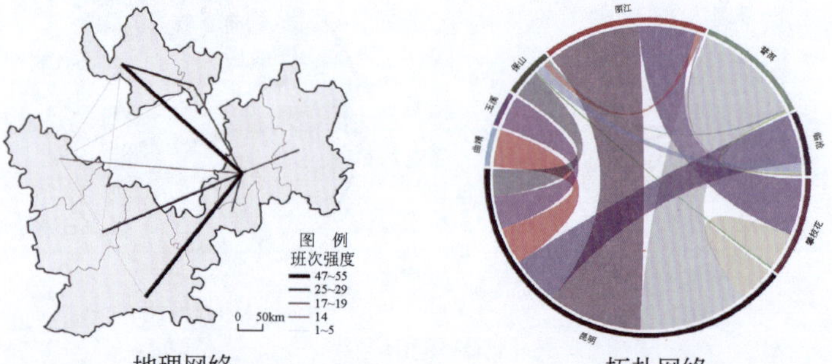

地理网络　　拓扑网络

(i) 组团18

图 5-6　以单核心结构为主的区域城市网络空间组织

数据来源：车次网数据库（http://www.checi.cn/）

（2）双核心结构

双核心结构，又称为双中心结构。它是指地域系统内部，以两个中心城市为核心引擎，紧密连接周边中小城市，构成多层次、网络化的城市体系，“双轮”驱动区域发展的空间运行机制。相对于单中心结构，双核心结构具有其明显特性，两个中心城市往往在空间上相隔一定距离，在各自腹地形成自身城市网络体系的同时，两个城市体系间也有所交叉重叠，高等级城市间更容易发生频繁联系，从而构成兼顾规模等级和网络联系的双核心驱动型区域发展模式。在我国区域城市网络中，成渝地区和辽吉地区均在一定程度表现出双核心驱动发育模式，基于节点城市构建子系统，子系统间又具有较为密集的联系，从而形成较为典型的双核心驱动型区域发展模式。如图 5-7 所示，上述区域分别对应组团 6 和组团 9。

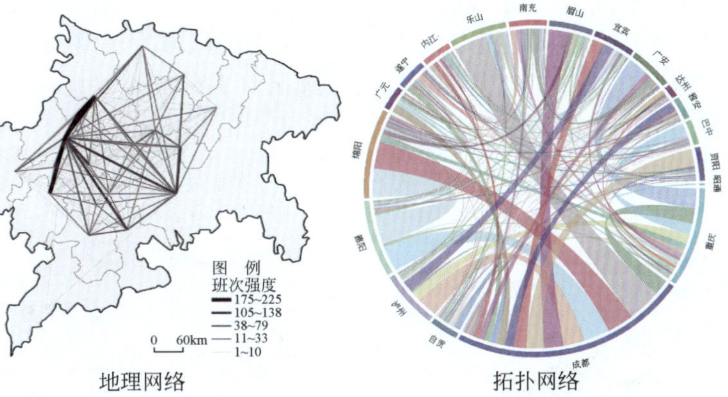

(a) 组团6

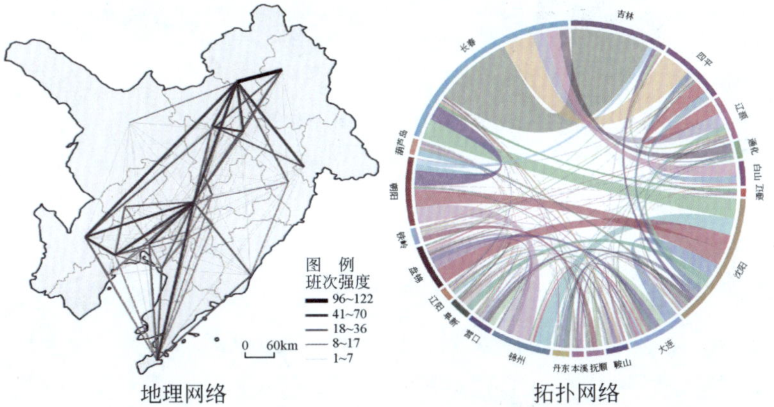

(b) 组团9

图 5-7　以双核心结构为主的区域城市网络空间组织

数据来源：车次网数据库（http://www. checi. cn/）

（3）多核心结构

随着社会经济发展，人口、产业和资源等不断向中心城市集聚，从而引发城市蔓延、交通拥堵、住房紧张、资源环境负荷加重等一系列城市问题。而单核心结构往往更容易产生上述的“城市病”或“区域病”等问题，各国政府和学术界开始认识到多中心结构是更加高效、稳定的区域发展模式。因而，多中心或组团式等空间组织模式成为探讨城市或区域可持续发展的重要命题，倡导区域经济由行政区划主导向关系网络化转变，引导区域发展由单核心结构向多核心结构演进，形成开放流动、功能互补的区域经济发展新模式。一般而言，多核心发育模式是指以多个核心城市为中心，依托于发达的基础设施网络，与周边中小城市形成资源共享、要素流动和分工协作的空间关系和功能网络。上述划分的组团中（图 5-8），江浙沪地区（组团 1）、两广地区（组团 2）、湖南省（组团 5）和福建省（组团 7）均在不同程度表现出多中心结构的区域发展格局，以长三角为核心的江浙沪地区和以珠三角为核心的两广地区具有较高水平的多中心发育形态，而以长株潭为核心的湖南省和以海峡西岸为核心的福建省在空间形态上具有多核心雏形，但目前仍是低水平的多中心发育结构。

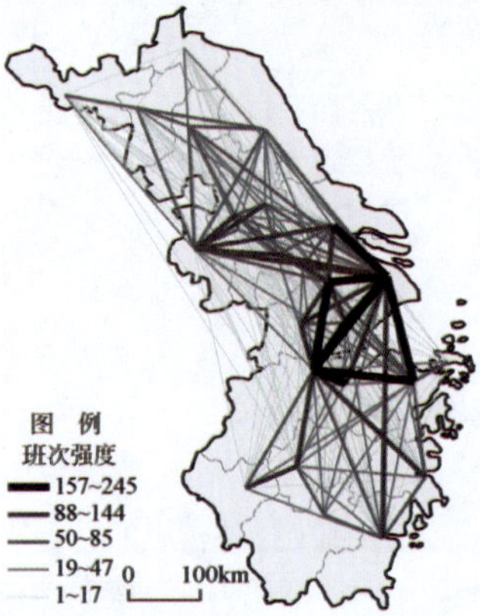

地理网络

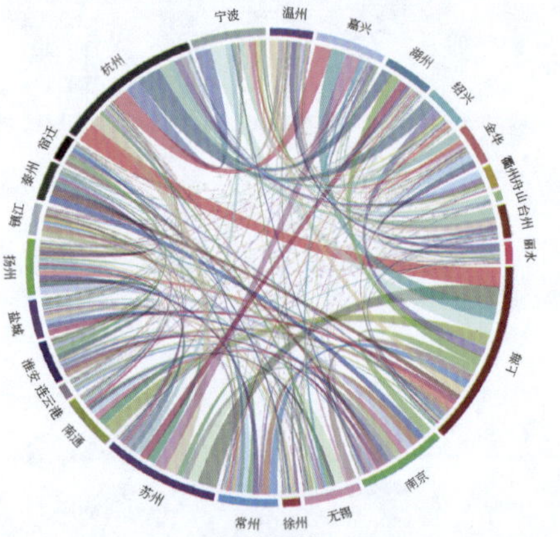

拓扑网络

(a) 组团1

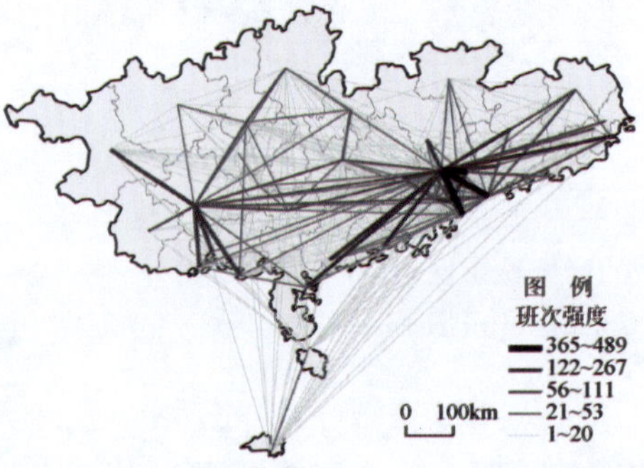

地理网络

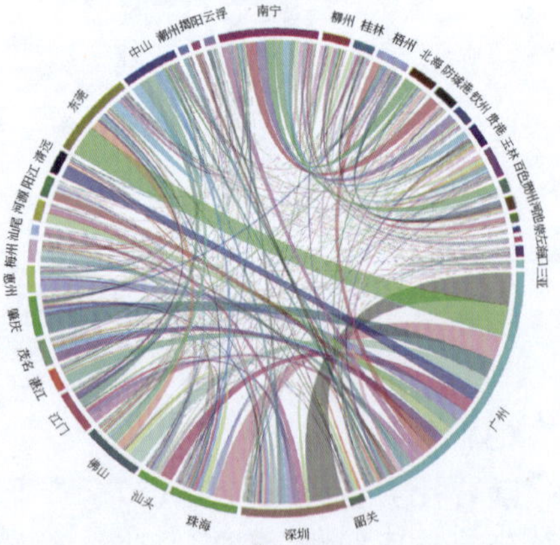

拓扑网络

(b) 组团2

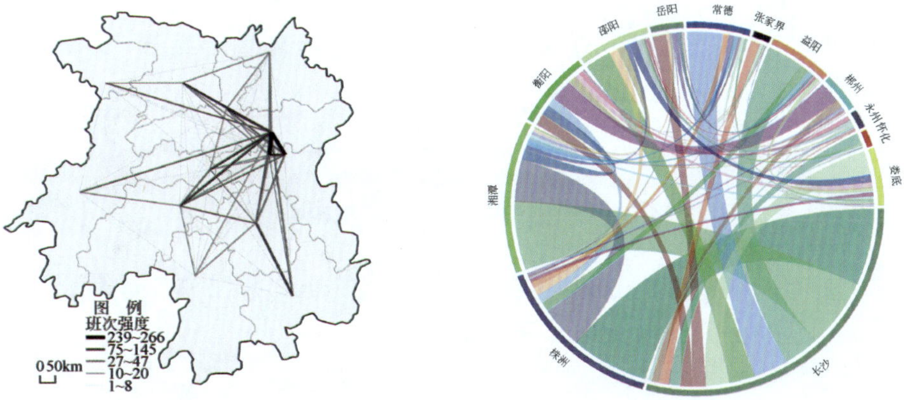

地理网络　　　　拓扑网络

(c) 组团5

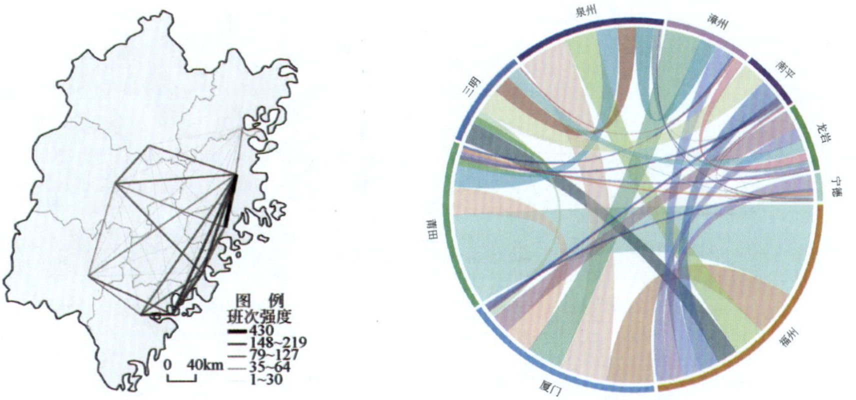

地理网络　　　　拓扑网络

(d) 组团7

图 5-8　以多核心结构为主的区域城市网络空间组织

数据来源：车次网数据库（http://www.checi.cn/）

（4）低水平均势结构

在特定时空情景下，地域系统内部各城市具有相似的经济发展水平，但并不存在显著的经济中心或增长极，区域内各城市表现出相对均势的发展地位，城市间要素分布和经济联系相对均衡，从而整体表现出均势发育格局。从空间组织形态来看，除了上述单中心、双核心和多中心结构，部分组团的城市网络还表现出低水平的均势发展阶段，这些区域内并没有明显的核心引擎，经济体量规模小、要素流动滞后、关联程度有限，但并不是由于区域经济高度发达促成的均势发育一体化区域。如图 5-9 所示，该类型区域主要包括江西省（组团 10）、内蒙古中西部地区（组团 16）、甘宁青藏地区（组团 17）和新疆地区（组团 19）。

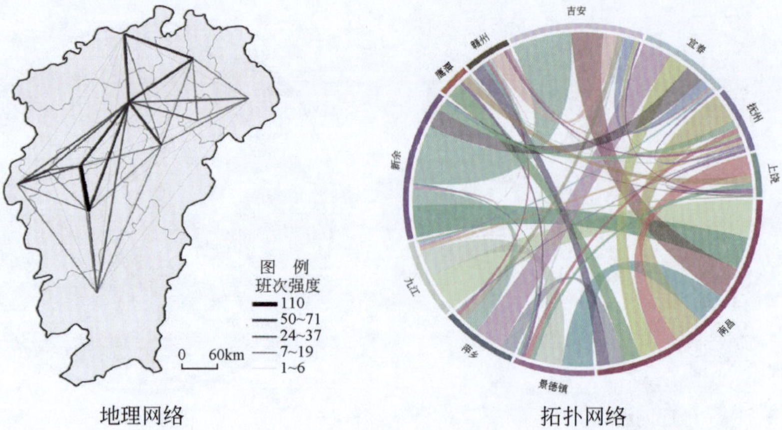

(a) 组团10

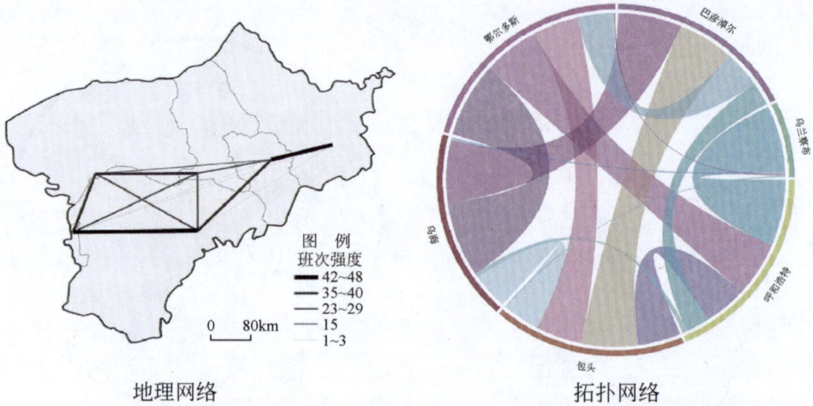

(b) 组团16

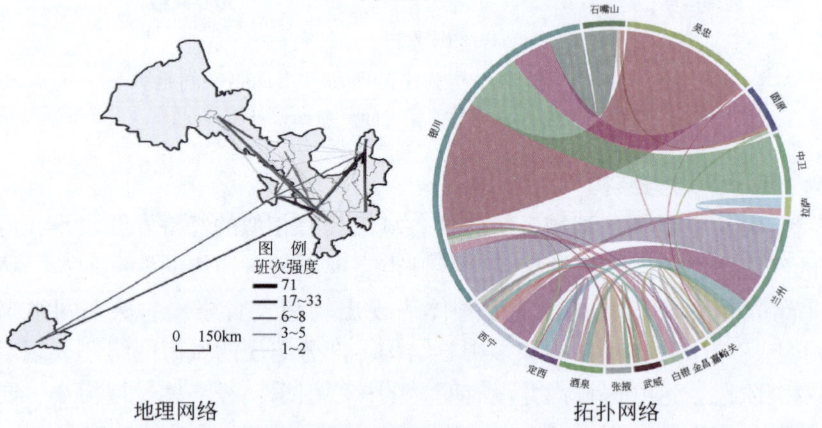

(c) 组团17

图 5-9 以低水平均势结构为主的区域城市网络空间组织

数据来源：车次网数据库（http://www.checi.cn/）

5.5 本章小结

基于关系数据的城市研究带来了开放的、动态的和网络化的全新视角，多尺度城市网络逐步成为认识空间关系的主要视角。基于全国地级以上城市间公路、铁路和航空联系数据，采用组团识别和网络可视化等方法，分析中国城市网络宏观格局，探索我国功能地域系统关联结构，旨在对中国城市经济区进行特征提取和规律挖掘，为之后的中国城市群空间识别奠定基础。本章研究结果表明：①不同类型交通流刻画出不同维度的城市网络关联格局。公路流表现出强烈的空间依赖性和对城市群发育程度的良好识别作用，铁路流呈现出“两横三纵”带状分布格局，而航空流则基本形成了以“菱形结构”为核心的城市网络框架。②公路主要承担短距离运输，更多反映的是区域尺度地域系统的内部功能联系；铁路则主要承担中长距离上的运输职能，反映的是大区域内部的要素流动和空间关联；而航空运输主要承担长距离的运输职能，具有架构国家或全球层面主体网络框架的功能。③基于公路流具有的空间依赖性和距离衰减特性，通过组团识别算法共识别出 19 个城市经济区，其空间内涵主要包括行政区经济特征、巨型区域溢出效应和核心-边缘结构等方面，其空间组织形式大致可划分为单核心结构、双核心结构、多核心结构和低水平均势结构等区域关联形态，并以单核心发育模式为主。

第6章 基于功能联系的城市群空间范围识别

基于对中国城市网络宏观和城市经济区体系的认识，本章综合考虑城市间公路流和高铁流，通过构建复合的城市间交通联系强度，基于网络核心-边缘结构算法，分析中国城市网络中的城市群结构，识别中国城市与区域系统的内蕴结构与功能体系，为中国城市群空间范围界定提供一种基于关系地理的识别方法体系。

6.1 关系地理与城市群识别

在全球化、信息化时代，城市与区域正在不断（被）嵌入全球生产网络成为地点和节点，城市与区域正在通过各种“流”、网络、关系等联系连接在一起，不同尺度的功能地域系统正在经历着巨大的时空压缩以及空间边界的转换。在这种背景下，相较于通过静态要素分析区域空间关系的研究视角，基于不同类型的“流”和网络的分析途径成为探索城市-区域功能联系最为重要的研究范式，关系地理的分析视角逐步成为理解和探索城市与区域系统内在结构与运行逻辑的重要研究范式。

从城市群的基本概念出发，功能分工与联系是城市群地域系统最为重要的表现特征。因此，城市群空间边界的界定急切需要一种基于关系地理思维的考量维度。

网络科学研究表明，真实世界的网络中普遍存在着中尺度结构，如组团结构、核心-边缘结构等。对于国家尺度上的城市网络，在整体网络中，可能同时存在着组团结构、核心-边缘结构等中尺度结构，这些中尺度结构为全面科学认识国家系统内部的城市与区域功能体系提供了潜在的可能性和新颖而科学的分析视角。在真实世界网络中，普遍存在着不同形式的中尺度结构。而根植于空间关系的城市网络，具有典型的中尺度结构发育基础。因此，基于“流”和网络数据，本章综合利用组团识别、核心-边缘结构模型等算法分析中国城市网络的中尺度结构特征，识别中国城市与区域系统的内蕴结构与功能体系，为科学认识中国城市群地域系统提供一种基于关系地理的基本思路和分析框架。

6.2 研究方法与数据基础

6.2.1 网络中的中尺度结构

网络是客观世界的一种存在形式，是认识真实世界的一种重要维度和思维方式。为更好地理解和认识不同类型网络，网络科学通常主要从局部尺度、中观尺度和全局尺度上分析网络结构特征，通过不同尺度来刻画网络结构的不同侧面。其中，中观尺度结构尤其引人注目，它既不是局部尺度上的节点或连边属性，也不是全局尺度上的概括统计。中观尺度结构（mesoscale structure）是一种侧重于分析网络的中观尺度属性信息，能够为认识和理解网络结构提供富有洞见的方法和视角支撑。一方面，中尺度结构关注到节点、连边以及其他子结构的属性特征，如节点度、节点中心性、边的中心性、集聚系数等；另一方面，中尺度结构更加重视揭示具有内聚力的组团结构（其他文献中或称为社团、组团、社群等）、核心–边缘结构，以及网络中节点的功能角色和位置。此外，中尺度结构分析同样在检验中尺度结构内部的微观属性方面具有重要价值。

目前，中尺度结构分析主要集中在组团结构、核心–边缘结构、角色与位置、块模型等不同形式的网络内蕴结构。组团结构是一种最简单的中尺度结构，一般是指网络中存在的具有内在凝聚力的网络子集，这些子集内部节点联系紧密，而子集间却联系相对较弱。作为一种典型的中尺度结构，组团结构划分得到了长足的进步，是发展最为成熟、研究最为透彻的中尺度结构，目前已经发展了多种经典算法，在很多领域均具有广泛应用。而作为另一种中尺度结构，核心–边缘结构正在变得越来越受到关注，成为经济学、国际关系、社会网络、交通网络、生物科学等相关领域理论网络关系的重要概念框架。

6.2.2 核心–边缘结构的基本认识

中尺度结构是当前网络科学领域最活跃的领域之一，而核心–边缘结构正在成为另一种重要的中尺度结构，对于反映和揭示网络中存在中间尺度的结构性属性和特征具有至关重要的意义。一般而言，网络是由具有不同属性的节点和连边构成的，核心–边缘结构是由网络中紧密联系的核心节点与稀疏联系的边缘节点所共同构成的一种网络存在形式。在核心–边缘网络中，核心节点不仅与核心节点具有紧密的联系，同时可能与边缘节点也存在着较多联系，而边缘性节点与其他（核心或边缘）节点均仅具有松散的联系。假设一个节点属于核心节点，那么该节点将同时与核心节点、边缘节点紧密联系；此外，该核心结构不仅是紧密相连的集合体，同时也处于网络中的“中心”位置。因此，如果分别按照网络和矩阵（图）的表现形式来刻画网络中的核心–边缘结构，其识别过程可大致参照图 6-1。

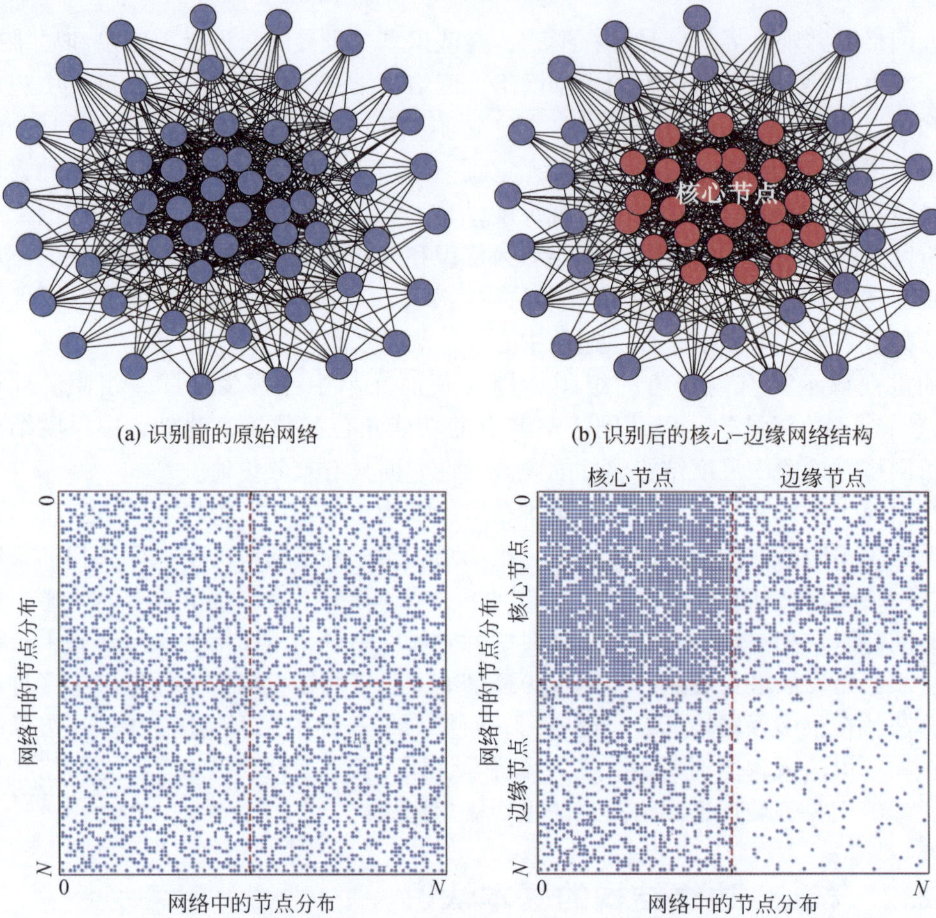

(a) 识别前的原始网络　(b) 识别后的核心–边缘网络结构

(c) 识别前的原始矩阵　(d) 识别后的核心–边缘矩阵

6-1　网络中的核心–边缘结构示意图

图（b）中的红色节点与图（d）中左上角象限的节点表示网络中的核心节点，反之亦然

对于既定网络，网络本身可能具有不同类型的中尺度结构，既可能是具有组团结构［图 6-2（a）］，也可能是具有嵌套性的核心–边缘结构［图 6-2（b）］，同时也可能出现组团结构与核心–边缘结构共存的现象。对于大量存在的真实世

界网络，在网络结构中同时存在组团结构与核心–边缘结构的现象是相对普遍的，只是结构性特征的显著性程度有所不同。通常而言，在一个具有明显中尺度结构的网络中，组团结构与核心–边缘结构大致会出现两种共存方式：第一种在全局上表现出核心–边缘结构，而在局部上却存在组团结构，具体如图 6-2（c）所示；第二种在全局上表现出组团结构，而在局部上却表现为核心–边缘结构，具体如图 6-2（d）所示。

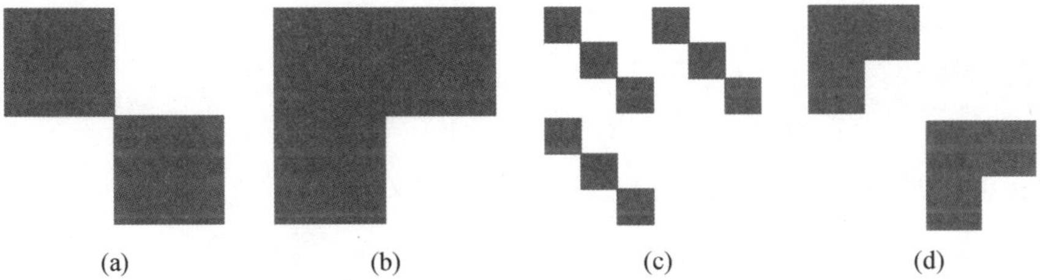

图 6-2　网络中的中尺度结构表现形式

对于国家尺度（即全局尺度）的城市网络，整体网络中可能同时存在着组团结构、核心–边缘结构等中尺度结构，为全面科学认识国家系统内部的城市与区域功能系统提供了潜在的可能性和新颖的分析视角。因此，本章尝试综合集成组团识别和核心–边缘结构算法，基于中国城市网络综合识别城市与区域系统。具体而言，①基于中国城市网络，第 5 章通过组团识别算法识别出 19 个组团结构，即中国的"城市经济区"；②以 19 个城市经济区为基础，通过核心–边缘结构算法，进一步分离出上述网络组团中的核心节点和边缘节点，提取出的核心节点即为网络中最具有影响力的、彼此间联系最紧密的节点集合，对应为城市经济区中最具内聚力的城市集合体，即城市经济区存在的"城市群"结构。

6.2.3　核心–边缘结构的识别算法

相较于组团结构受到的普遍关注，核心–边缘结构的识别方法却仍处于初始阶段。虽然，关于将网络划分为紧密联系的核心和松散联系的边缘具有较长的发展历史，最著名就是由 Everett 和 Borgatti 在 1999 年提出的、具有开创性的核心–边缘结构模型算法，之后多种算法相继被提出，主要分析途径包括块模型（Everett and Borgatti，1999）、k 核（Holme，2005）、中心性（Da Silva et al.，2008）等。然而，目前大多数算法仍只是基于网络的基本属性或拓扑关系，如中心性、平均路径长度等，以此来衡量节点在网络中的位置，而没有考虑到复杂的结构特征。同时，节点和连边权重是网络结构的重要属性，但针对加权网络的核心-边缘结构算法相对较少，且算法性能和稳健性仍有待于进一步提高。

在上述背景下，Della Rossa 等（2013）提出了核心-边缘描述算法，该算法避免了对于子网络的明确划分，不依赖于任何距离参数，同时适用于一般性分析框架（包括有向、加权网络）。其主要思想是，通过模拟随机游走的行为来刻画核心-边缘结构，获取核心-边缘结构的描述性曲线和度量指标，提供一种全局性的拓扑描述。同时，一个新的指标——核心度（coreness），被用来描述每一个节点在网络中的位置和角色。具体而言，该算法的实现过程及其参数表达主要包括以下三个部分。

（1）持续概率

对于给定网络，具有 n 个节点、权重为 w，假定 $W = [w_{ij}]$，w_{ij} 即为从节点 i 到节点 j 间的连边权重，其节点 i 的节点度可定义为 $\sigma_i = \sum_j (w_{ij} + w_{ji})$。在标准的网络描述中，在每一个时刻，随机游走从节点 i 转移到节点 j 的概率为 $m_{ij} = w_{ij} \Big/ \sum_h w_{ih}$。假定 π_i 是访问节点 i 的渐进概率，则节点 i 在 t 时刻的随机游走的转移概率可以用状态 n 的马尔可夫链 $\pi_{t+1} = \pi_t \boldsymbol{M}$ 表示，其中 $\pi_t = (\pi_{1,t}\ \pi_{2,t} \cdots \pi_{n,t})$，$\boldsymbol{M}$ 表示不可约矩阵。

将网络中所有节点 $N = \{1, 2, \cdots, n\}$ 划分为 q 个子集 $S_1, S_2, \cdots, S_q$，每一个子集由子集中的节点和原始网络中的所有连边构成。假定马尔可夫链 $\pi_{t+1} = \pi_t \boldsymbol{M}$，则在子集网络尺度上的随机游走可以被节点 q 的块状马尔可夫链 $\prod_{t+1} = \prod_t \boldsymbol{U}$ 所描述。因此，$q \times q$ 矩阵 $\boldsymbol{U}$ 可被定义为

$$u_{cd} = \frac{\sum_{i \in S_c,\ j \in S_d} \pi_i m_{ij}}{\sum_{i \in S_c} \pi_i} \tag{6-1}$$

式中，u_{cd} 表示随机游走从 S_c（时间 t）转移到 S_d（时间 t+1）的概率，则有 $\alpha_c = u_{cc}$，其表达式为

$$\alpha_c = \frac{\sum_{i,\ j \in S_c} \pi_i m_{ij}}{\sum_{i \in S_c} \pi_i} \tag{6-2}$$

式中，α_c 表示随机游走存在于 S_c 子网络的持续概率（persistence probabilities），是度量 S_c 子网络凝聚力的关键指标，而从 S_c 子网络离开的期望时间则为 $\tau_c = (1 - \alpha_c)^{-1}$。

如果网络是无向的，π 具有闭合解 $\pi = (\sigma_1, \sigma_2, \cdots, \sigma_n) \Big/ \sum_i \sigma_i$，其中，$\sigma_i = \sum_j w_{ij}$ 是节点 i 的节点度。因此，上述表达式可被简化为 $\alpha_S = \sum_{i,\ j \in S} w_{ij} \Big/$

$\sum_{i \in S,\ j \in N} w_{ij}$，即为任意节点在 S 子网络和全部网络中节点度的权重比例。当 $\alpha_S=0$ 时，表示 S 只包括了单独一个节点；而当 $\alpha_S=1$ 时，则表示 S 就是全部网络。

（2）核心–边缘结构描述

在一个具有理想核心–边缘结构的网络中，边缘节点通常只与核心节点相联系，而边缘节点之间却没有联系。但在大多数的真实世界网络中，核心–边缘结构并不是理想形式的，即边缘节点之间也会有微弱联系（但不是没有）。因此，需要对边缘节点的持续概率 α_p 做一般化定义，即最大的子网络 S 具有 $\alpha_S \leqslant \alpha$。

基于上述对持续概率的逻辑推演，定义给定网络中的核心–边缘描述（core-periphery profile）α_k（$k=1，2，\cdots，n$），具体公式为

$$\begin{aligned}\alpha_k &= \min_{h \in N \setminus P_{k-1}} \frac{\sum_{i,\ j \in P_{k-1} \cup \{h\}} \pi_i m_{ij}}{\sum_{i \in P_{k-1} \cup \{h\}} \pi_i} \\ &= \min_{h \in N \setminus P_{k-1}} \frac{\sum_{i,\ j \in P_{k-1}} \pi_i m_{ij} + \sum_{i \in P_{k-1}} (\pi_i m_{ih} + \pi_h m_{hi})}{\sum_{i \in P_{k-1}} \pi_i + \pi_h}\end{aligned} \tag{6-3}$$

首先，任意选择权重最小（联系最弱）的节点 i（对于所有节点，则有 $\sigma_i \leqslant \sigma_j$），对全部节点进行重新标记，假定被选择的节点为 1。其次，设定 $P_1=\{1\}$，因此则有 $\alpha_1=0$。根据每一步持续概率的最小增量，逐次添加具有最小权重的节点，具有最强联系的节点将在最后被添加，从而获取整体网络的核心–边缘结构，按照位序，则有 $0=\alpha_1 \leqslant \alpha_2 \leqslant \cdots \leqslant \alpha_n=1$。

（3）集中系数与核心度

作为上述算法的副产品，集中系数（centralization）和核心度（coreness）同样成为认识核心–边缘网络结构的重要工具。在核心–边缘结构中，集中系数主要反映的是网络结构的集中程度，核心节点分布越集中、数量越少，则该网络的集中系数越大。

集中系数（core-periphery centralization）C 的表达式为

$$C = 1 - \frac{2}{n-2}\sum_{k=1}^{n-1} \alpha_k \tag{6-4}$$

当 $C=1$ 时，网络只有单独一个节点；当 $C=0$ 时，则网络为完全均衡分布。

此外，如果一个网络表现出明显的核心–边缘结构，具有序列特征的 α_k 将为每个节点提供在第 k 步时的核心度。核心度越接近于 1，则表示该节点在网络中的位置和角色越重要；反之，则该节点越边缘化。

综上所述，基于随机游走（马尔可夫链）模型构建的核心–边缘网络结构识别算法，不仅能够描述全局网络结构，同时也能够较好地刻画单一节点的属性特征，对真实世界中的有向、加权网络具有优良的适应性和稳健性，具有广

阔的应用前景。

6.2.4 关系数据的筛选与构建

作为城市群本质的基本空间特性，经济联系和功能分工是城市群发育的重要基础。因此，城市群空间边界的界定需要一种基于关系地理维度的考量，而关系型数据的构建则是界定城市群空间范围的重要前提保障。而交通流是区域间要素流动的重要载体，对于刻画城市网络发育具有重要的表征意义，也是分析城市群尺度内空间关系的理想工具。公路主要承担短距离运输上的便捷联系，具有显著的空间依赖性和距离衰减特性，能够很好地刻画完整地域系统内部的功能联系，对于考察城市群尺度内部功能联系具有重要的指征意义。而高速铁路（包括动车、城际铁路）已经成为区域尺度上最为重要的交通运输方式之一，是衡量城市日常联系强度的重要表征，对于反映城市群功能联系具有重要的指示意义。因此，基于上述思考，本章综合考虑公路流和高铁流，通过构建复合的城市间交通联系强度，分析城市群功能网络结构，从而为识别城市群的实际发育边界奠定数据基础。

具体而言，本章分别采集了全国地级以上城市间的公路客运班次和高铁班次（包括动车和城际列车）数据，数据来源网站分别是车次网（http://www.checi.cn/）和中国铁路客户服务中心（http://www.12306.cn/），采集日期是2014年。其中，在截止年份，我国共有105个实际开通高铁的城市，因此，高铁班次的数据结构为105×105的无向网络，而公路班次的数据结构为289×289的对称矩阵。为消除数据量纲和分布形态的影响，分别对城市间的公路班次和高铁班次数据矩阵做标准化处理，获得公路联系和高铁联系的标准化矩阵。标准化的公式为

$$E_N = \frac{E - E_{\mathrm{Min}}}{E_{\mathrm{Max}} - E_{\mathrm{Min}}} \tag{6-5}$$

式中，E 和 E_N 分别表示原始矩阵和标准化后的矩阵；E_{Max} 表示矩阵中的最大值；E_{Min} 表示矩阵中的最小值。经过标准化后，原始矩阵的班次联系数量则被转换为0~1的相对联系强度。基于标准化的公路和高铁班次联系矩阵，将两者叠加取平均值，用来反映我国城市间的交通联系强度。在此基础上，根据第5章识别出的城市经济区空间范围，分别提取每个城市经济区内部的城市网络联系矩阵，为之后的网络核心-边缘结构识别提供基础。

6.3 城市经济区核心结构识别

6.3.1 城市经济区基本特征

第 5 章基于我国地级以上城市间公路联系数据，采用组团识别算法，共识别出我国存在着 19 个城市经济区。从空间构成上看，这 19 个城市经济区的空间组合形式各异，在城市经济区内部，不同城市在等级规模、数量分布等方面具有明显差异，在一定程度上呈现出梯度递减的分布趋势，具体参数如图 6-3 所示。其中，组团 1、组团 2、组团 3 为最大的三个城市经济区，分别对应长三角地区的江浙沪组团、两广地区组团以及京津冀鲁组团，分别包括 25 个、37 个和 32 个城市，其对外联系总量也是最多的。无论是从城市数量还是交通联系强度，这些城市经济区均远超过其他城市经济区，显示出显著的巨型区域效应。

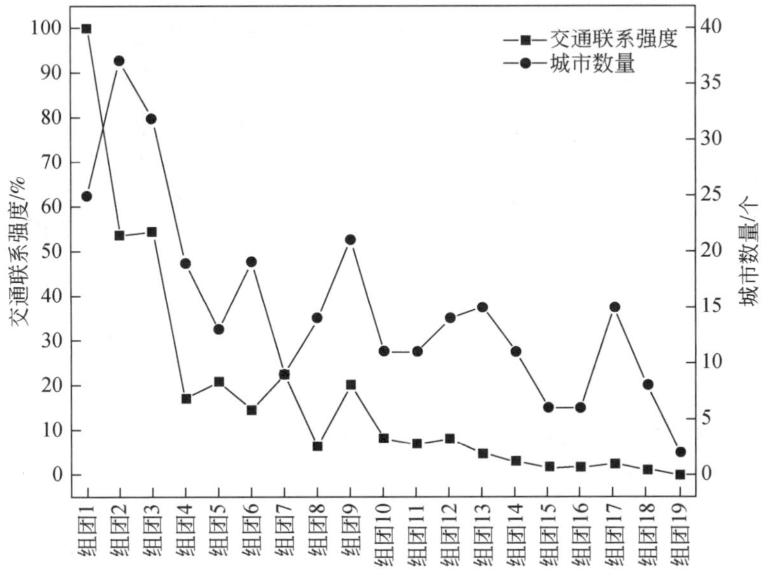

图 6-3　中国城市经济区基本构成属性

数据来源：公路客运班次和高铁班次数据分别来源于车次网数据库（http://www.checi.cn/）和中国铁路客户服务中心数据库（http://www.12306.cn/），采集时间是 2014 年

从空间组织上看，这 19 个城市经济区显示出明显的行政区经济、巨型区域溢出效应和核心-边缘结构等空间内涵。不同地域系统内城市网络自成体系，表

现出强烈的空间依赖性和多元的空间组织模式，多层次、流动性和网络化的地域系统格局凸显。图 6-4 展示了中国城市经济区空间网络格局。从空间形态上看，城市经济区内城市网络发育存在着明显的层级结构，描述出指向核心城市的空间不均衡现象，大部分城市经济区均表现出不同程度的核心-边缘结构，核心城市占据网络结构中的主导位置，边缘性城市与网络结构中的联系相对较弱，这也是本章利用城市经济区中的核心-边缘结构来识别城市群的基本考量。

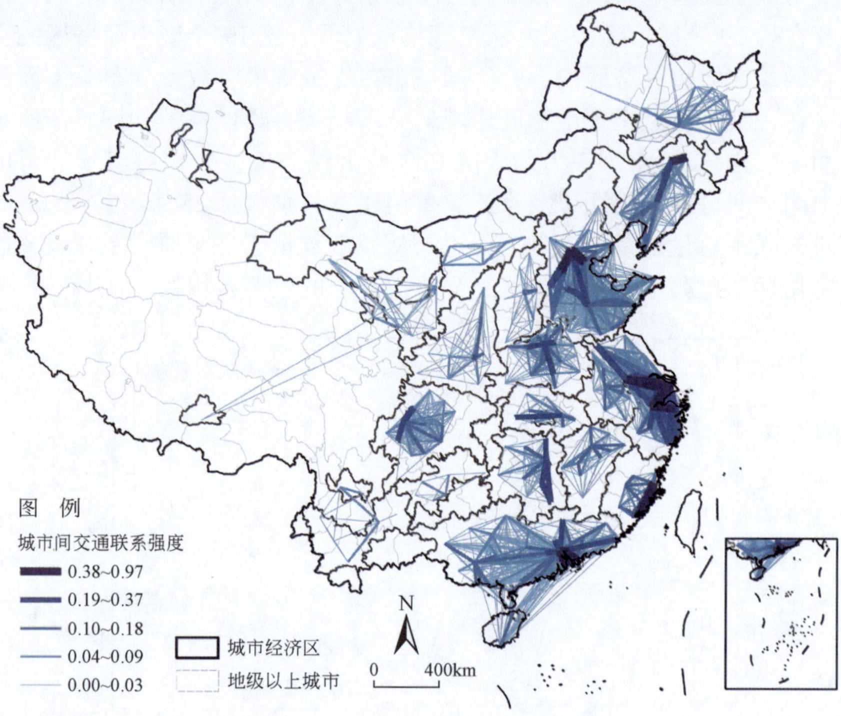

图 6-4　中国城市经济区空间网络格局

数据来源：公路客运班次和高铁班次数据分别来源于车次网数据库（http://www.checi.cn/）和中国铁路客户服务中心数据库（http://www.12306.cn/），采集时间是 2014 年

6.3.2　集中系数与核心度

基于城市群空间识别分析框架，以上述城市经济区为基础，利用基于随机游走模型构建的核心-边缘结构算法，识别城市经济区中最具内聚力的城市集合体，即为中国区域经济中的“城市群”雏形。然而，由于组团 19 仅包含乌鲁木齐和克拉玛依两个地级市，而这两个城市在地理空间上相距甚远，经济联系也相对较弱，并不具备城市网络发育的基本条件。因此，从城市群空间内涵出发，本章不

认为当前新疆具备城市群发展的自然和人文基础，故仅考虑其他 18 个城市经济区作为研究基础。

通过上述核心-边缘结构算法，分别计算得到衡量核心-边缘结构极化效应以及节点在网络中地位和角色重要性的指标。集中系数的测度结果如图 6-5 所示。从核心-边缘结构的集中系数来看，中国各城市经济区的集中系数普遍超过 0.5，表明这些城市经济区具有明显的核心-边缘结构，城市经济区内部核心城市集聚效应明显，部分节点在网络中占据重要地位和作用。而组团 7 和组团 16 的集中系数要小于 0.5，两者的核心-边缘结构特征并没有其他组团那么强烈，但这并不表明，该组团没有核心-边缘结构。就组团 7（福建组团）而言，该区域自古以来就是具有相对内聚力的自然与经济单元，而该城市经济区本身具有相对均衡的网络结构，其核心-边缘结构极化效应并不如其他城市经济区那么明显；而组团 16 为内蒙古中部城市组团，从空间联系上看，该城市经济区整体网络密度较低，内部并不存在具有明显优势的节点城市，各城市间实力差距没那么大，城市网络关联结构相对（低水平）均衡，城市经济区内部并不存在明显的“核心”和“边缘”组成成分，因此该城市经济区的集聚系数相对较低。

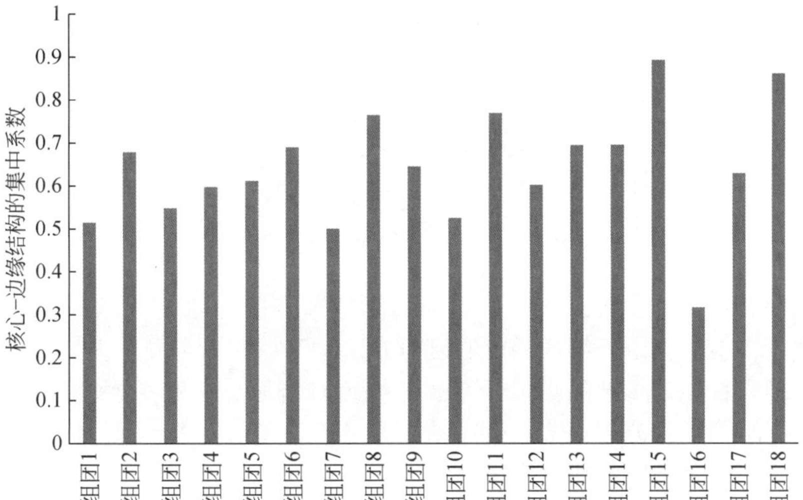

图 6-5　中国城市经济区核心-边缘结构的集中系数

图 6-6 描绘的是中国不同城市经济区核心-边缘结构的核心度对比，横轴是根据每个城市核心度重新标记的城市节点位序，纵轴是核心度。为分析不同城市经济区间的核心-边缘结构特征，本章将对不同城市经济区的节点位序与核心度

拟合到同一水平上，并假定节点数量为100，从而使得不同城市经济区的核心-边缘结构具有相对可比性。整体而言，不同节点位序-核心度曲线显示出类似的变化趋势，表明中国城市经济区的核心-边缘结构具有着大致的结构性相似，网络结构中的核心节点数量普遍大于边缘性节点，且核心结构和边缘结构的节点数量比例相对稳定并大致维持在6：4。

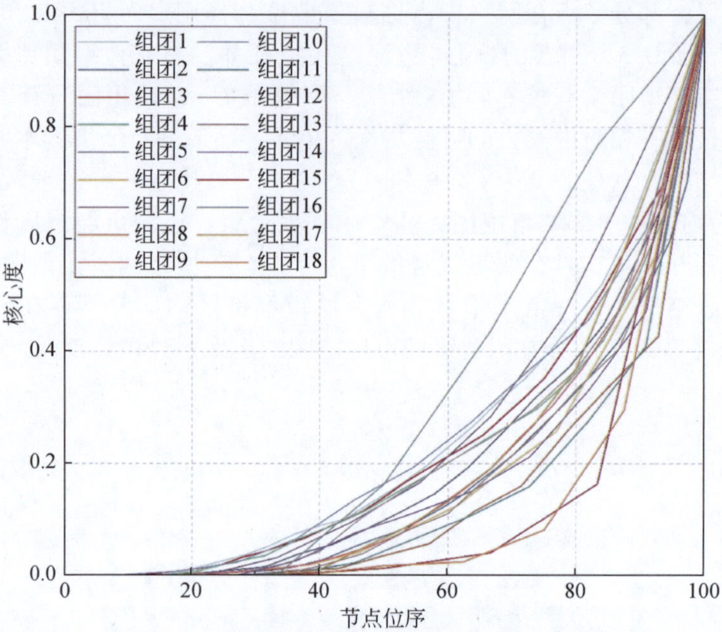

图6-6　中国城市经济区的核心度分布

从图中曲线可以发现，核心节点和边缘性节点的分水岭大致在40%的位序点上，之后，不同城市经济区的核心度分布趋势开始有所分化，并大致呈现出四种趋势类型。首先是集中系数大于0.8的城市经济区，核心-边缘结构特征最为显著，核心结构大约分布在节点位序的50%以后，具体包括组团15（贵州组团）和组团18（云南组团）；其次是集中系数在0.6～0.8的城市经济区，核心-边缘结构特征明显，也是我国数量最多的城市经济区类型，核心结构位于节点位序的40%以后，具体包括了组团2、组团5、组团6、组团8、组团9、组团11、组团12、组团13、组团14和组团17；第三种是集中系数在0.4～0.6浮动的城市经济区，核心节点主要分布在节点位序的30%以后，核心节点数量要明显大于边缘性节点数量，主要包括组团1（江浙沪组团）、组团3（京津冀鲁组团）、组团4（四川重庆组团）、组团7（福建组团）和组团10（江西组团）；最后是组团16

(内蒙古中部城市组团)，其集聚系数仅为 0.32，核心-边缘结构效应相对较弱，核心节点和边缘性节点的边界并不明显。

6.3.3 城市经济区核心结构提取

为科学揭示不同城市经济区内在核心-边缘结构的基本特征，需要更精准地把握每一个城市经济区内所有城市节点的核心度分布，进一步确定城市经济区内每一个城市在各自网络中所占据的位置和角色，从而综合判断该城市节点是否属于其所在城市经济区内的核心结构或者边缘结构。图 6-7 完整刻画了中国所有城市经济区内核心-边缘结构的核心度分布关系。

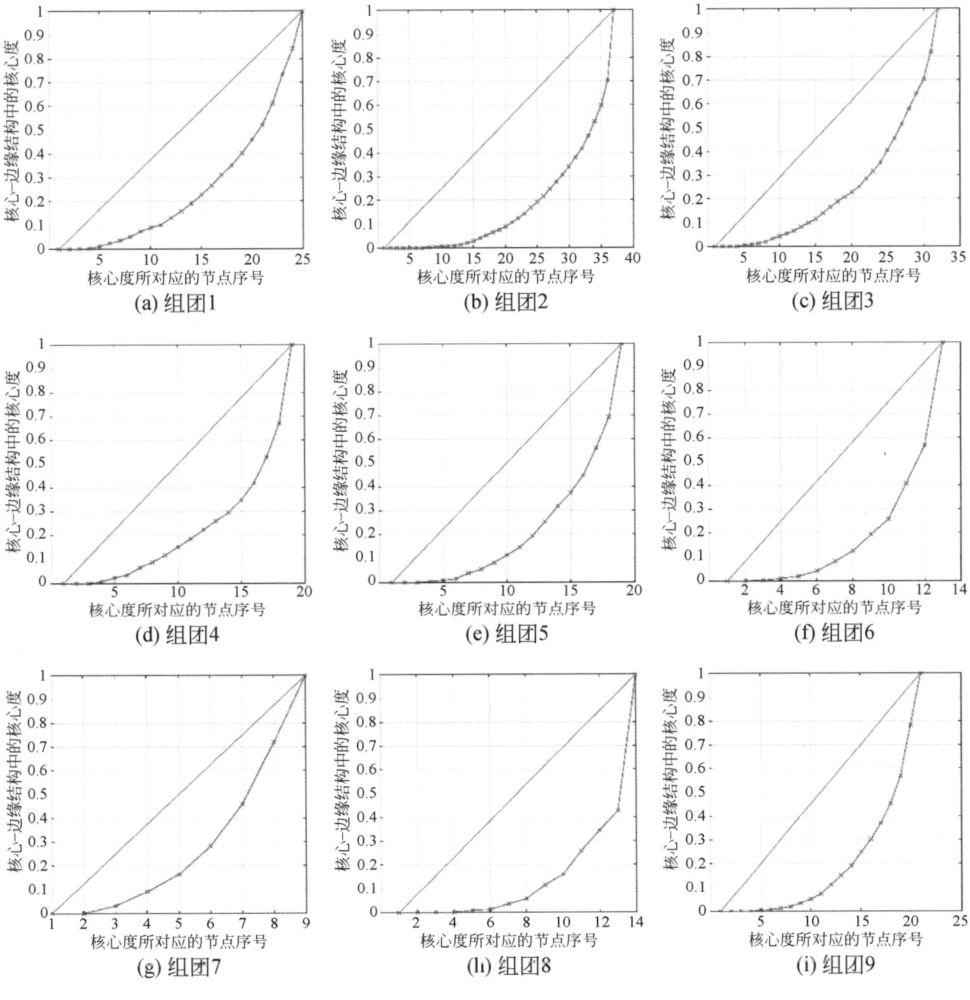

(a) 组团1　(b) 组团2　(c) 组团3

(d) 组团4　(e) 组团5　(f) 组团6

(g) 组团7　(h) 组团8　(i) 组团9

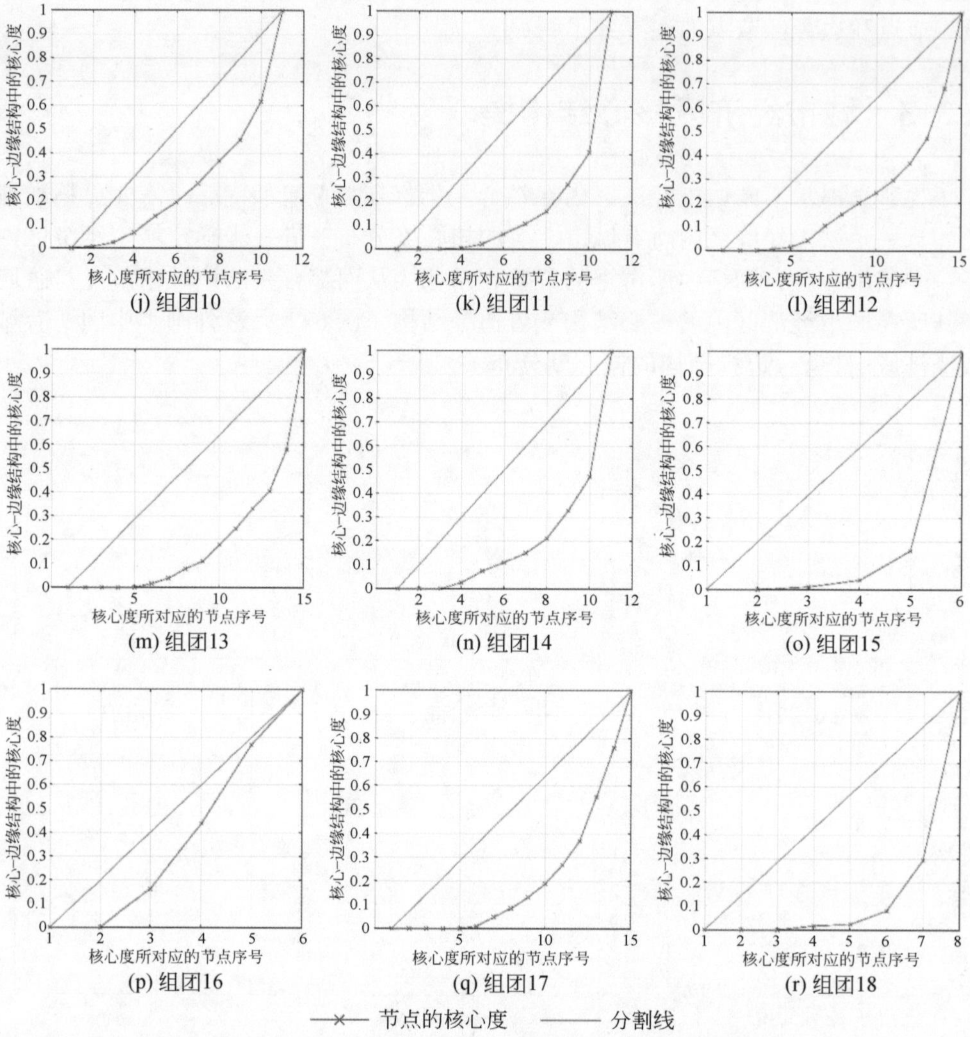

图 6-7　中国城市经济区核心–边缘结构的核心度分布

依据上述关于核心度和节点位序构成的核心–边缘描述，进一步分离每个城市经济区内网络结构中的核心结构与边缘结构，提取出城市经济区内蕴的核心–边缘结构，这些核心结构即为城市群发育的雏形，为城市群空间范围综合识别奠定基础，其结果如图 6-8 所示。

整体而言，中国城市经济区内普遍存在着核心–边缘结构，基本形成了以区域中心城市为核心、与区域边界城市为边缘区的圈层嵌套结构，核心结构的规模要大于边缘结构的规模，同时核心结构表现出多种不规则的空间分布形态。如

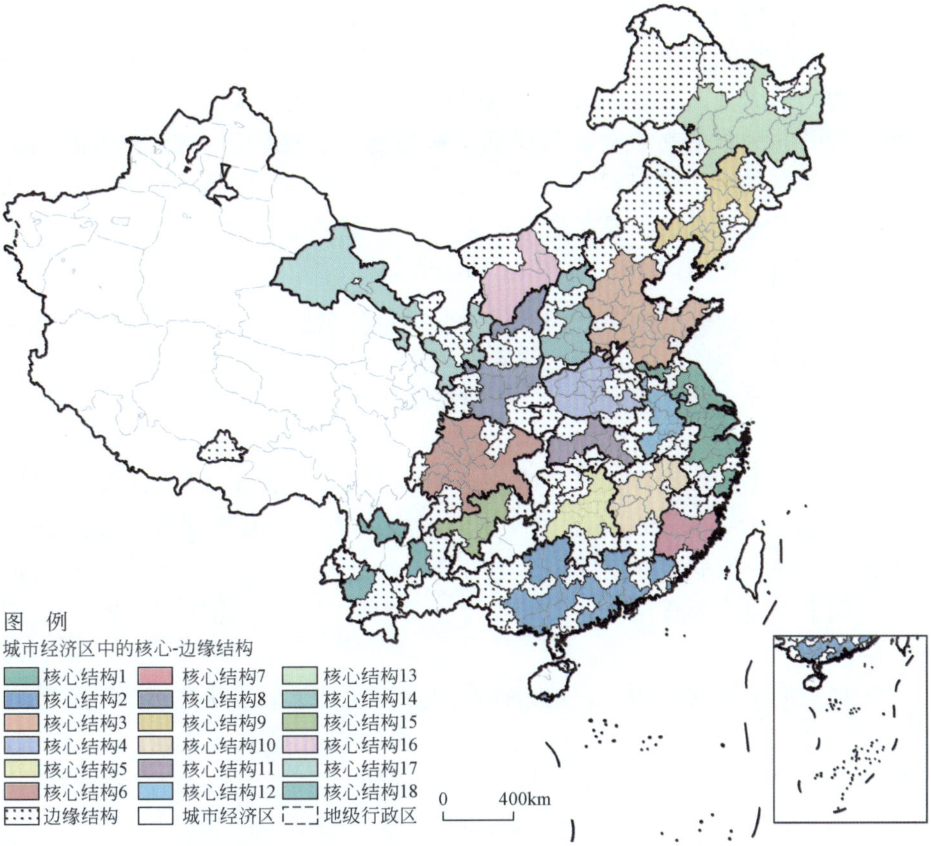

图 6-8　中国城市经济区内的核心结构与边缘结构

图 6-8 所示，不同颜色渲染的核心结构分别表示对应城市经济区的核心结构，如核心结构 1 为组团 1（城市经济区）所对应的核心结构，其他核心结构同理。从核心结构与边缘结构的构成来看，中国城市经济区的核心结构大多是以区域内的行政中心或经济中心为核心、同周边城市形成在空间上相邻、紧凑的城市集合，而边缘结构则主要是位于城市经济区边界上的城市以及少量位于城市经济区内、与区域内其他城市缺乏关联的城市。从核心结构与边缘结构的规模来看，不同城市经济区核心结构与边缘结构的规模比例关系有所不同，大部分核心结构所包含的城市数量要大于其对应边缘结构的城市数量，当然也存在少量边缘结构所包含的城市数量要大于前者的数量，这是由城市经济区内城市网络的内在结构决定的。

同时，不同城市经济区的核心结构表现出多种不规则的空间分布形态，大致可以划分为三种类型，具体包括在空间上相邻、紧凑的团状结构，在空间上分离或不连续的多组团结构，以及具有明显方向指向性的带状结构。

第一种类型是团状核心结构，也是最普遍的区域空间类型。团状核心结构的基本特征为其构成城市在空间分布上具有集聚性、连续性和紧凑度，而不是呈现出分离或松散的分布形态。在具有团状结构形态的区域内，城市分布相对集中，城市间空间距离较短，使得城际联系较为便捷，对于城市网络发育具有天然的优势。因此，该类型核心结构具备城市群发育的形态基础，主要包括组团4、组团5、组团6、组团7、组团10、组团13和组团15。

第二种类型是多组团结构，该类型核心结构在不同程度上呈现出多个在空间上分离分布的城市组团形态，这些组团的大小、性质和构成不一，其形成原因可大致分为两种情况。一种情况是，由于这些多组团结构所对应的城市经济区本身具有较多的城市数量，其内部存在着组团结构，而并未真正形成具有明显内聚力的城市集合体，主要包括组团2（两广-海南组团）和组团17（甘肃-宁夏-青海-西藏组团）；另一种情况是，在一些城市经济区内，城市间存在着不均衡发展，不同等级规模的城市在空间上分散分布，导致城市经济区内核心城市与边缘城市在空间上分离、不连续分布，该类型主要包括组团1、组团5、组团8、组团14和组团18。

第三种类型是带状结构，表现为在地理空间上显示出带状连续的空间关联形态。城市经济区内存在着空间不均衡发展，核心地区和边缘性地区往往交错分布，使得城市空间的集聚形态显得相对破碎。同时，由于一些边缘性节点往往位于城市经济区外围边界，并未影响到城市经济区核心结构在空间上的相邻和连续性，从而表现出具有不同方向指向的城市集聚分布形态，包括组团9、组团11和组团12。

现实世界中的城市网络能够从城市间内部联系流所映射，但在一定程度上受到城市等级和地理距离的空间交互叠加作用。一方面，城市网络发育受到地理距离的作用，由于地理距离产生的“空间摩擦”，在空间上距离更近的城市间更容易发生频繁的功能联系，而距离相距较远的城市间产生功能联系的频率有所降低；另一方面，城市网络发育又受到城市等级规模的影响，由于高等级城市在规模、人才、信息、创新、资源等方面具有天然优势，往往处于“流空间”中的核心位置，高等级城市间更容易受到这些吸引力的影响而发生紧密的要素关联，甚至是跨越地理距离的功能联系，而较低层级的城市则处于城市网络中的弱势位置。因此，正是由于城市网络发育过程中受到的空间交互叠加作用，一些城市经济区的核心-边缘结构表现出明显的空间破碎形态，城市经济区的核心结构并没有受到距离衰减的影响表现出在空间上相邻、紧凑的空间集聚形态，而是更多表现出在空间上分离、松散的空间分布形态，这是由“流空间”与城市网络的本性所决定的。

6.4 城市群空间界定

从识别结果来看，城市经济区的核心结构与我国的城市群分布存在较大程度上的空间耦合，为城市群空间范围综合划定提供了新的方案和基本认知，详细结果如表 6-1 所示。

表 6-1 中国城市经济区核心–边缘结构识别结果

城市经济区	城市数量	核心结构	边缘结构	城市群结构
组团 1	25	上海、南京、杭州、苏州、宁波、无锡、温州、常州、金华、淮安、绍兴、徐州、泰州、嘉兴、南通、镇江、湖州、盐城	宿迁、台州、丽水、衢州、连云港、扬州、舟山	上海、南京、杭州、苏州、宁波、无锡、常州、金华、淮安、绍兴、泰州、嘉兴、南通、镇江、湖州、盐城
组团 2	37	广州、南宁、深圳、中山、东莞、珠海、柳州、梧州、佛山、北海、玉林、江门、梅州、韶关、三亚、桂林、惠州、阳江、钦州、肇庆、汕头、贵港	湛江、河池、潮州、清远、海口、河源、贺州、汕尾、防城港、茂名、揭阳、云浮、百色、来宾、崇左	广州、深圳、中山、东莞、珠海、佛山、江门、惠州、阳江、肇庆 南宁、梧州、北海、玉林、钦州、贵港
组团 3	32	北京、德州、临沂、济南、潍坊、青岛、石家庄、天津、淄博、沧州、保定、济宁、烟台、唐山、邯郸、莱芜、聊城、泰安、廊坊、滨州、枣庄、衡水、安阳	承德、邢台、菏泽、威海、日照、秦皇岛、东营、张家口、赤峰	北京、天津、石家庄、保定、沧州、唐山、廊坊、衡水 济南、青岛、德州、临沂、潍坊、淄博、济宁、烟台、莱芜、聊城、泰安、枣庄、滨州
组团 4	19	成都、重庆、绵阳、南充、泸州、自贡、内江、德阳、乐山、广元、广安、眉山、遂宁、资阳	巴中、宜宾、达州、雅安、昭通	成都、重庆、绵阳、南充、泸州、自贡、内江、德阳、乐山、广元、广安、眉山、遂宁、资阳

续表

城市经济区	城市数量	核心结构	边缘结构	城市群结构
组团5	19	郑州、许昌、洛阳、阜阳、南阳、开封、平顶山、焦作、驻马店、新乡、漯河、三门峡	濮阳、信阳、商丘、周口、亳州、鹤壁、十堰	郑州、许昌、洛阳、阜阳、南阳、开封、平顶山、焦作、驻马店、新乡、漯河、三门峡
组团6	13	长沙、衡阳、株洲、岳阳、邵阳、娄底、湘潭	张家界、永州、益阳、郴州、常德、怀化	长沙、衡阳、株洲、岳阳、邵阳、娄底、湘潭
组团7	9	福州、厦门、泉州、三明、莆田、龙岩	南平、漳州、宁德	福州、厦门、泉州、三明、莆田、龙岩
组团8	14	西安、宝鸡、咸阳、榆林、汉中、渭南、铜川、平凉	安康、延安、商洛、天水、庆阳、陇南	西安、宝鸡、咸阳、渭南、铜川、汉中、平凉
组团9	21	长春、沈阳、大连、锦州、四平、鞍山、盘锦、铁岭、营口、朝阳、辽源、通化、辽阳	阜新、丹东、葫芦岛、吉林、通辽、抚顺、本溪、白山	沈阳、大连、锦州、鞍山、盘锦、铁岭、营口、朝阳、辽阳 长春、四平、辽源、通化
组团10	11	南昌、新余、上饶、萍乡、景德镇、吉安、抚州、宜春	九江、赣州、鹰潭	南昌、新余、上饶、萍乡、景德镇、吉安、抚州、宜春
组团11	11	武汉、黄石、孝感、荆门、宜昌、随州、鄂州	襄阳、荆州、黄冈、咸宁	武汉、黄石、孝感、荆门、宜昌、随州、鄂州
组团12	15	合肥、芜湖、滁州、蚌埠、淮南、铜陵、安庆、淮北、马鞍山、巢湖	宿州、宣城、黄山、六安、池州	合肥、芜湖、滁州、蚌埠、淮南、铜陵、安庆、马鞍山、巢湖
组团13	15	哈尔滨、鸡西、七台河、伊春、大庆、双鸭山、松原、绥化、齐齐哈尔、牡丹江	呼伦贝尔、白城、鹤岗、佳木斯、黑河	哈尔滨、鸡西、七台河、伊春、大庆、双鸭山、松原、绥化、齐齐哈尔、牡丹江
组团14	11	太原、临汾、阳泉、大同、晋城、长治、朔州、晋中	运城、忻州、吕梁	太原、临汾、阳泉、晋城、长治、晋中
组团15	6	贵阳、毕节、安顺、遵义	六盘水、铜仁	贵阳、毕节、安顺、遵义

续表

城市经济区	城市数量	核心结构	边缘结构	城市群结构
组团16	6	呼和浩特、乌海、包头、鄂尔多斯	巴彦淖尔、乌兰察布	呼和浩特、乌海、包头、鄂尔多斯
组团17	15	银川、兰州、张掖、酒泉、金昌、西宁、定西、吴忠、固原	武威、拉萨、嘉峪关、白银、石嘴山、中卫	兰州、西宁、定西
组团18	8	昆明、丽江、临沧、攀枝花	普洱、曲靖、玉溪、保山	昆明、丽江、攀枝花

根据已识别出的城市经济区核心结构，考虑城市群发育的基本条件，如大都市区与多个城市系统，地理空间上的邻近性与紧凑性，发达、完善的基础设施网络，深入协调的功能分工与经济联系，相对一致的社会网络和文化认同等方面，进一步界定中国城市群的实际空间范围，提供中国城市群空间边界的基本方案。因此，这里基于所有城市经济区的分析结果，对城市群空间范围进行逐一界定。

（1）核心结构1

组团1的核心结构主要是由一个主体结构和孤立点城市（徐州和温州）构成，主体结构在空间上相邻并连续，呈现出一定以上海为中心向南北两翼延伸的空间集聚形态，江苏的北部和浙江的南部是该城市经济区相对的边缘区。而徐州、温州成为该核心结构南北两侧的孤立点城市，虽然被划分为核心结构，但是这两个城市在空间上并未与主体结构直接相连，而是形成了一种"飞地"型的空间关联形态。因此，考虑到空间邻近性、连贯性，这里剔除徐州、温州，保留主体核心结构作为长三角城市群的空间结构范围，具体包括上海、南京、杭州、苏州、宁波、无锡、常州、金华、淮安、绍兴、泰州、嘉兴、南通、镇江、湖州、盐城16个城市。

（2）核心结构2

组团2的核心结构主要是由7个在空间上分离的主体结构构成多组团结构，分别是以广深为核心的组团结构（包括广州、深圳、中山、东莞、珠海、佛山、江门、惠州、阳江、肇庆10个城市）、以南宁为核心的组团结构（包括南宁、梧州、北海、玉林、钦州、贵港6个城市）、广西北部的柳州、桂林组团，以及三个孤立城市（分别是汕头、梅州、韶关和三亚）。基于城市群的空间连续性，这里分别剔除在空间上分离的汕头、梅州、韶关和三亚等城市，以及广州北部的柳州、桂林组团，仅保留以广深、南宁为核心的两个主体结构。考虑到区域经济结构和历史发展基础，以广深、南宁为核心的两个城市组团分别对应为珠三角城市群、北部湾城市群的空间范围。

（3）核心结构 3

组团 3 的核心结构主要对应为京津冀鲁组团。作为京津冀地区的核心节点，北京、天津具有强烈的区域影响力，是区域经济增长引擎，统领区域间要素关联，其辐射能力逐步扩散至山东省，形成京津冀鲁城市网络发育格局。而实际上，如果将京津冀鲁的核心结构作为一个单独的城市群，其空间尺度显得过大，甚至逼近大都市带的尺度，超越了城市群的基本框架。因此，基于城市群内涵和区域经济认知，这里将京津冀鲁组团划分为京津冀和山东半岛两个组团，分别对应京津冀城市群和山东半岛城市群，其组成结构分别包括北京、天津、石家庄、保定、沧州、唐山、廊坊和衡水 8 个城市，以及济南、青岛、德州、临沂、潍坊、淄博、济宁、烟台、莱芜、聊城、泰安、枣庄和滨州 13 个城市。

（4）核心结构 4

组团 4 的核心结构主要对应为四川、重庆构成的组团结构，以成都、重庆等为核心城市，同时，这些城市在空间形态上分布连续、紧凑。因此，该核心结构对应为成渝城市群的实际空间范围，主要包括成都、重庆、绵阳、南充、泸州、自贡、内江、德阳、乐山、广元、广安、眉山、遂宁和资阳 14 个城市。

（5）核心结构 5

组团 5 的核心结构对应的是以河南为主体的多组团结构，主要包括以郑州为核心的主体结构以及孤立点城市，即濮阳。因此，从空间邻近和紧凑性出发，将以郑州为核心城市的组团结构划分为中原城市群，主要包括郑州、许昌、洛阳、阜阳、南阳、开封、平顶山、焦作、驻马店、新乡、漯河、三门峡 12 个城市。

（6）核心结构 6

组团 6 的核心结构主要对应为湖南中部组团，在空间上形成了分布连续、结构紧凑的城市团状形态。因此，该核心结构即对应为湖南中部城市群的空间范围，主要包括长沙、衡阳、株洲、岳阳、邵阳、娄底、湘潭 7 个城市。

（7）核心结构 7

组团 7 的核心结构主要对应为福建中南部组团，在空间上形成了彼此相邻、分布紧凑的团状结构。因此，该核心结构即对应为海峡西岸城市群空间范围，主要包括福州、厦门、泉州、三明、莆田、龙岩 6 个城市。

（8）核心结构 8

组团 8 的核心结构主要是以陕西为主体的多组团结构，包括以西安为核心的关中平原主体结构以及孤立点城市榆林。因此，从空间邻近和紧凑性出发，剔除位于陕西最北部的孤立点城市榆林，保留以西安为核心城市的组团结构，即对应为关中平原城市群，空间范围主要包括西安、宝鸡、咸阳、渭南、铜川、汉中、平凉 7 个城市。

（9）核心结构 9

组团 9 的核心结构是以辽宁、吉林两省城市为主体的条带状集聚结构。在区域内，城市间的不均衡发展，导致城市经济区核心结构在空间上表现出明显的破碎形态，大致可划分为南北两条带状连续集聚结构。一条轴带是以沈阳、大连为中心城市的辽宁中南部城市群，主要包括沈阳、大连、锦州、鞍山、盘锦、铁岭、营口、朝阳、辽阳 9 个城市；另外一条轴带是以长春为中心城市的吉林中部城市群，主要包括长春、四平、辽源、通化 4 个城市。需要说明的是，实际上，长春和吉林的联系程度最为紧密，是吉林省区域经济发展的“双核结构”，但由于吉林处于该城市经济区网络结构的边界区域，与其他城市联系强度有限，其在整体网络中并未占据重要的位置。

（10）核心结构 10

组团 10 的核心结构主要对应的是江西组团，在空间上形成了相邻、连续、紧凑的团状结构。因此，该核心结构即对应为环鄱阳湖城市群空间范围，包括江西省大部分地市，即南昌、新余、上饶、萍乡、景德镇、吉安、抚州、宜春 8 个城市。

（11）核心结构 11

组团 11 的核心结构主要是以武汉为中心的城市组团结构。从空间形态上看，该核心结构呈现出具有南北指向、相邻连续的条带状集聚形态，城市分布的紧凑度相对一般。该核心结构对应为武汉城市群，主要包括武汉、黄石、孝感、荆门、宜昌、随州、鄂州 7 个城市。

（12）核心结构 12

组团 12 的核心结构主要是位于安徽省内的城市带状集聚结构。在空间上，以合肥、芜湖、马鞍山为核心城市，同南北向上的其他省内城市构成了具有条状形态的城市集聚体。该核心结构对应为江淮城市群，主要包括合肥、芜湖、滁州、蚌埠、淮南、铜陵、安庆、马鞍山、巢湖 9 个城市。

（13）核心结构 13

组团 13 的核心结构主要对应为以哈尔滨为中心的团状集聚结构，在空间上分布连续，但由于城市面积普遍较大，显得相对松散、紧凑度低，其构成主要包括以哈尔滨为中心的省内组团结构，以及和哈尔滨相邻的松原（属于吉林省）。该核心结构对应为哈尔滨城市群，主要包括哈尔滨、鸡西、七台河、伊春、大庆、双鸭山、松原、绥化、齐齐哈尔、牡丹江 10 个城市。

（14）核心结构14

组团14的核心结构主要是以山西为主的多组团结构，具体包括以太原为中心的山西中部组团结构，以及位于山西北部的大同、朔州组团。因此，从空间邻近和紧凑性出发，将以太原为核心的城市组团结构划分为晋中城市群，主要包括太原、临汾、阳泉、晋城、长治、晋中6个城市。

（15）核心结构15

组团15的核心结构主要对应为贵州组团，在空间上形成了相邻、连续、紧凑的团状结构。该核心结构对应的是黔中城市群空间范围，主要包括贵阳、毕节、安顺、遵义4个相邻城市。但同时，考虑到贵州所在地区的自然环境基础、区域内“一城独大”的等级结构、整体稀疏的网络密度，黔中城市群的实际发展基础仍然显得较为薄弱。

（16）核心结构16

组团16的核心结构主要对应为内蒙古中部地区城市组团结构，在该城市经济区中，巴彦淖尔、乌兰察布处于相对的边缘区，被剔除出核心结构。而呼和浩特、乌海、包头、鄂尔多斯则被划分为网络中的核心结构，在空间上形成相邻、紧凑的城市集聚体。但由6.3节可知，该城市经济区的城市网络发育整体较弱，城市节点间的网络密度相对较低，导致该区域的集中系数仅为0.32。同时，从空间分布形态上看，虽然该核心结构内城市间彼此相接相邻，但由于行政单元面积巨大，各城市间实际空间距离相对较远。因此，该核心结构所反映的城市群结构仍处于雏形阶段，有待于进一步发育。

（17）核心结构17

组团17主要包括了西部四个省区单元的城市，即甘肃、宁夏、青海和西藏。该城市经济区对应的核心结构表现出明显的多组团结构，在空间上呈现出显著的分离、离散格局，城市空间关联形态不足，具体包括甘肃中部的兰州-西宁城市组团、甘肃北部的酒泉-张掖-金昌城市组团、宁夏中南部的银川-吴忠-固原组团，以及孤立点城市西宁。从空间邻近性、紧凑性角度出发，保留以兰州、西宁、定西3个城市为主体的兰州-西宁城市群。

（18）核心结构18

组团18对应的是以云南省为主的城市经济区，昆明是该区域的中心城市。该区域属于边境少数民族地区，具有明显的不均衡发展态势，同时非地级市并未纳入本章的研究范畴。因此，从识别结果来看，该城市经济区的核心结构仅包括昆明、丽江、临沧、攀枝花4个地级城市，其中，攀枝花属于四川省南部边界的资源型城市。基于空间邻近性，可以将昆明、丽江、攀枝花三个城市划归到核心结构，对应的是滇中城市群。

6.5 城市群格局特征

通过对中国城市经济区核心–边缘结构进行逐一解析，初步获取了 21 个我国城市经济区中可能存在的城市群结构，并对其空间范围进行初步划定，分别包括长三角城市群、珠三角城市群、京津冀城市群、成渝城市群、山东半岛城市群、中原城市群、辽中南城市群、海峡西岸城市群、关中平原城市群、环长株潭城市群、呼包鄂榆城市群、兰州—西宁城市群、晋中城市群、武汉城市群、江淮城市群、环鄱阳湖城市群、北部湾城市群、黔中城市群、滇中城市群、哈大齐城市群、吉林中部城市群，具体结果在地理空间上的可视化如图 6-9 所示。

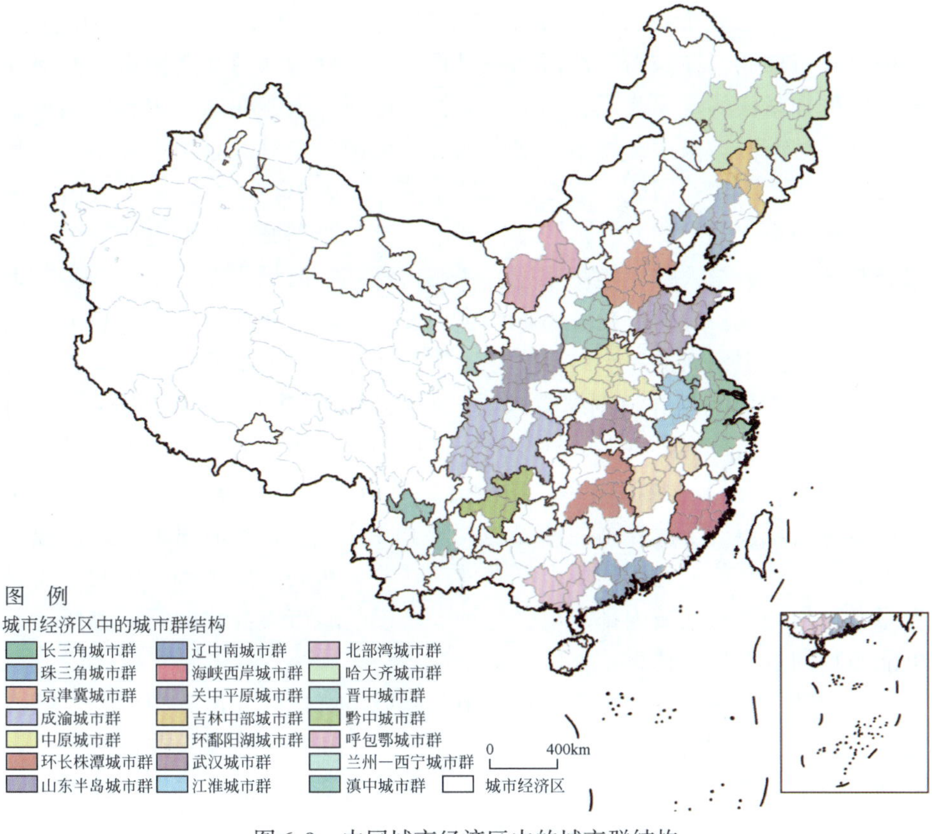

图 6-9　中国城市经济区中的城市群结构

相较于国家“十三五”规划纲要提出的 19 个城市群，本章识别出的城市群既有所重叠，也有所区别，最大的不同在于长江中游城市群、哈长城市群、江淮城市群、宁夏沿黄城市群和天山北坡城市群。

关于长江中游城市群，由自然地理本底可知，湖北、湖南和江西三个省份间存在着天然分界线和分水岭，即自北向南分别分布有幕阜山、九岭山、罗霄山等山脉，导致长期以来三个省份并未能实现区域城市空间的功能整合。第5章在划分城市经济区过程中，由中国城市网络宏观格局同样可以发现，横跨三个省份的长江中游城市群并没有表现出强烈的内部凝聚力，反而更多表现出三个城市群“各自为政”的发展态势，因而在功能地域系统上表现出三个独立的城市经济区存在。基于此，本章认为，当前的长江中游城市群并不是一个具有显著内聚力的成熟城市群，而应该被单独分开对待。因此，在本章中，长江中游城市群被划分为三个独立的城市群，分别是武汉城市群、环长株潭城市群和环鄱阳湖城市群。

类似长江中游城市群、哈长城市群在空间上同样表现出较为明显的空间分离、松散分布格局，在城市经济区划分过程中，吉林中部的几个城市反而与辽宁省显示出更加紧密的空间联系，因此，哈长城市群并未能在本章中有所体现。关于宁夏沿黄城市群，由于在城市经济区划分结果中，宁夏部分城市被划分为和甘肃、青海、西藏组团，因此，宁夏沿黄城市群也未能单独成群。由于天山北坡城市群仅存在两个空间上相距较远的地级城市，其他级别城市数量也比较少，同时考虑到其自然背景与人口、经济密度，从城市群基本内涵出发，本章认为，天山北坡城市群尚不具备成为单独城市群的合理发育基础。而江淮城市群是本章基于城市经济区划分识别出的一个结果，在国家“十三五”规划纲要中并未被提及。

总体上说，从城市群识别结果来看，我国城市群表现出一定程度的空间分异，中东部地区城市群数量多、规模大、密度高，而西部地区城市群数量相对较少，同时在规模等级、城市体系、功能分工等方面与成熟城市群存在着明显差距，甚至有些城市群当前并不能称之为“城市群”。考虑到地理区位、资源环境基础等基本条件，部分地区的城市群发展存在着天然的发展劣势。因此，需要进一步思考，是否所有区域内都能承受这种大规模的城市集群化的发展趋势，尤其是可能面临的资源环境约束。

从社会经济发展的基础和现状看，中东部城市群地区人口分布密集、经济规模较大，生产网络不断深化，推动城市间功能分工和协作发展，在城市规模、要素流动、城市网络等方面具有良好的发展基础，为城市群的形成发展提供了优越的发育环境。而我国西部地区城市群则数量相对较少，除了成渝城市群，其他城市群规模体量普遍较小，存在着人口密度相对较低、经济规模相对较小等问题。同时，部分城市群内城市主体间分布松散、空间分离，城市间联系需要跨越明显的地理距离障碍，一定程度上制约了城市网络发育。此外，西部地区城市群内普遍存在着不均衡发展现状，核心城市大多处于集聚的发展阶段，呈现出较高的城市首位度，区域内“一城独大”的现象较为普遍，城市群在空间结构、组织模式、功能分工等方面仍处于发育阶段。

6.6 本章小结

作为城市群本质的基本特性，经济联系和功能分工是城市群发育的重要基础。基于关系地理与城市网络视角，本章基于城市间公路流和高铁流构建复合的城市间交通联系强度，采用网络核心-边缘结构算法，共识别出 21 个城市群结构。具体包括长三角、珠三角、京津冀、成渝、山东半岛、中原、辽中南、海峡西岸、关中平原、环长株潭、呼包鄂榆、兰州—西宁、晋中、武汉、江淮、环鄱阳湖、北部湾、黔中、滇中、哈大齐和吉林中部城市群。

相较于国家“十三五”规划纲要提出的 19 个城市群，本章识别出的城市群既有所重叠，也有所区别，最大的不同在于长江中游城市群、哈长城市群、江淮城市群、宁夏沿黄城市群和天山北坡城市群。总体上说，从城市群识别结果来看，我国城市群表现出一定程度的空间分异，中东部地区城市群数量多、规模大、密度高，而西部地区城市群则数量相对较少，同时在规模等级、城市体系、功能分工等方面与成熟城市群存在着明显差距，甚至有些城市群当前并不能称为“城市群”。

第7章 基于可达性的城市群空间边界提取

考虑自然地表空间的异质性，本章综合集成陆地交通网络和自然地表要素，构建更为逼近真实情景的可达性分析算法，精确刻画中国城市的空间可达性。依托于空间可达性所表征的空间关联性、连续性和紧凑性等，基于不同时间间隔的城市等时圈，进一步解析和提取中国城市群空间范围边界。

7.1 可达性与城市功能地域

交通网络是区域间要素流动的基础和载体，承担着区域内人口、物质、资源等要素的运输和交换功能，从而将由点状、线状、面域、网络等综合集成的社会经济体交织在一起。在当前工业化、信息化的时代，交通通信设施快速发展带来了巨大的时空压缩效应，便捷的交通网络体系将有力提升区位优势度和空间可达性，促进城市间要素流动和功能联系，进而深刻影响着不同区域的社会经济发展。一个地区能否同周边区域保持紧密联系，将在很大程度上决定了该地区能否参与更广范围内的经济联系和功能分工，进而影响到一个地区的发展基础和潜力，而空间可达性就是这样一个衡量地区吸引力和辐射力的基础性指标。

一般而言，空间可达性反映的是区域内任意一点与周边联系的便捷程度（或通达程度），可达性越好则表示该位置与外界具有更好的连通性和机会成本，反之亦然。空间可达性是指示区域间相互作用与空间结构的重要度量，是刻画城市与城市、城市与区域、区域与区域之间空间关联格局的基础性表征，已经成为城市与区域系统发挥集聚与扩散功能的显著表征。因此，从地域功能体系出发，依托于空间可达性所表征的空间关联性、连续性和紧凑性等，从时间距离上划分不同时间间隔的城市等时圈，基于城市等时圈进一步刻画功能地域系统，在此基础上，最终提取中国城市群空间范围边界。基于上述思路，本章希望能够为当前中国城市群的空间识别提供一种新的方法论支撑。

虽然可达性经常被研究者所提及，但不同学科对于可达性的认识和关注点存在明显差异，这也导致了可达性概念及内涵的泛化和延伸。简单而言，本章所讨论的空间可达性，主要是基于时间距离表征的区域内所有位置到达相应节点所需要克服的最低累积成本。基于栅格法测度的可达性，其重要优势在于能够有效刻画全域内每一个栅格点在全局空间上的实际通达程度，即基于时间距离来衡量每一个栅格点到附近所属城市的实际难易程度。反过来，从城市节点的角度思考，可达性同样反映的也是中心城市实际所能触及的空间可及范围，即中心城市及其腹地之间的空间可达程度，这是一种纯粹基于时间距离的度量方法。因此，空间可达性不仅是刻画区域内每个位置在空间上实际通达程度的度量方法，同样也是一种能够基于时间距离刻画城市及其腹地之间空间连接性和关联程度的表达方式。从这一点上看，以所有地级城市为源点的空间可达性是由每个城市及其连绵腹地连同其他所有城市及其连绵腹地共同联合构成的实际可达空间范围，反映的是基于时间距离考量的中国城市及其腹地间的空间连接性和关联程度，在很大程度上能够对中国城市与区域系统起到较好的指示意义。

7.2 空间可达性研究进展

由于可达性内涵的泛化和延伸，可达性的度量也一直并未得到一致性的认识，甚至日趋多样化。但就基于时间成本分析空间可达性而言，随着技术方法的不断进步，尤其是空间分析技术，可达性测度方法不断完善，逐步兼顾到更多的影响因素，也更加逼近真实场景，在实践中越来越发挥重要作用。从数据类型来看，主要是包括矢量分析法和栅格分析法。

(1) 矢量分析法

矢量法，即网络分析方法。一般而言，首先构建实际道路路线的矢量网络数据集，基于拓扑关系测度时间成本，通过网络分析算法（如最短路径算法），测度节点间的最短旅行时间。该算法具有很高的精确度，能够精准地反映出节点间实际的通行时间成本。然而，基于矢量法的可达性更多反映的是点对点之间的最短旅行时间，有学者通过空间插值间接获取全局的空间可达性信息，但这仍属于一种替代性的参数模拟。因此，在实践过程中，基于矢量数据集测度的空间可达性更多是点对点或以面域单元为基础的笼统性指示，很难全面反映整体区域所有位置的真实可达性状况。

(2) 栅格分析法

栅格分析法主要是基于栅格数据来测度可达性的一类分析算法。其基本思路是，对全部面域单元内的各类道路图层和非道路图层进行栅格化或网格化处理，并构建能够反映每一个栅格通行成本的栅格数据集，进一步基于最小累计成本算法测度全域范围内每一个栅格到最近源位置的时间成本，即可达性。与矢量分析法相比，基于栅格分析的可达性方法能够较好地反映全部面域单元内每一个位置的可达性信息，并较好地解决了封闭性道路（如高速公路、铁路等）的出入口问题（张莉和陆玉麒，2006；钟业喜和陆玉麒，2009；孟德友等，2016），是目前应用最广的一种可达性分析算法。然而，当前的栅格分析算法也存在一定缺陷，绝大多数的分析算法均假设非道路地表空间为均质空间，并未能充分顾及自然地表环境差异带来的空间异质性，如高山峡谷、平原盆地、河流湖泊等多样化地形地貌，导致分析结果与实际情况仍存在一定差距。

近年来，空间可达性分析已经成为经济地理、交通地理、城市规划等相关领域的热门话题，围绕空间可达性，学者们在可达性与基础设施（金凤君和王姣娥，2004；吴威等，2006；姜海宁等，2010）、空间结构（蒋海兵等，2010；王姣娥和丁金学，2011；吴旗韬等，2012）、经济发展（陈博文等，2015；Jiao et al.，2016）、旅游（靳诚和黄震方；2012；汪德根等，2016）、人口（王振波等，2010）、社会公平（钟业喜和陆玉麒，2009）等领域做出大量讨论，有力地推动了空间可达性的社会经济空间效应研究。然而，虽然关于可达性的测度方法取得了长足的进步，但当前关于空间可达性的分析算法仍存在着一些不足，尤其是上述提到的现有研究中普遍存在的忽视自然地表空间异质性的问题，导致现有的可达性评价未能逼近最真实的场景，亟待于进一步修正和完善。

因此，基于上述思考，本章在前人研究的基础上，进一步考虑自然地表空间的异质性，将自然地表空间中的地形地貌要素纳入分析算法，综合集成陆地交通网络和自然地表要素，构建更加逼近真实情景的可达性分析算法，以期能够更加精确地刻画中国城市的空间可达性，从而为解析和提取中国城市功能地域提供基础保障。

7.3 数据来源与研究方法

7.3.1 数据来源

空间可达性是指示区域间相互作用与空间关联格局的重要度量。为了分析中国宏观功能经济地理，本章通过综合集成自然地表要素（主要考虑地形地貌）和陆地交通网络构建空间可达性分析模型，从空间连接性来反映中国城市功能地域空间。总体上，可达性的测度分析主要涉及两方面的数据，即陆地交通网络和地形地貌要素，具体如图 7-1 所示。

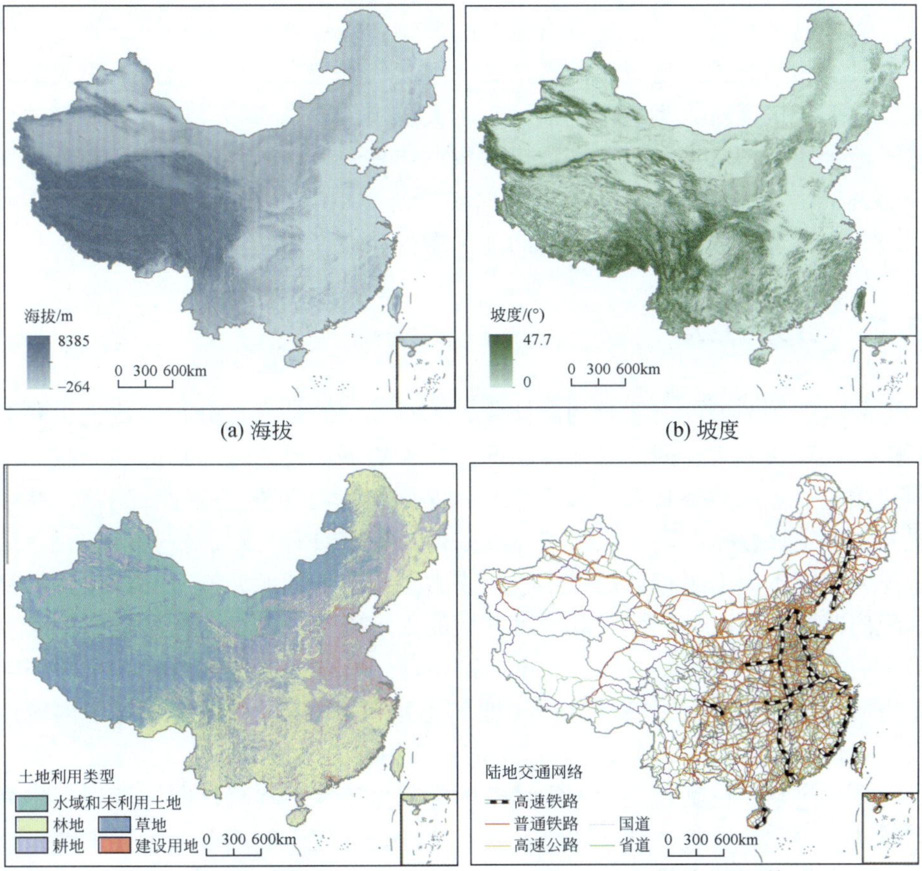

(a) 海拔　(b) 坡度

(c) 土地利用类型　(d) 陆地交通网络

图 7-1　中国自然地表要素和陆地交通网络

数据来源：数据筛选、数据来源、制备过程等详细内容请参见本章数据说明

(1) 陆地交通网络

全国陆地道路数据（包括高速铁路、城际铁路、动车、普通铁路、高速公路、国道、省道等），分别来源于《1∶400 万公路交通版》地图、《1∶400 万基本要素版》地图以及中国科学院人地系统主题数据库等，数据采集和制备年份是 2012 年。同时，部分高铁线路图根据当年的实际开通情况，通过人工数字化转换成地理空间数据，并集成到全国陆地交通网络基础数据库中。

(2) 地形地貌要素

为了能够更加直观、科学地反映地形地貌要素对于可达性的影响，本章重点考虑了土地利用类型、海拔和地形坡度等方面。土地利用类型反映的是陆地表层空间实际的土地存在形式，不同的土地利用类型具有显著不同的通行成本，如城镇建设用地、耕地、林地、草地以及水域等；海拔反映的是陆地表层空间的垂直属性，海拔对于人类活动强度具有重要的影响；地形坡度主要用于刻画地形的起伏度，具有相同海拔的地区，由于地表空间起伏度较大，可能会产生更大的通行成本，地形起伏度对人类生产生活具有较大影响。本章所涉及的全国尺度的公里网格土地利用类型数据和数字高程模型数据均来源于中国科学院资源环境科学数据中心（http：//www. resdc. cn），数据年份是 2010 年。同时，基于数字高程模型，进一步计算获取公里网格尺度的地形高程和坡度。

7.3.2 研究方法

空间可达性的测度方法日趋多样化，本章采用的是栅格分析算法，主要基于时间距离来反映地表空间的可达性状况。该算法下，可达性表征的是任意一个栅格到达相应节点所需要耗费（或克服）的最短时间（或最小累计成本），并以时间成本来决定该栅格归属于某个节点的条件。对于具有一组源位置的像元，计算任意像元到成本面上最近源的最小累积成本距离，即该像元至全部源位置的最小成本距离范围的下限。因此，区域可达性的求解则可以转换为栅格数据中两点间的最小成本路径分析（least cost path analysis），通过测度区域内每一个栅格到最近城市所需要耗费的最短旅行时间（即最小累积成本），从而实现对中国城市的空间可达性度量，具体的分析框架如图 7-2 所示。

为更加科学、精确地测度中国城市的空间可达性，本章试图弥补现有研究中对自然地表空间异质性的缺失问题，将自然地表空间中的地形地貌要素纳入分析算法，综合集成基于陆地交通网络和自然地表要素的空间可达性分析算法。总体而言，其算法实现主要包括构建地理数据库、创建封闭图层、生成成本栅格、计算成本距离等步骤。

（1）构建地理数据库

为实现可达性的测度，需要提前构建地理基础数据库，主要包括自然地表要素和陆地交通网络数据集。其中，自然地表要素重点考虑土地利用类型、海拔和坡度三个维度，陆地交通网络则包括高速铁路、城际铁路、动车、普通铁路、高速公路、国道和省道，基本涵盖了主要道路类型。为了增强结果的精细化程度，本章将全国陆地空间划分为 1km×1km 大小的公里网格，共划分出有效栅格约 947 万个，具有很高的空间分辨率。

（2）创建封闭图层

由于铁路和高速公路均属于封闭道路，并不是完全开放的道路系统，无法直接通行或穿越，只能基于道路的出入口或互通口与外界相互连通，从而实现交通

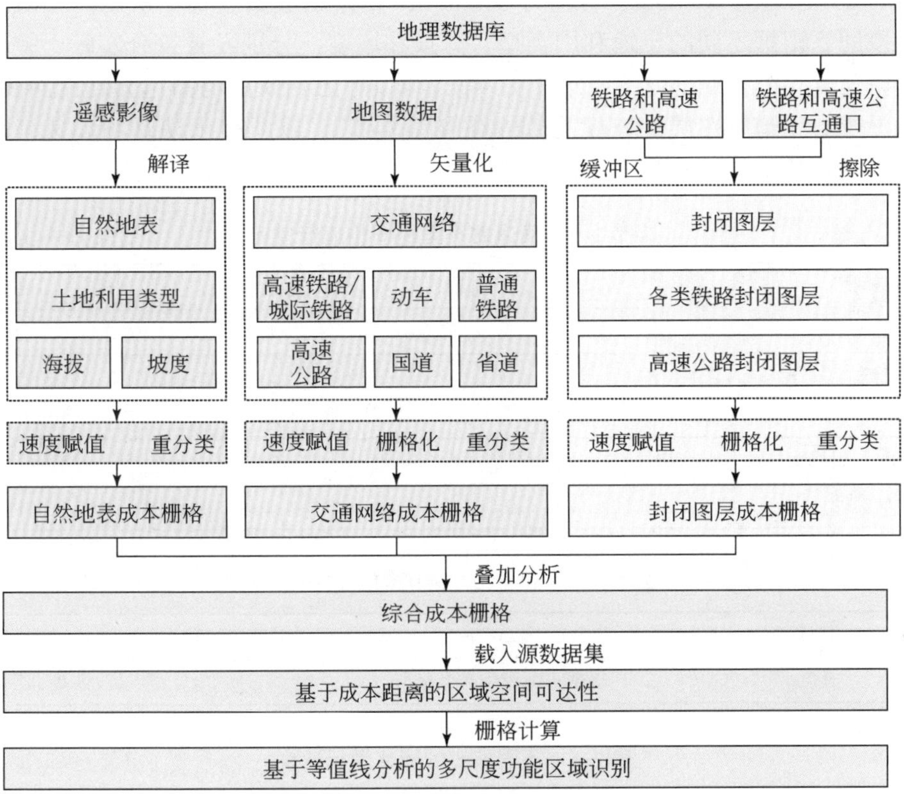

图 7-2　空间可达性测度的技术流程

网络的通行服务功能。因此，这里需要对高速铁路和高速公路进行“封闭”处理，其基本思想是在封闭道路两侧建立“阻隔”图层从而“包裹”住封闭道路图层，以此表示封闭道路无法直接通过，只能通过出入口和外界进行联系。具体操作是，首先，对封闭道路进行缓冲区分析，在封闭道路两侧生成面状图层；其次，分别对铁路和高速公路的出入口或互通口点图层做缓冲区分析；然后，利用点图层缓冲区“擦除”面状封闭图层，获取带有开放的出入口或互通口的封闭图层。

（3）生成成本栅格

对陆地交通网络各图层、自然地表各图层、封闭道路各图层进行通行速度的赋值，从而生成不同类别要素图层的通行速度。根据不同道路的等级，分别赋予不同等级道路相应的通行速度。根据《公路工程技术标准》（JTG B01—2014）和中国不同铁路运输的设计速度，分别对各等级道路进行速度赋值，其中，高速铁路/城际铁路为250km/h，动车为160km/h，普通铁路为90km/h，高速公路为100km/h，国道为80km/h，省道为60km/h，具体赋值如表7-1所示。针对自然地理空间，根据不同的土地利用类型、海拔和坡度，分别设置符合实际、差异化的通行速度，具体赋值结果见表7-2～表7-4。考虑到铁路与高速公路的封闭性，通过设置封闭道路图层的速度为1km/h（表7-5），以此表示铁路和高速公路的封闭性道路特征，进一步优化模拟结果。

表7-1　不同道路类型的栅格通行速度　（单位：km/h）

道路网络	高铁/城际	动车	普通铁路	高速公路	国道	省道
速度	250	160	90	100	80	60

表7-2　不同土地利用类型的栅格通行速度　（单位：km/h）

土地利用类型	城乡居民点	耕地	草地	林地	水域	未利用土地
速度	30	10	15	2	1	1

表7-3　不同海拔高程的栅格通行速度　（单位：km/h）

海拔	<2000m	2000～3000m	>3000m
速度	根据土地利用类型赋值	5	2

表7-4　不同坡度的栅格通行速度　（单位：km/h）

坡度	<10（°）	10～20（°）	>20（°）
速度	根据土地利用类型赋值	2	1

表7-5　不同封闭道路图层的栅格通行速度　（单位：km/h）

封闭要素	铁路	高速公路
速度	1	1

针对各图层进行速度赋值后，分别对交通网络图层和封闭图层进行栅格化和重分类处理，将上述图层转化为与自然地表要素图层具有一致分辨率的栅格图层，具体栅格大小为1km×1km。考虑到不同栅格要素对通行成本的约束，按照优先级顺序，对各类别栅格图层进行叠加分析。其中，道路图层处于最优先级，其次是封闭图层，最后分别是土地利用类型、海拔和坡度图层，生成集成各种类型要素的速度表面栅格，进一步将其转换为刻画通行成本的成本栅格表面。

(4) 计算成本距离

最小成本路径分析是 GIS 空间分析中关于距离分析的重要工具，主要测度从某一个起点到某一个终点所需要最低累计成本，该成本可能是时间，也可能是距离或者其他预设定的标准。具体来说，从某一起点到某一终点的最小成本路径测度过程为，先假定某一起点的栅格像元，该像元移动到与它相邻的多个像元时会产生多个成本值，计算像元移动过程中所产生的成本和移动方向路径；通过迭代分析，不断重复该过程，直到起点和终点的栅格像元相连，这时产生无数条不同的移动路径及其相应的累积路径成本。其中，最小成本路径就是连接起点和终点过程中产生的无数条路径中具有最小累积成本的路径，从而提取出任意两点间的最小成本路径。该算法的实现主要基于图论中的节点和连接表达，节点表示的是一个栅格的中心，而每一个节点又是通过多条连接同其他相邻节点进行相互连接。

基于最小成本路径分析算法，成本距离工具主要用于识别每一个栅格到标识的源位置在成本栅格表面上的最小累积成本距离。对于成本距离的计算，需要源位置和成本栅格数据集，源位置用于标识计算每一个栅格的最小累积成本距离所依据的位置，成本栅格数据集是指经过每一个栅格所需要付出的阻抗或成本（可以是时间、金钱或其他参考变量），因此，可以通过迭代计算测度每一位置到最近源所需要的最小累积成本。因此，对于特定区域，通过对区域进行栅格化，测度区域内每一个栅格到达离自身最近城市节点所需要的最短累积时间（或最小加权成本），即为该栅格的空间可达性。这里，借鉴最小成本路径算法，基于 ArcGIS 的成本距离分析模块，将全国地级以上城市作为目标节点载入，测度所有位置到最近城市的最短累积时间，即为中国城市的空间可达性。

7.4 中国城市空间可达性模拟

区域可达性表示的是区域内每一个栅格到其附近最近城市的最短旅行时间，以此来刻画区域内每个栅格位置的可达性状况，以及在空间上的邻接性和连贯程度。基于上述步骤，获取 2012 年中国城市可达性空间格局，其可视化如图 7-3 所示。整体而言，中国城市可达性表现出显著的空间异质性，与自然地理背景、地理区位、基础设施网络、人口密度和经济活动等因素高度相关。高可达性的区域主要集中在华北地区、中部平原、华东地区的北部、成渝地区和珠江三角洲地区等，而西部地区、华南地区和东北部分地区则属于可达性相对欠发达的区域。

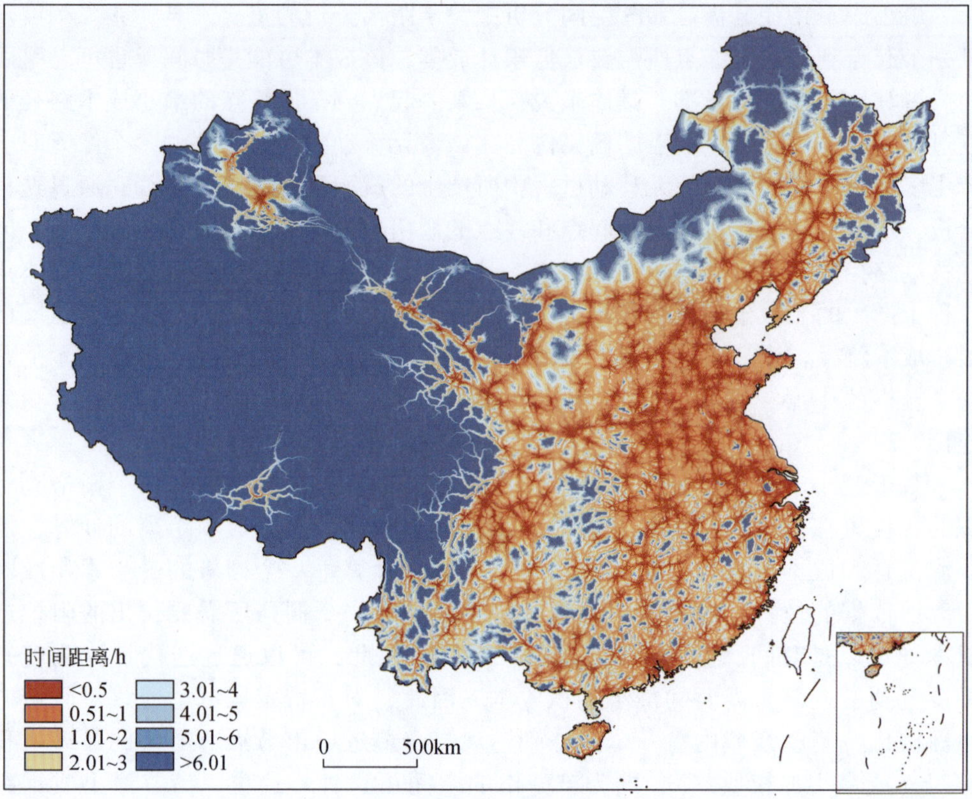

图 7-3　中国地级以上城市空间可达性宏观格局

从自然地理背景看，可达性较好的区域主要对应华北平原、长江中下游、四川盆地以及珠三角冲积平原，多为低海拔、低坡度的平原、盆地等地形，属于自然环境适宜性相对较好的区域；而可达性相对较弱的一些地区主要分布在我国西部、东北和华南地区，这些区域多为高原、山地或丘陵等地形区，自然地表要素较大程度地影响了区域可达性。同时，从地域上看，这些可达性较好的区域基本对应了我国主要的城市化地区/城市密集区，部分地区已经形成了大型连绵成片的城市化地域集聚景观，而这些区域普遍具有相对优越的地理区位、较好的基础设施网络，同时也分布着较高的人口密度以及相对活跃的经济活动。而在西部、华南等地区，也存在着一些小范围的具有高可达性的区域，但这些地区多呈现出散落的点状扩散分布，且主要是一些围绕在大城市周边具有明显地理距离衰减的邻接区域。因此，从空间可达性视角，多尺度功能性城市与区域体系开始浮现，如都市区、城市区域和城市群等不同尺度的功能地域系统。

7.5 中国城市群空间边界识别

7.5.1 中国功能地域宏观格局

为了识别中国城市功能地域结构，进一步利用等值线分析提取不同时间间隔的城市等时圈，等时圈内每一个位置的可达性表示的是该栅格点到附近最近城市所需要消耗的最短时间成本，从而反映不同尺度功能地域系统在空间上的形态结构与关联格局。为更好地反映多尺度功能地域结构，这里分别将时间间隔分别设置为 0.5h、1h、1.5h、2h、3h 和 6h，不同时间间隔等时圈分别对应不同空间尺度上的功能地域系统，每个等时圈均由所有地级以上城市及其可达腹地联合构成，形成全国尺度上的城市与腹地、城市与城市、城市与区域间的空间关联格局，具体如图 7-4 所示。

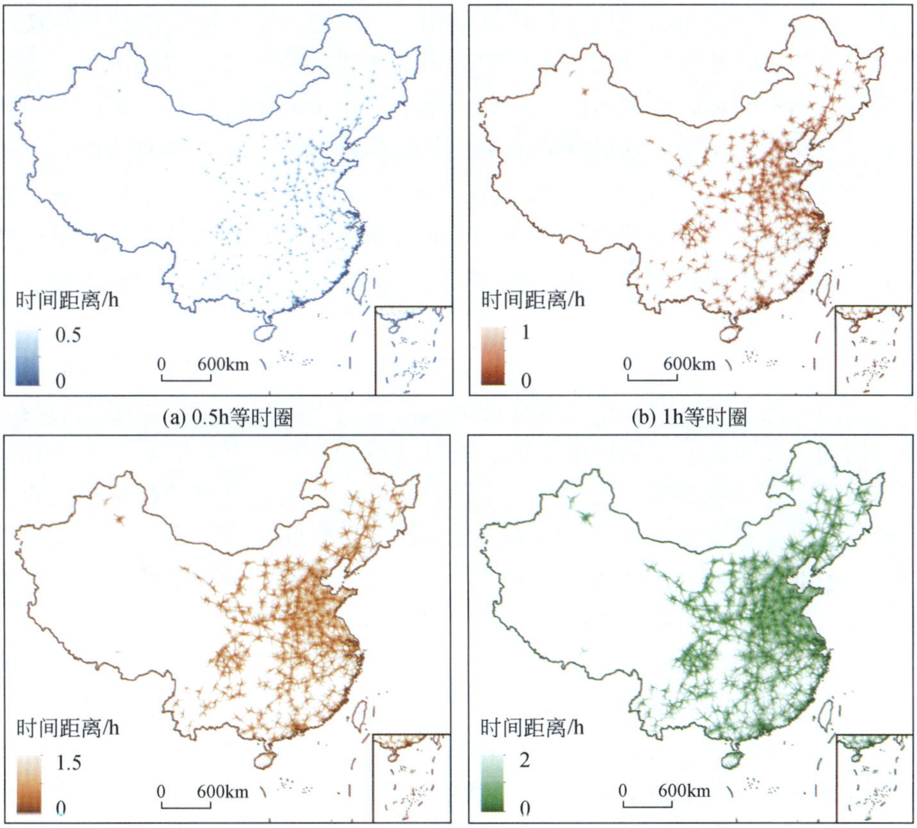

(a) 0.5h等时圈　(b) 1h等时圈

(c) 1.5h等时圈　(d) 2h等时圈

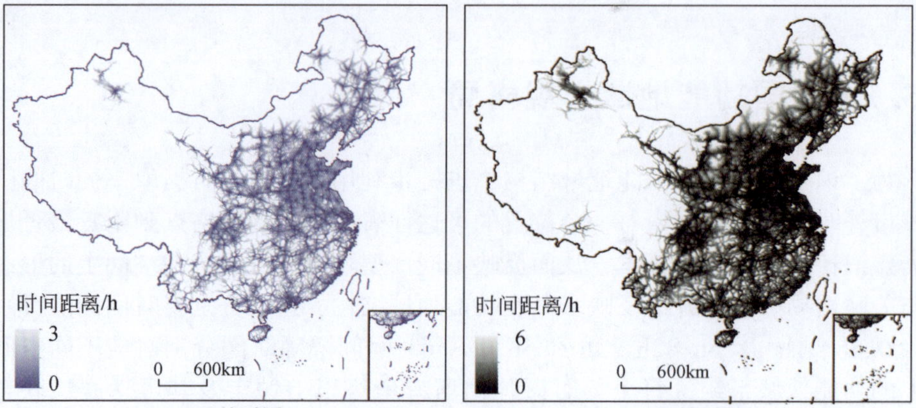

(e) 3h等时圈　　(f) 6h等时圈

图 7-4　中国城市空间可达性的不同等时圈

从空间可达性视角透视城市与区域结构，可以发现多尺度功能地域系统逐渐浮现，中国都市区的空间结构、都市圈的增长边界、城市群的空间绵延形态，甚至大区域间的空间界限均在不同程度有所呈现，中国城市可达性的不同等时圈分别反映出不同空间尺度下功能地域的形态、结构和边界。对比等时圈的每个阈值阶段，中国城市可达性在物理空间上均具有明显的提升，城市可达形态不断扩张，城市与腹地、城市与城市、城市与区域不断进行空间融合，从城市单体的向外扩展到城市与区域的空间关联，城市间空间关联和拓扑网络得到重组整合，从而形成具有复杂结构的功能地域系统。

在 0.5h 等时圈内，我国大多数城市均表现出由城市中心点向周边地区不断扩散的空间可达形态，即都市区发育的面域形态，由于自然本底、路网结构、人口经济活动等异质性，不同城市间的空间可达范围显示出不同的辐射半径和多样的空间形态。在一些大都市地区，城市等时圈已经超越了原有的都市区边界，而基本形成了以中心城区为核心、向周边地区扩散的空间面域形态，在空间尺度上大致对应了都市圈、城市区域等功能地域。例如，北京突破原来的都市区边界在东南部与河北廊坊的燕郊等地在空间上实现相邻、组合发展，沈阳都市区跨越了原有空间边界与周边的抚顺、辽阳等地区实现空间相连，上海都市区与周边的昆山、甚至是苏州市区基本实现可达空间的一体化，广州都市区突破行政界限与佛山都市区实现了城市空间上的相邻和融合，西安都市区和咸阳也基本实现空间一体化，均表现出类似于都市圈、城市区域等空间发育形态。而在一些重点城市群地区，围绕核心城市，都市区发育较为成熟，以城市区域化为表现特征的等时圈扩张明显，城市间空间关联形态已经初具规模，甚至发生了多个城市体系间的空间整合。例如，在京津冀地区，北京、廊坊和天津的等时圈均快速扩散，促发三个城市的等时圈已经基本实现了空间相邻；在长三角地区，由于相对平坦的地形地貌、发达的基础设施网络和高密度的人口经济活动，区域内都市区发育程度明显，中心城市可达空间向周边迅速扩张，城市间基本实现了空间的连接、组合，从而形成了从“南京—上海—杭州—宁波”Z 字形的半小时城市走廊；在珠三角地区，由于本身处于三角洲地区，区域总体面积相对较小，区域内城市基本实现了从深圳到珠海的倒“U”字形都市区空间关联形态；同样，在辽中南地区，也基本形成了以沈阳为核心的南北向的城市空间关联带。此外，在山东半岛、福建沿海、河南中部等地区，城市可达性也相对较好，都市区也有连绵成片发展的趋势。

而当转向到 1h 等时圈，城市空间的触及范围进一步扩大，城市空间扩张态势明显；同时，在部分城市群地区，城市的区域化发展格局开始明晰，多个城市群化的空间基本形成了 1h 等时圈的区域经济空间整合，如长三角、珠三角、京津冀、山东半岛、中原、成渝、福建沿海等地区。而在可达性较弱的一些区域，尤其是在西部地区、华南地区以及东北地区等，区域整体仍旧处于都市区发展的雏形阶段，城市单体的孤立式发展格局并未发生实质变化，区域内各中心城市空间扩张程度有限，不同都市区间并未能实现城市空间上的相邻和融合发展。同时，对比由国家正在推动建设的一些城市群，如长江中游、哈长、呼包鄂榆、滇中、黔中和兰西等城市群，并没有显示出很强的整体联系，相反更多表现出分离的、单独的都市区空间发育格局，区域经济整体仍处于集聚状态。

当等时圈阈值提升至 1.5h，城市可达范围进一步扩张，城市功能空间整合趋势进一步深化，部分地区已经基本呈现出区域空间一体化发展格局，包括华北、中原、华东地区北部、成渝、珠三角等地区。在一些重点城市群地区，甚至出现了全域城市空间相连的一体化格局，如长三角、京津冀、山东半岛、中原、珠三角、辽中南等城市群。而在西部、华南和东北一些地区，虽然城市可达范围已经突破原来行政边界而与周边城市发生空间整合，但这种空间组合更多是依托于基础设施网络而产生的中心城市间的空间关联，而不是区域尺度上的城市功能地域整合。因此，正是基于这种城市可达性的空间异质性，不同城市与区域的功能地域结构才得以深入挖掘和揭示。由此，可以判断，以 1 ~ 1.5h 为阈值区间的城市等时圈能够有效反映区域尺度城市间空间关联格局，是判断城市群发育的重要参考标准。

当等时圈阈值提升至2h，城市腹地空间进一步扩张，基本实现省域单元内部的空间一体化，即同一省份内城市间腹地空间相邻和组合。在该等时圈内，城市可达空间已经超越了都市区空间边界，并向外扩展触及周边的腹地空间。同时，城市可达性的提升已经明显受到自然环境本底的屏障作用，其实际可达性是人类活动与自然本底综合作用的结果。继续提升等时圈阈值至3h，可以发现，除了自然本底受限区域，已基本实现了全国尺度上的城市与区域空间相邻相接。对比自然地表要素，可以看出，城市等时圈与自然地理环境存在着强烈的空间相关性，该等时圈也基本对应我国适合人类生存、生活和生产活动的场所空间。最后是6h等时圈，在很大程度上突破一些自然环境本底的限制，在该范围内，中国第一级地形阶梯和第二级地形阶梯的大部分地区（除新疆和内蒙古北部边境地区等）基本实现了空间整合，即对应“胡焕庸线”以东地区。

7.5.2 中国城市群空间边界提取

由前文可知，当等时圈由0.5h逐步提升到1.5h的过程中，其所反映的城市功能地域结构也由单一城市体系的都市区逐步过渡到区域尺度上的多城市体系组合的城市群。如果说，以0.5h为阈值的等时圈较好地对应了中国的都市区、都市圈、城市区域等空间构造，那么以1～1.5h为阈值区间的等时圈则更多反映出我国城市群空间构造。因此，这里以1h等时圈为主要参考依据，以1.5h等时圈为辅助参考性变量（通过对比不同等时圈空间关联结构动态变化从而有助于判断城市群空间边界），从城市等时圈的空间连续性、关联性和紧凑性出发，以省会城市或区域中心城市为抓手，通过分析城市等时圈空间关联形态对城市群的空间范围进行识别。

图7-5和图7-6分别为中国城市的1h等时圈和1.5h等时圈，对比两者可以发现，华北地区、中原地区、华东地区北部是城市间空间关联程度最高的区域，也是城市群分布最为密集的区域，很多城市往往突破了自身可达空间边界而与周边城市发生明显的空间整合，也为城市间的功能分工、协作发展提供了良好的物理条件。同样，在珠三角、成渝、辽宁中西部、福建沿海等地区也出现较为明显的城市空间关联格局，即城市群的发展基础。因此，对比中国城市1h等时圈和1.5h等时圈，基于空间连续性和关联性，本章共提取出15个城市群结构，分别是长三角、珠三角、京津冀、成渝、山东半岛、辽中南、海峡西岸、长株潭、武汉、关中平原、中原、江淮、晋中、北部湾和宁夏沿黄城市群，具体如图7-7和图7-8所示。

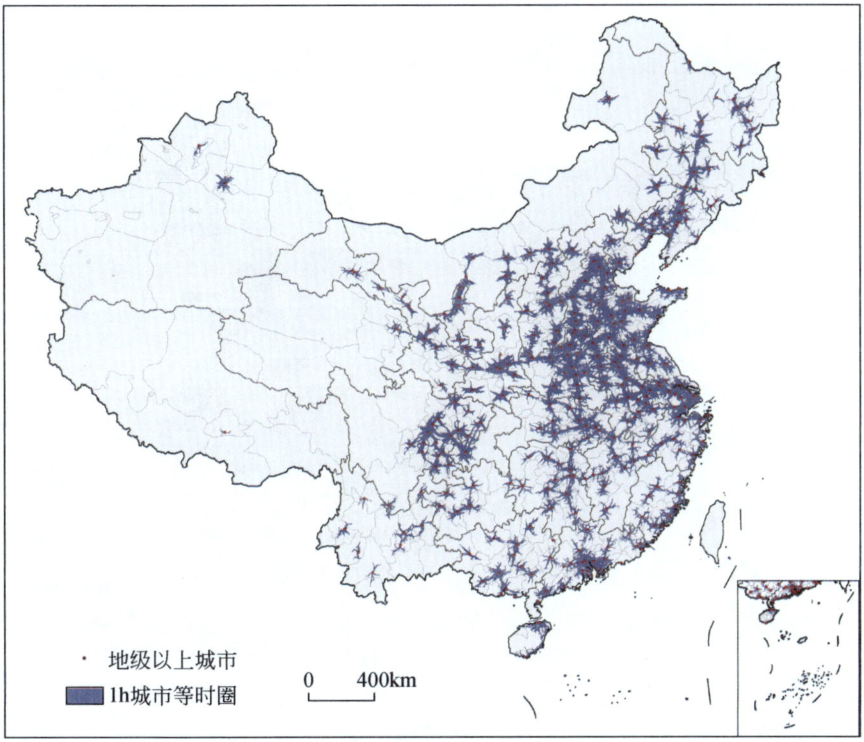

图 7-5 中国城市的 1h 等时圈

与国家“十三五”规划纲要提出的 19 个城市群相比，本章共识别出 15 个城市群，既存在共性，也存在明显的差别（图 7-9）。具体而言，本章识别的城市群数量要小于国家“十三五”规划纲要，国家“十三五”规划纲要提到的长江中游城市群、哈长城市群、呼包鄂榆城市群、滇中城市群、黔中城市群、兰州—西宁城市群和天山北坡城市群，在本章的识别结果中并未有所反映，而本章识别出的江淮城市群并未出现在国家“十三五”规划纲要中。关于长江中游城市群，由于自然地理屏障的存在，自北向南分布的幕阜山、九岭山和罗霄山等山脉自古以来就是湖北、湖南和江西三个相邻省份的天然分界线，这也进一步阻碍了三个省份间的城市网络发展和区域一体化进程。因此，从城市等时圈的角度看，分别以武汉、长沙、南昌为核心城市的省内城市组团结构并未表现出整体紧密的空间关联程度，更多是独立的空间发展格局。而其他城市群，如哈长、呼包鄂榆、滇中、黔中、兰西和天山北坡等城市群，均未能在区域尺度上实现城市功能空间的

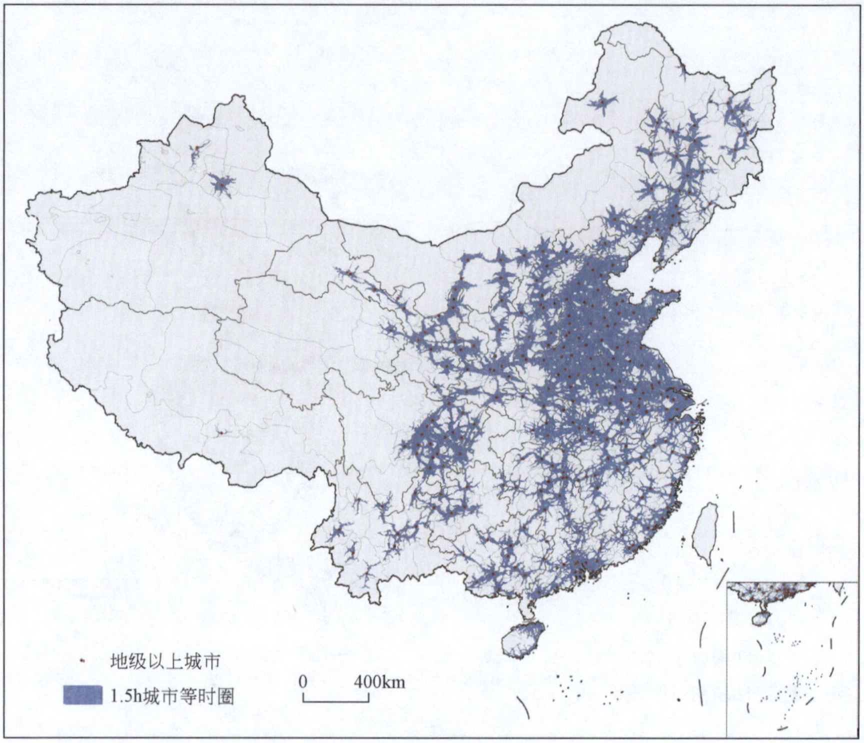

图 7-6　中国城市的 1. 5h 等时圈

整合，而更多表现出单体都市区的发育格局。由于相对完善的基础设施网络，以合肥为中心的安徽省内城市大多跨越行政边界，与周边城市共同构成相邻、紧凑的空间关联形态，具有较为明显的城市群结构，即对应为江淮城市群。

总体而言，这 15 个城市群表现出具有相对连续、紧凑的空间关联形态，城市群内部可达程度高、可达范围连绵成片，城市间在很大程度上具有明显的空间整合趋势，城市网络化发展格局显著。从空间分布上看，这些城市群多分布在平原、丘陵地区，具备良好的自然本底环境以及相对完善的基础设施网络，基本对应着我国主要的经济地理空间。而从等级规模上，这 15 个城市群具有相对各异的城市数量、土地面积和人口经济总量等属性，其中，城市数量最少的长株潭城市群仅由 3 个地级市组成。总体上，本章识别出的城市群空间范围要普遍小于国家或各级政府批复的各区域城市群，当前很多城市群规划将空间范围拓展到了相邻省份。当然，由于本章选取的基本研究单元为地级市，

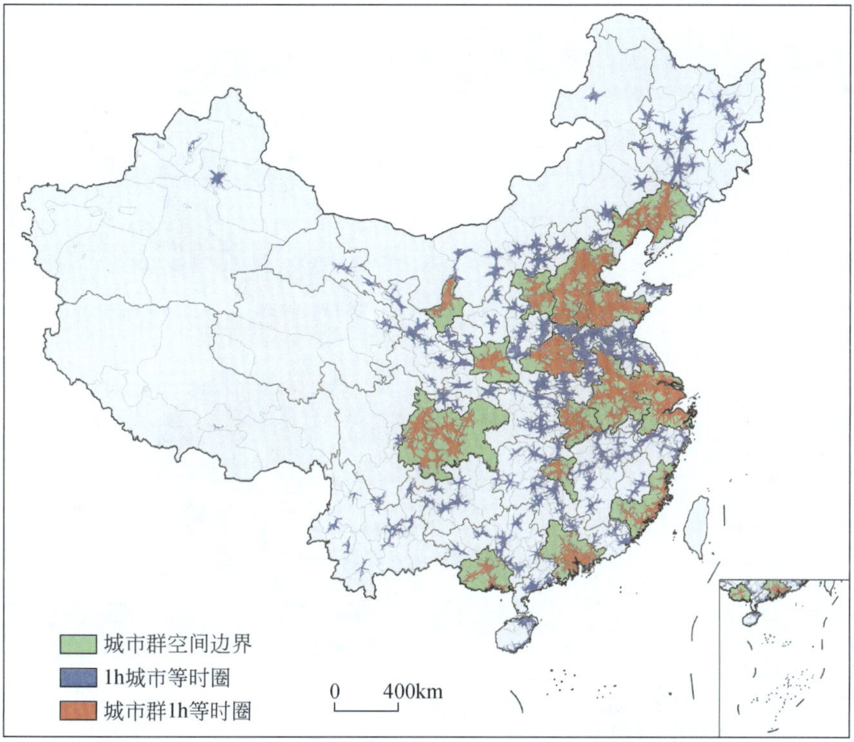

图 7-7 1h 等时圈与中国城市群空间边界

因此这可能会导致划分出来的城市群空间边界在一定程度上大于区域尺度上实际的功能地域空间。

图 7-9 显示了基于城市等时圈识别的中国城市群数量及其空间范围。具体来看，长三角城市群主要包括上海、南京、无锡、常州、苏州、南通、扬州、镇江、泰州、杭州、宁波、嘉兴、湖州、绍兴和舟山 15 个城市，珠三角城市群主要包括广州、深圳、珠海、佛山、江门、肇庆、惠州、清远、东莞、中山 10 个城市，京津冀城市群主要包括北京、天津、石家庄、唐山、邯郸、邢台、保定、沧州、廊坊和衡水 10 个城市，成渝城市群主要包括重庆、成都、自贡、泸州、德阳、绵阳、遂宁、内江、乐山、南充、眉山、宜宾、广安、达州、资阳 15 个城市，山东半岛城市群主要包括济南、青岛、淄博、东营、潍坊、泰安、莱芜、德州、聊城、滨州 10 个城市，中原城市群主要包括郑州、开封、洛阳、平顶山、新乡、焦作、许昌、漯河、周口 9 个城市，辽中南城市

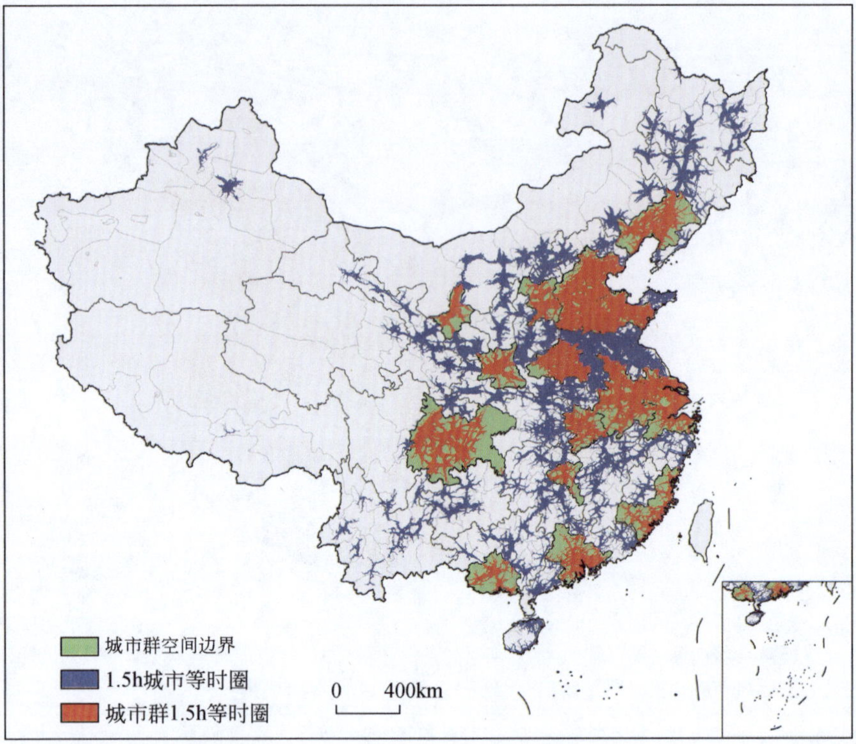

图 7-8　1.5h 等时圈与中国城市群空间边界

群主要包括沈阳、鞍山、抚顺、本溪、锦州、营口、阜新、辽阳、盘锦、铁岭、朝阳和葫芦岛 12 个城市，海峡西岸城市群主要包括福州、厦门、莆田、泉州、漳州、龙岩和宁德 7 个城市，长株潭城市群主要包括长沙、株洲和湘潭 3 个城市，武汉城市群主要包括武汉、黄石、鄂州、孝感、黄冈和咸宁 6 个城市，关中平原城市群主要包括西安、铜川、咸阳、渭南和商洛 5 个城市，江淮城市群主要包括合肥、芜湖、蚌埠、淮南、马鞍山、淮北、铜陵、安庆、滁州、宿州、巢湖、六安、池州、宣城 14 个城市，晋中城市群包括太原、阳泉、晋中和忻州 4 个城市，北部湾城市群主要包括南宁、北海、防城港、钦州、崇左 5 个城市，宁夏沿黄城市群主要包括银川、石嘴山、吴忠和中卫 4 个城市。

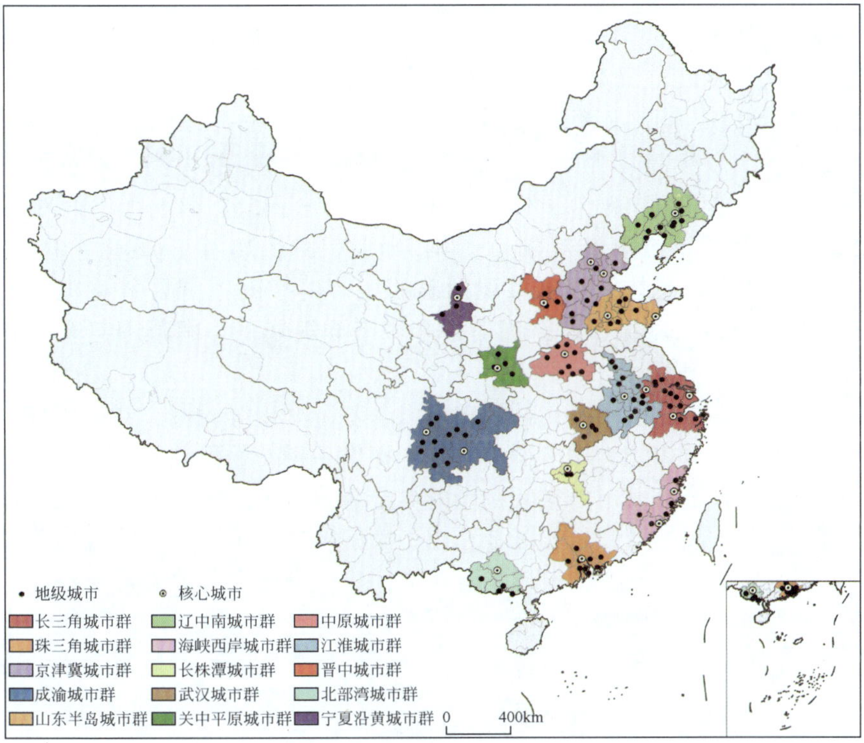

图 7-9 基于城市等时圈识别的中国城市群空间范围

7.6 本章小结

作为指示区域间相互作用的重要度量，空间可达性已经成为刻画城市与区域系统发挥集聚与扩散功能的基础性表征。因此，本章尝试综合集成陆地交通网络和自然地表要素，构建更为逼近真实场景的可达性分析算法，精确刻画中国城市空间可达性，在此基础上，最终提取中国城市群空间范围边界。总体而言，中国城市空间可达性表现出显著的空间异质性，与自然地理本底、交通基础设施、人口和经济密度等因素高度相关。具备较高可达程度的区域主要分布在华北地区、中部平原、成渝地区、珠三角地区和华东地区北部等，而西部地区、华南地区和东北部分地区的可达性相对较差。

从空间可达性视角，多尺度功能地域体系开始浮现，包括都市区、城市区域和城市群等不同尺度的功能地域系统。基于城市等时圈，从空间连续性、关联性和紧凑性出发，以省会城市或区域中心城市为抓手，本章共提取出 15 个城市群结构。这15个城市群表现出具有相对连续、紧凑的空间关联形态，城市群内部可达程度高、可达范围连绵，在很大程度上具有明显的空间整合趋势，城市网络化发展格局显著。与国家“十三五”规划纲要提出的19个城市群相比，本章共识别出15个城市群，既存在共性，也存在明显的差别。以长三角、成渝、山东半岛、中原、关中、北部湾6个城市群为例，本章识别出的城市群城市数量分别为15个、15个、10个、9个、5个和5个，而对应的国家或省级政府批复的城市群规划范围则分别包括了26个、16个、16个、14个、11个和12个。总体上，本章识别出的城市群空间范围要普遍小于国家或各级政府批复的各区域城市群，当前很多城市群规划将空间范围甚至拓展到了相邻省份，覆盖面积巨大。

最后，本章尝试从空间可达性视角出发，基于城市等时圈，对中国城市群空间范围进行界定，希望能为城市群空间识别提供一种新的思路。但作为城市区域化发展的复杂巨系统，城市群空间范围的界定需要更多维度的综合判定，而不能单纯依赖于某一方面的认知。实际上，由于中国特殊的体制环境，政府干预也是城市群发育的重要影响因素，尤其是近年来国家区域发展战略和城市群规划对中国城市群建设具有深远影响。因此，科学认识“自然生长的”和“规划引导的”城市群之间的差别对于更好地发挥城市群功能地域作用、推进城市群可持续发展具有重要价值。

第 8 章　中国城市群空间范围综合界定

基于城市群空间识别分析框架，第 6 章、第 7 章分别从功能联系、空间可达性等两个视角分析中国城市群实际发育状况，并得出了相应视角下中国城市群的实际空间边界；以此为基础，本章以城市群发育的六个基本条件作为主要参考，对比静态与动态、属性与关系、形态与功能等视角，试图从多个维度对中国城市群空间范围进行轮廓刻画和综合校验，最终确定城市群功能地域的实际空间边界，形成多视角融合的中国城市群空间范围新方案。

8.1　城市群的筛选和判别标准

正如前文所述，城市群是城市自然发育演化的产物，而不应成为一种纯粹的政治构建的产物。城市群的发育、形成与演化具有其内在规律，背后是自然、经济、社会等多因素综合作用的结果。因此，本章认为，判断城市群的形成发育，应当遵从城市群的基本内涵和发育条件，从自然、经济、社会、空间等多维度进行审视。判断一个地区或区域是否存在“城市群”空间现象，除了城市群发育的基本条件，应当重点考虑城市社会经济发展水平、空间关联性与紧凑性、经济联系与功能整合、社会文化与地域认同、资源环境承载能力等方面，从而综合判断城市群的存在及其空间边界。

8.1.1　城市社会经济发展水平

城市群是由多个都市区系统在空间上集聚形成的大型城市化地域景观，是一种由单体城市向城市区域化发展的空间表现，高密度的人口、商品、信息、技术、产业、资源等要素集聚分布应当是城市群功能地域的基本特征。因此，城市群必然是一种城市社会经济发展到高级阶段的功能地域系统，具备多个高规模等级的城市、高密度的人口与经济活动、相对发达的经济与社会发展水平、便捷的交通基础设施网络及其紧密的经济联系与社会网络等特征，从而更好地发挥城市群地域系统的集聚效应、发展效率和区域竞争力。

8.1.2 空间关联性与紧凑性

城市群是具有显著功能内聚力的实体地域系统，城市间的空间关联性与紧凑性是城市群空间组织结构的基本特征，也是城市群形成发育的基础条件。在城市群地域系统内部，城市在地域空间上的分布应具有明显的邻近性以及相对的紧凑性，而不应是“漫无边际”地松散分布。在地理空间上表现出的具有形态学意义的关联性和紧凑性，能够有效地克服地理距离带来的空间阻滞，保证各类“要素流”能够在城市群地域系统内部自由、快速流动，从而增强城市群系统内在功能性黏结力，更好地发挥城市群地域经济和社会发展的效率和功能。

8.1.3 经济联系与功能整合

城市群地域系统不仅是实体地域，更是关系网络空间，深度整合的城市网络是城市群空间组织形式的基本特征。在当前全球化、信息化时代，城市发展已经不再局限本身的地理区位、人口与经济规模等，而是更多取决于城市在多尺度城市体系中所扮演的角色和地位。随着全球化和区域化进程深化，城市生产要素集聚与扩散的流动水平、交流频次和密集程度等均不断增强，基于不同类型的生产网络不断叠加并强化城市节点在网络中实际的价值链分工和经济联系体系，城市网络化趋势不断增强。作为具有内聚力的功能地域体系，城市群是由单一城市体系跨越行政边界形成的多个城市体系联合协作的巨型经济单元，根植于价值链和生产网络的城市间功能分工与联系是城市群形成发育的最本质表征。因此，城市网络发育程度是判断城市群形成发育特征的重要参考。

8.1.4 社会文化与地域认同

作为城市化发展的空间组织形态，城市群是城市发展自然演化产生的空间现象。作为功能地域系统，经济联系和功能分工是城市群发育的最基本空间特性，而根植于其中的社会网络、历史文化等内在联系是反映城市群地域系统“软性”内聚力的重要方面。对于城市群地域系统，除了在自然、经济、空间等具有相对一致性，同样在历史基础、传统文化、社会习俗等方面具有相似性，属于相对均质的、有机的社会文化区域。在城市群地域系统内，不同地区与行为主体形成了紧密联系的社会网络，在历史基础、社会文化上具有天然的联系，对该区域具有明显的地域认同感。因此，关于城市群空间范围的界定同样需要考虑到社会文化和地域认同维度。判断城市群空间范畴，需要进一步考虑到区域内各城市在社会网络、历史文化上是否具有相对的一致性，各行为主体是否对该区域具有明显的地域认同感。相对而言，将孤立的、破碎化的城市强行捆绑式拉拢集聚并不能形成具有明显内聚力的、“有机的”功能地域，也影响了该地域系统内城市间的功能协作整合。

8.1.5 资源环境承载能力

城市群是城市在空间上集聚形成的大型城市化地域景观，是城市由单体城市向城市区域化发展的空间表现，是人口、产业、资源等要素高密度集聚的城市功能地域。因此，城市群的形成发育，必然是建立在良好的资源环境承载能力之上。考虑到我国国土空间的强烈异质性，城市群的形成发育必然有其内在的地域选择过程，并不是所有地域都会发育出城市群这种空间现象，尤其是一些资源环境本底相对较弱的地区。由于地理区位、自然条件、资源禀赋等差异，我国西部一些地区本身的资源环境承载能力相对有限，因此，区域整体的资源环境承载本底是否能够满足城市群化的需要，这是亟待于进一步研究的重要命题。

8.2 中国城市社会经济基本特征

8.2.1 总体格局

从概念上，城市群是城市化地域的空间集聚景观，是城市发展到高级阶段的产物，往往是国家或区域中经济发展水平最好、人口密度最大、社会经济活动最为活跃的城市密集区域。一方面，城市群是当今时代城市与区域分工协作的尺度修复。城市群是多个城市系统的深度整合，城市与区域的功能整合，有利于进一步发挥城市的集聚经济效应，促进生产网络和价值链的功能分工和协作发展，释放城市密集地区的经济发展效率，推动区域经济一体化进程，带动区域经济协调可持续发展。另一方面，在当今全球化时代，城市群已经成为全球本地化相互作用的大型经济单元，是全球城市网络体系中“流”的节点区域，承担着向上对接全球、向下连接本地的枢纽通道作用，是体现国家竞争力、区域竞争力和城市竞争力的重要尺度。

因此，鉴于城市群在国家或区域经济中的引领带动作用，城市群必然是经济发展水平较高、人口密度较大、社会经济相对活跃的城市化地区，城市群及其组成结构应当具有一定的规模等级和经济实力。关于城市群空间范围的界定，不仅需要关注功能联系和城市网络，同样需要从城市的社会经济发展基本概况出发，综合研判不同城市是否已经成为城市群化地域空间的现实性和可能性。

为此，本章从城市规模等级、城镇化发展水平、社会发展水平以及对外联系程度四个方面出发，选取地区生产总值、年末常住人口、城镇化率、人口密度、固定资产投资总额、社会消费品零售总额、进出口总额、实际利用外资金额 8 个指标，用以综合反映城市社会经济发展基本概况。为使前后研究具有连贯性和统一性，本部分所采用的基本研究单元仍为地级以上城市。其中，除城镇化率是 2016 年的数据以外，其他指标数据均为 2015 年，数据来源主要是《中国城市统计年鉴》以及各城市的年度国民经济和社会发展统计公报。具体指标的空间分布如图 8-1 ~ 图 8-8 所示。

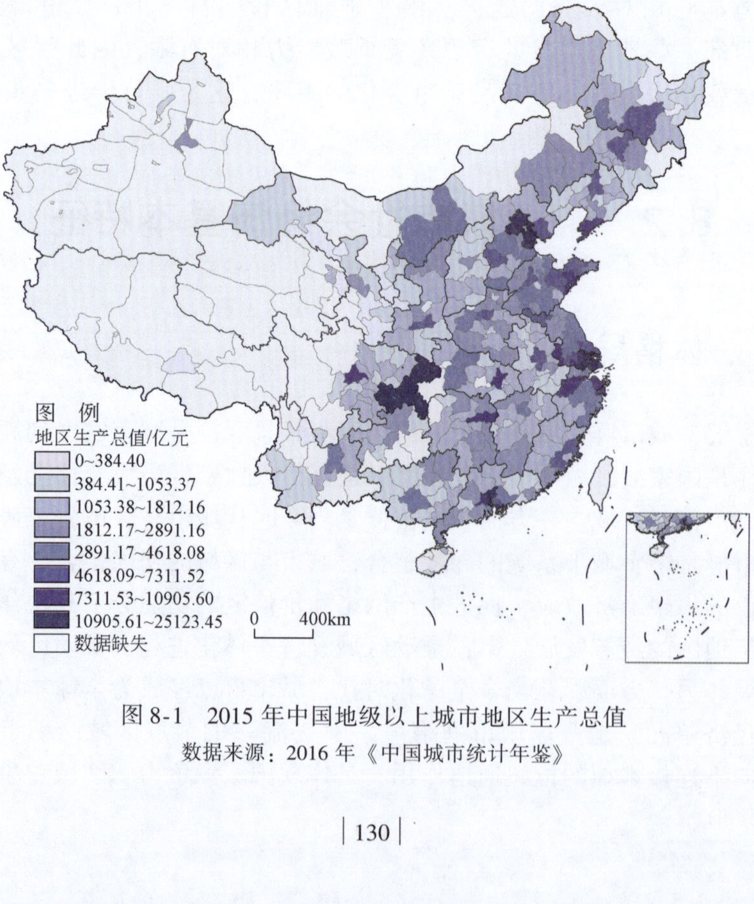

图 8-1　2015 年中国地级以上城市地区生产总值

数据来源：2016 年《中国城市统计年鉴》

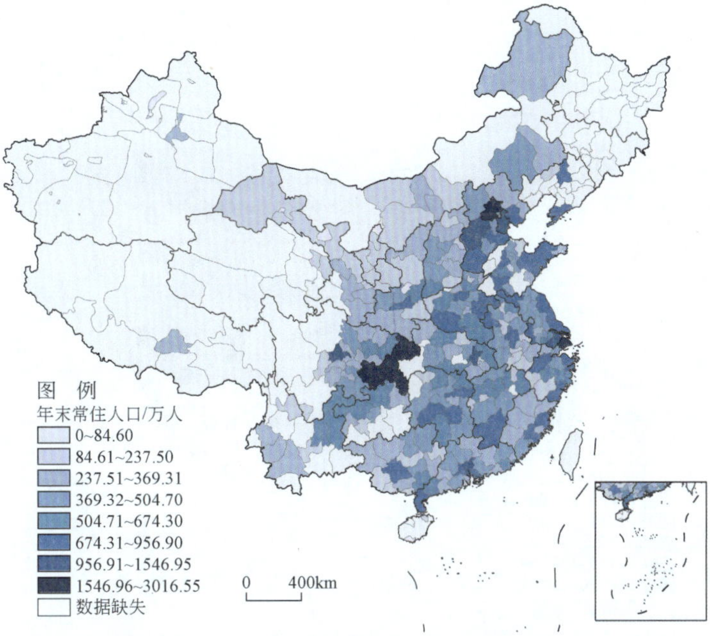

图 8-2　2015 年中国地级以上城市年末常住人口

数据来源：2016 年各地级以上城市国民经济和社会发展统计公报

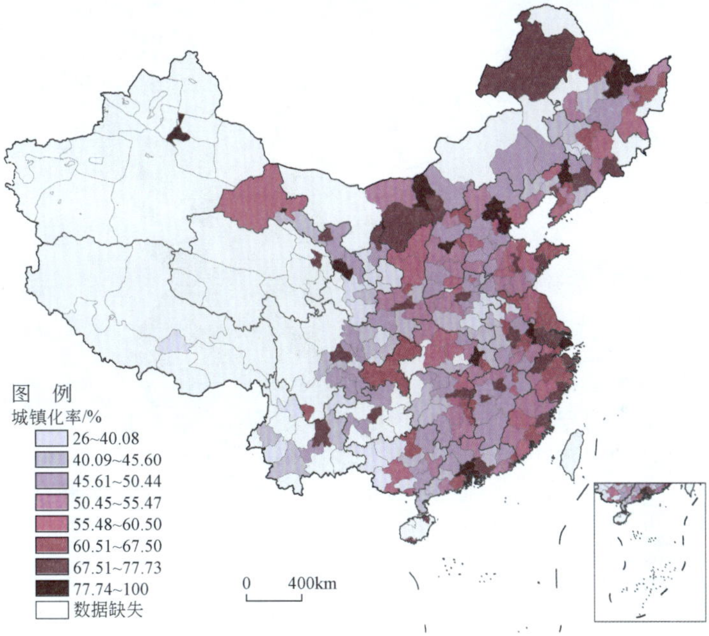

图 8-3　2016 年中国地级以上城市城镇化率

数据来源：2017 年各地级以上城市国民经济和社会发展统计公报以及各省市统计年鉴

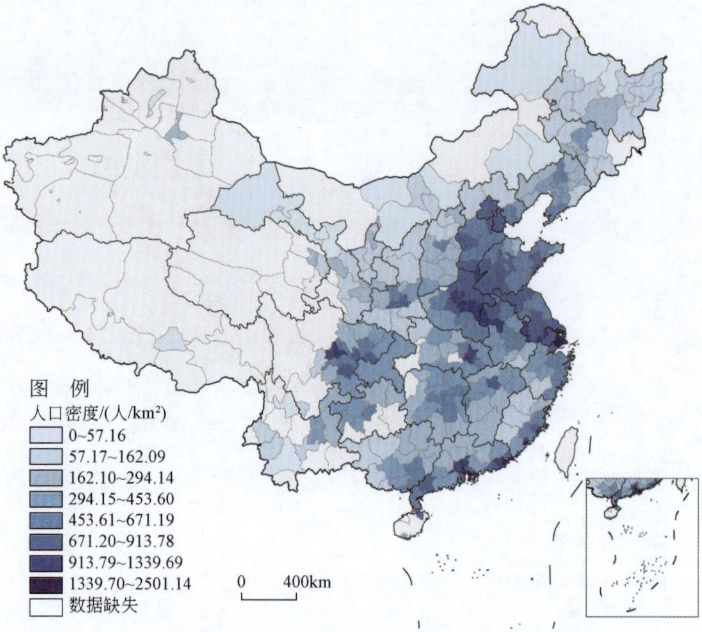

图 8-4 2015 年中国地级以上城市人口密度

数据来源：2016 年《中国城市统计年鉴》以及 2016 年各地级以上城市国民经济和社会发展统计公报

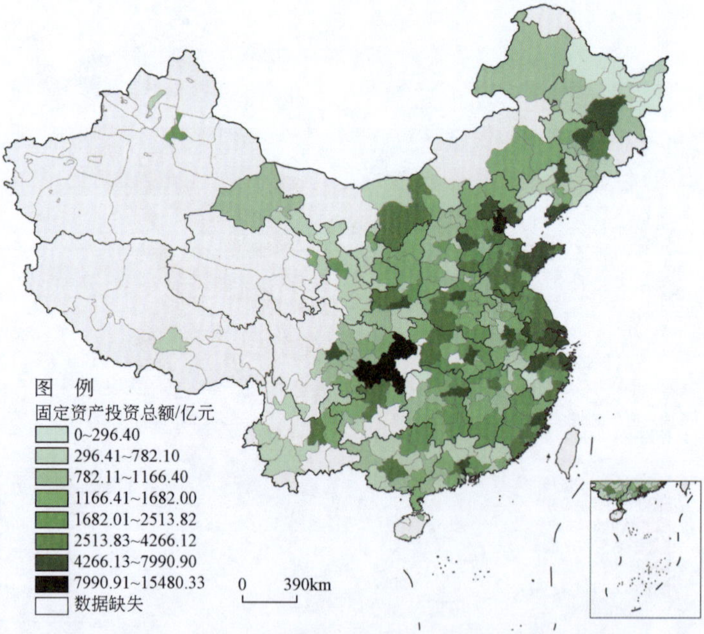

图 8-5 2015 年中国地级以上城市固定资产投资总额

数据来源：2016 年各地级以上城市国民经济和社会发展统计公报

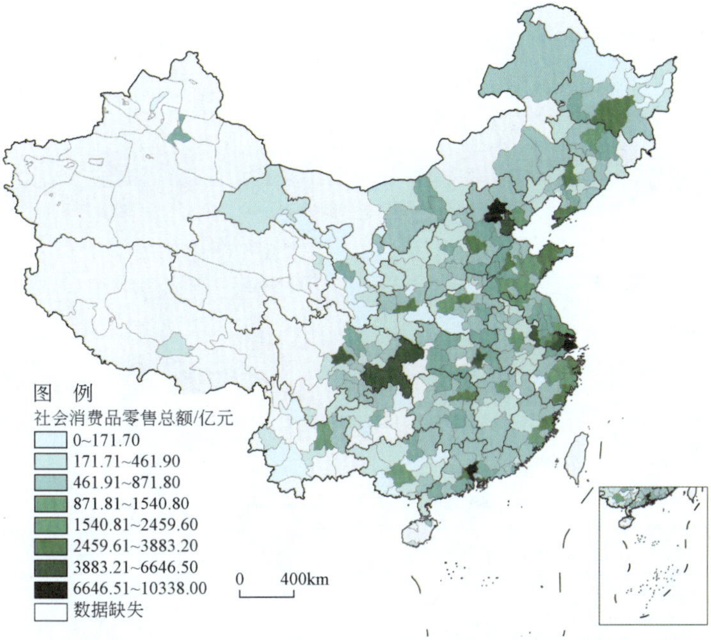

图 8-6　2015 年中国地级以上城市社会消费品零售总额

数据来源：2016 年各地级以上城市国民经济和社会发展统计公报

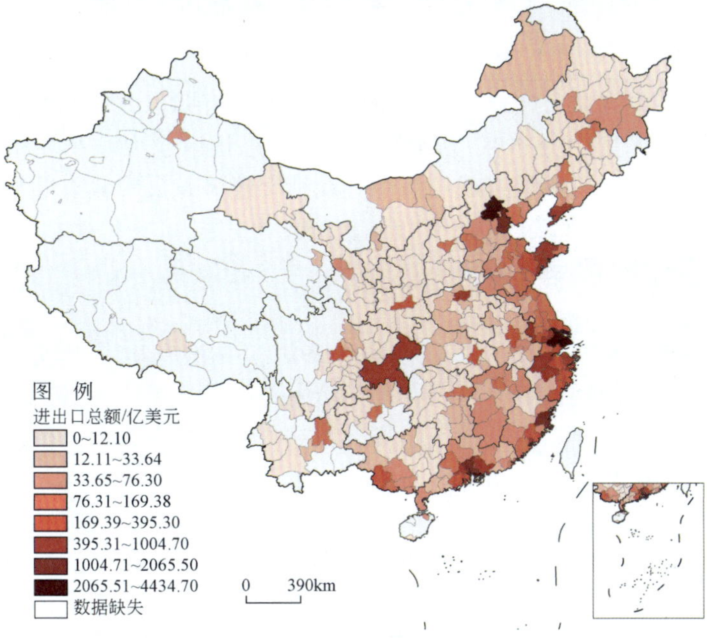

图 8-7　2015 年中国地级以上城市进出口总额

数据来源：2016 年各地级以上城市国民经济和社会发展统计公报

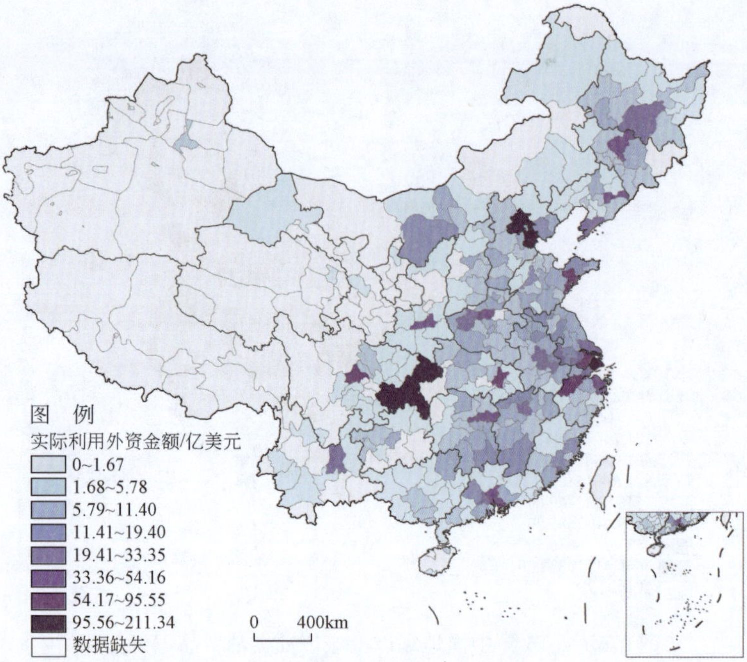

图 8-8 2015 年中国地级以上城市实际利用外资金额

数据来源：2016 年各地级以上城市国民经济和社会发展统计公报

整体而言，中国城市在社会经济发展水平上具有明显的空间分异格局，主要人口和经济活动多集中分布在“胡焕庸线”以东地区，大中小城市的空间层级结构特征较为明显，省会城市或经济中心在社会经济发展中具有明显优势。

8.2.2 城市规模等级

在城市规模等级方面，人口规模和经济规模并没有显示出较强的空间耦合性，经济规模较高的城市更多分布在东部沿海地区或者是中西部的省会城市，而城市的人口规模分布在东中部地区则具有相对分散的分布格局。沿海地区城市在经济发展水平上明显优于中西部城市，长三角、珠三角、京津冀、山东半岛、福建沿海、中原等地区存在着明显的空间集聚；而相对于经济规模，人口规模在中东部的空间分布上相对均衡，中部地区一些城市仍具有一定的人口规模。在区域上，沿海省份的经济发展水平相对较高，如江苏、浙江、广东、山东等均具有明显高于全国平均的经济发展水平；而在中西部地区，城市间的层级结构更加明显，省会城市、区域经济中心具有明显的经济实力和人口规模，而其他城市则相对弱势。

8.2.3 城镇化发展水平

中国城市的城镇化发展态势具有明显的地域、省际和城际空间差异，且与人口密度并不存在明显的相关关系。在地域上，东部地区和东北地区城市的城镇化率相对较高，而中西部城市的城镇化则发展相对较落后。在省际上，东部地区的江苏、浙江、福建等省份城市的城镇化率大多已经超过 55%，甚至很多城市城镇化率达到 80% 以上，且同一省份内城市间的差异相对较小；而广东、山东、辽宁等东部省份城镇化水平也相对较高，只是省域单元内城市间存在一定的发展差异。而在中西部地区，省会城市、经济中心和一些依托于资源发展起来的城市（如攀枝花、鄂尔多斯、渭南、金昌等）表现出相对较高的城镇化率，而一些中小城市的城镇化发展水平则相对较低，仍有大量城市的城镇化率低于 50%。由此可见，中西部地区的城镇化道路依然任重而道远。

8.2.4 社会发展水平

从空间分布上，城市的固定资产投资与社会消费品零售总额均表现为与城市的规模等级存在一定程度上的相关性，两者指标反映的基本格局相对一致，只是城市固定资产投资的组间差异相对小一些。具体来看，城市固定资产投资主要集中在长三角、京津冀、山东半岛、福建等地区，中部地区的湖南、湖北、河南等省份部分城市也具有一定规模。而城市社会消费品零售总额在长三角、珠三角、山东半岛等地区表现出的空间集聚特征，此外就是分布在中西部一些省会城市和经济中心，中小城市间的差异相对较小。

8.2.5 对外联系程度

进出口总额和实际利用外资总额是刻画城市对外贸易发展水平和对外联系程度的重要指标。从进出口总额看，沿海地区和内陆省会城市是我国进出口贸易的主要区域，北京、天津、山东、江苏、上海、浙江、福建、广东等沿海省份均有相对较高的进出口总额，尤其是长三角、珠三角、山东半岛、福建沿海、北部湾等城市群地区，中西部的省会城市，如重庆、成都、郑州、武汉等城市具有一定规模的进出口总量。而实际利用外资总额较高的城市主要集中在北京、天津、上海、重庆、杭州、广州、武汉、成都、青岛等重要的国家层面中心城市，其他城市的实际利用外资总量差距相对较小。

8.3 城市群空间范围的综合校验

8.3.1 城市群结构初步筛选

如前所述，以中国城市地域功能系统为基础，基于关系地理和空间可达性视角，分别识别出两套不同的中国城市群空间范围体系。从城市群基本内涵出发，前者主要是针对城市群的功能分工与经济联系属性展开的工作，基于关系地理和城市网络视角分析中国城市群实际数量与空间范围；而后者主要是针对城市群具有的空间邻近性与紧凑性，发达、完善的基础设施网络等属性展开的探索，基于城市与区域间关联性、紧凑性来刻画多尺度城市功能地域体系，并划定中国城市群实际空间边界。两种识别途径均是基于城市经济区这一功能地域空间组织形式展开的。整体而言，对比识别结果，基于关系地理识别出的城市群数量和空间边界总体上要大于基于空间可达性识别出的城市群，但两套城市群空间范围体系存在着较大程度的空间耦合性。在以下分析中，为简化说明，将使用方案 1 和方案 2 分别指代基于关系地理和空间可视化识别出的中国城市群空间范围体系。

依托于上述分析结果，综合叠加基于功能联系和空间可达性视角识别出的两套中国城市群空间范围体系，共获取 22 个城市群结构及其空间范围，具体包括长三角、珠三角、京津冀、成渝、山东半岛、中原、海峡西岸、辽中南、环长株潭、武汉、关中平原、江淮、北部湾、晋中、哈大齐、宁夏沿黄、兰州—西宁、黔中、环鄱阳湖、呼包鄂榆、滇中城市群和吉林中部城市群，具体如图 8-9 所示。由对比图可知，两套中国城市群空间范围边界存在较大程度的空间耦合，尤其是在相对成熟的城市群，如长三角、珠三角、京津冀和成渝城市群等，两套方案的范围边界存在着较大程度的吻合和重叠。

为更加科学合理地界定中国城市群实际数量及其空间范围，本节将以中国城市社会经济发展特征为基础，并兼顾城市群具有的大都市区与多个城市系统、相对一致的社会网络和文化认同等多维度属性，对前面分析获取的 22 个城市群结构进行多维度的综合考量和校验，从而最终划定中国城市群的实际数量及其空间范围边界。下面将逐一对上述城市群结构进行多维度的综合校验，最终确定每个城市群的实际发育程度和空间边界。

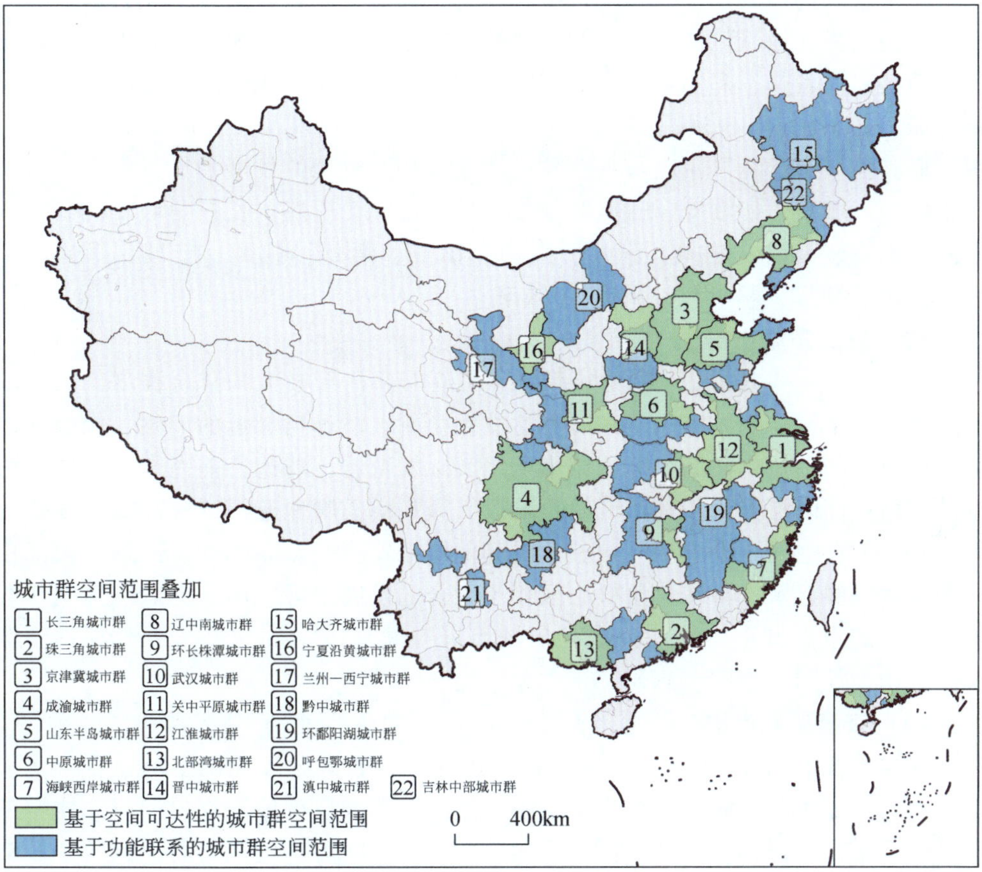

图 8-9 基于功能联系和空间可达性识别的中国城市群空间范围对比

8.3.2 城市群空间范围识别过程

(1) 长三角城市群

对比方案 1 和方案 2，两套方案在长三角城市群中的空间重合度非常高，重叠的城市包括上海、南京、无锡、常州、苏州、南通、镇江、泰州、杭州、宁波、嘉兴、绍兴和湖州 13 个城市。在方案 1 中识别出江苏北部的淮安、盐城以及浙江南部的金华并没有出现在方案 2 中；而方案 2 识别出的扬州并没有出现方案 1 的识别结果中。从空间关联上看，扬州与上海、苏南城市具有紧密的经济与社会联系，但和浙北城市的联系相对较弱，导致扬州在整体网络中的地位并不突出。但考虑到扬州处于长三角地区主体结构，具有相对较高的经济发展水平和一致的社会网络和地域认同，从空间连续性和紧凑性来看，扬州理应属于长三角城市群范畴。而台州、舟山与方案2空间范围紧密相连，与相邻的宁波、绍兴和杭州等城市关系密切，兼顾空间紧凑性，将台州、舟山纳入长三角城市群空间范围。而其他城市已经显示出与长三角主体结构相互融合的发展趋势，可作为未来的重点拓展城市，如淮安、盐城和金华等城市。综上所述，长三角城市群共包括上海、南京、无锡、常州、苏州、南通、镇江、泰州、杭州、宁波、嘉兴、绍兴、舟山、扬州、湖州和台州16个城市。

（2）珠三角城市群

对比方案1和方案2，两套城市群空间范围存在着极大的重合程度，只有清远和阳江两个例外的城市。从空间可达性视角看，清远与邻近的广州、佛山基本实现城市空间一体化格局，但从城市网络实际发育看，清远目前尚未融入珠三角主体网络；而阳江仍处于都市区发育阶段，城市空间腹地显得游离在珠三角核心区之外，但在空间联系上却与珠三角内其他城市紧密关联。因此，清远、阳江在一定程度已经显示出与珠三角核心区相互融合的发展趋势，可作为珠三角城市群未来拓展的重点城市。目前，珠三角城市群空间范围主要包括广州、深圳、珠海、佛山、江门、肇庆、惠州、东莞、中山9个城市。

（3）京津冀城市群

对比方案1和方案2，京津冀城市群边界存在较大程度上的空间重合，区别在于邢台、邯郸两个城市。在方案1中，基于功能联系视角识别出的京津冀城市群范围并未包括邢台和邯郸，但在方案2中，从空间可达性视角看，这两个城市与京津冀主体结构显示出明显的空间关联格局。同时，可以看出，无论是功能联系还是空间可达性，张家口、承德和秦皇岛等城市均未显示出与北京、天津较为紧密的空间联系。综上所述，京津冀城市群空间范围主要包括北京、天津、石家庄、保定、沧州、唐山、廊坊和衡水8个城市。

（4）成渝城市群

对比方案1和方案2，两套城市群空间范围具有较强的重叠性，不一致的城市主要包括宜宾、达州和广元3个城市。综合考虑城市社会经济发展阶段、空间关联性等方面，应进一步吸纳宜宾和达州两个城市进入成渝城市群空间范畴。因此，成渝城市群主要包括重庆、成都、自贡、泸州、德阳、绵阳、遂宁、内江、乐山、南充、眉山、宜宾、广安、达州、资阳15个城市。需要说明的是，从城市组织结构上看，重庆市内部空间组织实际上相当于省级行政区，在划定城市群空间边界时，理应纳入其属于都市区的地域结构，而外围的县市应当有所区别。但由于本章的基本研究单元为地级单元，因此，这里并未做进一步的区分。

（5）山东半岛城市群

基于空间可达性划分出的城市群结构基本对应了基于功能联系划分的城市群体系，重合部分主要包括济南、青岛、淄博、潍坊、泰安、莱芜、德州、聊城、滨州 9 个城市。其中，烟台、威海由于地理位置相对较偏，在空间关联上并未与省内其他城市形成相对连续、紧凑的形态结构，但这两个城市均为山东省内重要的经济中心，在功能联系上与其他城市联系较强，因此理应属于山东半岛城市群空间范围。而从城市社会经济发展概况、空间关联性、文化地域认同等维度考虑，济宁、临沂、枣庄并未能被吸纳进城市群空间范畴。因此，山东半岛城市群主要包括济南、青岛、淄博、东营、潍坊、泰安、莱芜、德州、聊城、滨州、烟台和威海 12 个城市。

（6）中原城市群

从功能联系上，河南的南阳、驻马店、三门峡和安徽的阜阳均与北部的核心城市构成相对紧密的城市组团结构。但在空间可达性上，这四个城市与北部的核心结构表现出明显的空间分离，尚未形成紧密结实的区域关联结构。因此，根据方案 1 和方案 2，这里选取两者的交叉重叠部分作为城市群的实际空间边界。中原城市群主要包括郑州、开封、洛阳、平顶山、新乡、焦作、许昌、漯河 8 个城市。

（7）海峡西岸城市群

对比方案 1 与方案 2，两套方案重叠的城市包括福州、厦门、泉州、莆田和龙岩 5 个城市，三明在功能联系上显示出与核心结构具有较为紧密的联系，而漳州和宁德在可达性上与核心结构关联程度更高。综合考虑城市社会经济发展、社会网络与地域认同等，海峡西岸城市群主要包括福州、厦门、莆田、泉州、漳州和龙岩 6 个城市。

（8）辽中南城市群

基于功能联系和空间可达性识别出的辽中南城市群空间范围存在着一定程度上的空间不匹配。基于功能联系识别的城市群体系在空间上较为分散，在空间上的邻近性、关联性较差；而基于空间可达性识别出的城市群结构具有相对的紧凑性，但由于大连市较偏的地理位置，该视角下的城市群结构并未包括大连这一重要经济中心。综合考虑城市地理位置、空间关联性、社会经济发展概况等因素，明确辽中南城市群主要包括沈阳、大连、鞍山、抚顺、本溪、锦州、营口、辽阳、盘锦、铁岭 10 个城市。

（9）环长株潭城市群

基于功能联系和空间可达性识别出的环长株潭城市群在空间构成具有明显差异，前者方案识别的空间范围更大，而后者仅识别出长沙、株洲和湘潭 3 个城市，表明城市间关联结构有待于进一步发育。结合两个途径的识别结果，同时兼顾城市社会经济发展概况、空间紧凑性，划定环长株潭城市群空间范畴主要包括长沙、株洲、湘潭、岳阳、常德、益阳、娄底、衡阳8个城市。

（10）武汉城市群

基于功能联系识别出的武汉城市群空间范围更广，包括湖北中部的宜昌、荆门、随州等城市，而基于可达性识别出的城市群空间范围集中在以武汉为核心的湖北东部地区，重叠地区包括武汉、孝感、鄂州、黄石4个城市。综合考虑空间关联性、城市社会经济发展阶段以及社会网络与地域认同等，明确武汉城市群主要包括武汉、孝感、鄂州、黄石、黄冈和咸宁6个城市。同时，可选择性纳入仙桃、天门、潜江3个省辖市，属于副地级市。

（11）关中平原城市群

基于功能联系和空间可达性识别出的关中平原城市群空间范围有所重叠，也有所不同，前者识别出的城市群空间范围要大于后者识别出的结果，两者的重叠区域是西安、咸阳、渭南和铜川4个城市。宝鸡是陕西重要的工业城市，但由于离西安相对较远，在可达性上并未表现出与其他城市具有紧密的关联结构。从空间连续性、社会网络与地域认同等出发，明确关中平原城市群主要包括西安、咸阳、渭南、铜川和宝鸡5个城市。

（12）江淮城市群

方案1和方案2的识别结果具有较大程度的空间耦合性，除了淮北、宿州、六安、池州和宣城并未重合外，其他城市都表现出一致性，重合城市包括合肥、马鞍山、芜湖、滁州、宿州、蚌埠、淮南、铜陵和安庆，空间尺度跨越较大。从空间关联性、城市社会经济发展特征以及文化与地域认同出发，进一步明确城市群实际空间边界，主要包括合肥、淮南、蚌埠、滁州、马鞍山、芜湖和铜陵7个城市。

（13）北部湾城市群

基于功能联系识别的北部湾城市群主要包括南宁、钦州、北海、贵港、玉林和梧州6个城市，但从空间紧凑性上看，梧州、贵港和玉林等城市与区域中心城市南宁在空间上相对分离。而从可达性刻画的城市空间关联结构上看，南宁、钦州、北海与南部的防城港、崇左在空间上联系更加紧密，也在一定程度共同构成了邻海城市组团。因此，北部湾城市群主要包括南宁、钦州、北海、崇左、防城港5个城市。

（14）晋中城市群

基于功能联系和可达性识别的两套城市群空间范围在空间上的重叠区域是太原、晋中和阳泉，而忻州与太原、晋中、阳泉具有更加紧凑的空间关联程度，而南部的临汾、长治和晋城虽然空间距离上较远，但功能联系上却相对较密。综合考虑空间关联程度、城市社会经济发展阶段，明确晋中城市群包括太原、晋中、阳泉和忻州 4 个城市。

（15）哈大齐城市群

黑龙江是我国最北部省份，省域面积巨大，单个城市行政面积也相对较大，城市在空间上分散分布。基于功能联系识别出的城市群结构包括了黑龙江的大部分城市，主要包括南部的“齐齐哈尔—大庆—绥化—哈尔滨—牡丹江”城市走廊，以及东部的“双鸭山—七台河—鸡西”城市走廊。由于城市在空间上呈现出较大程度的分散分布，彼此间关联程度较低，因此需要对城市群空间范围做进一步约束。同时考虑城市社会经济发展水平和地域组织结构，最终确定哈大齐城市群主要包括哈尔滨、大庆、齐齐哈尔和绥化 4 个城市。

（16）宁夏沿黄城市群

从可达性上看，银川与同为宁夏北部的石嘴山、吴忠和中卫空间关联程度更高，由于这 4 个城市空间距离较近，彼此间基本呈现出一体化的发展态势。但在城市经济区中，宁夏被划归为与甘肃、青海和西藏等地区一类，银川是区域核心城市。从功能联系角度看，银川与兰州、西宁等中心城市的空间联系更加紧密，而与周边的吴忠、中卫和石嘴山等城市联系度一般。同时，考虑到该地区整体的社会经济发展水平和资源环境本底基础，本章认为当前该区域尚未具备城市群发育的基本特征。

（17）兰州—西宁城市群

兰州和西宁是西部地区重要的区域中心城市，在引领社会经济发展中具有重要的地位。然而，由于该区域空间范围巨大，基础设施网络尚不完善，城市间要素流动成本相对较高；同时，城市在空间上分布松散，经济与社会联系较弱，城市间空间关联程度有限，城市体系仍有待于进一步完善。因此，无论是从功能联系上还是从空间关联性上考虑城市群的基本内涵和基本条件，本章认为当前该区域尚未具备城市群的发育基础和特征。

（18）黔中城市群

贵州地处中国西南部高原地区，城市发展在自然条件、资源禀赋上具有相对的劣势，资源环境承载力约束较大。同时，从城市社会经济发展指标上，贵州省当前仍属于中国经济发展较为落后的区域。此外，在该区域，城市数量相对少，且社会经济发展水平有限，基本仍属于城市单体集聚发展阶段。因此，本章认为当前条件下，黔中城市群尚未具备发展成为城市群的资源环境基础和社会经济发展基础。

（19）环鄱阳湖城市群

从城市社会经济发展指标上可以看出，目前江西省整体仍属于中国经济发展较为落后的区域，城市发展水平有待于进一步提升。从区域可达性来看，大多数城市仍处于单体城市的发育阶段，城市可达空间形态表现出不规则地沿交通线扩散，省内城市间空间关联程度较弱，城市体系发育不完善，基本仍属于并无功能整合的都市区发育阶段。因此，本章认为环鄱阳湖城市群尚未具备城市群发育的典型特征。

（20）呼包鄂榆城市群

基于功能联系视角，从内蒙古中部城市经济区提取出城市群结构，具体包括呼和浩特、包头、鄂尔多斯和乌海 4 个城市。但从可达性的角度看，由于该区域空间范围过大，城市间空间关联程度有限，并未能突破城市自身的都市区界限，仍属于单体城市的独立发育阶段，城市与区域功能整合程度较弱。因此，从城市群的基本内涵和基本条件出发，本章认为当前该区域尚未具备城市群的发育基础和特征。

（21）滇中城市群

类似于贵州，云南同样处于中国西南部高原地区，同时也是少数民族集聚地区和边境省份。昆明是省会城市，也是该区域绝对的经济中心。从城市发展水平上看，云南省当前仍属于中国经济发展较为落后的区域，城市首位度过高，中小城市普遍发育不足，城市体系发育不完善。同时，由于自然本底的限制，城市与区域的空间关联整合程度较弱，城市间要素流动成本相对较高，经济联系和功能整合有待于进一步增强。因此，无论是从功能联系还是从空间可达性角度，本章认为该区域当前尚未具备发育成独立城市群的社会经济基础。

（22）吉林中部城市群

类似于黑龙江省，吉林省区域面积较大，但城市数量相对较少，城市在空间上分散分布，城市空间关联程度有限。同时，从空间关联性上看，大多数城市仍处于单体城市的发育阶段，并未出现突破都市区尺度的区域功能整合趋势。因此，无论是从功能联系还是空间可达性角度，该区域均不具有明显的城市与区域空间整合现象。因此，本章认为当前吉林中部城市群尚未具备城市群的发育基础和特征。

另外，在很多的学术研究和政府报告中，长江中游城市群、哈长城市群均被频繁提及，并在国家和区域发展战略中具有重要的地位。目前，长江中游城市群、哈长城市群发展规划分别在 2015 年 4 月、2016 年 3 月相继被中央政府批复。然而，在本章研究中，作者并未发现长江中游城市群、哈长城市群具备城市群空间组织形态的发育基础和典型特征。

1）长江中游城市群。从自然本底看，江西、湖南和湖北 3 个省份地处长江中游，以平原和丘陵地形为主，具备较好的资源环境本底条件，也是我国中部地区人口和经济活动分布相对密集的城镇化地区。但从 3 个省份交界处来看，自古以来，自北向南的幕阜山、九岭山和罗霄山等山脉就分布于此，成为湖北、湖南和江西三个相邻省份的天然分界线，这些山脉隔开以武汉、长沙和南昌为核心的城市组团结构。正是由于该自然地理屏障的存在，从城市等时圈的角度看，分别以武汉、长沙、南昌为核心城市的省内城市组团结构并未表现出紧密的空间关联程度，更多是具有独立、分散的单体都市区发展格局。同时，从功能联系视角看，该地区同样呈现出以武汉、长沙、南昌为核心的城市组团结构，并不存在实质性的区域整体城市网络发育和区域一体化进程。因此，从城市群的基本内涵出发，无论是从空间关联性与紧凑性，还是从经济联系和功能整合视角，当前长江中游均并未表现出明显的城市群空间组织形态。

2）哈长城市群。哈长城市群是试图以哈尔滨和长春为核心城市构建的城市群。在空间上，黑龙江省、吉林省均属于边境省份，行政面积较大；但在人口分布上，人口总量却相对有限，导致实际的人口密度相对较低。同时，虽然省域行政面积大，但城市分布数量却相对较少，使得大多数城市的行政管辖面积巨大，而城市间空间距离普遍较远，这在一定程度上增加了该区域城市间的沟通成本和联系频率，从而制约了城市与区域空间关联整合。从城市网络发育格局看，该地区整体并未显示出强烈的网络密度和空间联系，而是基本呈现出以哈尔滨为核心的单中心网络结构，以及以长春—吉林为双核心的网络关联结构，而且后者与辽宁省的网络联系显得更加紧密。从经济互补性上，区域内主要城市的经济多样性相对较差，在产业结构上具有一定相似性，这些主要城市间普遍存在着明显的竞争关系，并未产生实质上的城市功能整合。

8.4 中国城市群空间组织方案

基于城市群空间识别的分析框架，经过上述分析过程，最终，本章共识别出 15 个城市群及其空间边界，具体包括长三角、珠三角、京津冀、成渝、山东半岛、中原、海峡西岸城市、辽中南、环长株潭、武汉、关中平原、江淮、北部湾、晋中和哈大齐城市群。其中，兰州—西宁、宁夏沿黄、黔中城、环鄱阳湖、呼包鄂榆、滇中和吉林中部 7 个城市群结构，或是在空间关联性、紧凑性上具有明显劣势，或者就是本身并不存在紧密的城市网络发育，还有一些地区本身的资源环境本底可能限制了城市群的形成发育，因此，这些潜在的结构并没有出现在最终的识别结果中。本章识别出的 15 个城市群的空间分布及其边界范围分别如表 8-1 和图 8-10 所示。

表 8-1 中国城市群空间范围构成

序号	名称	城市数量/个	城市构成
1	长三角城市群	16	上海、南京、无锡、常州、苏州、南通、扬州、镇江、泰州、杭州、宁波、嘉兴、湖州、绍兴、舟山、台州
2	珠三角城市群	9	广州、深圳、珠海、佛山、江门、肇庆、惠州、东莞、中山

续表

序号	名称	城市数量/个	城市构成
3	京津冀城市群	8	北京、天津、石家庄、唐山、保定、沧州、廊坊、衡水
4	成渝城市群	15	重庆、成都、自贡、泸州、德阳、绵阳、遂宁、内江、乐山、南充、眉山、宜宾、广安、达州、资阳
5	山东半岛城市群	12	济南、青岛、淄博、东营、烟台、潍坊、泰安、威海、莱芜、德州、聊城、滨州
6	中原城市群	8	郑州、开封、洛阳、平顶山、新乡、焦作、许昌、漯河
7	海峡西岸城市群	6	福州、厦门、莆田、泉州、漳州、龙岩
8	辽中南城市群	10	沈阳、大连、鞍山、抚顺、本溪、锦州、营口、辽阳、盘锦、铁岭
9	环长株潭城市群	8	长沙、株洲、湘潭、衡阳、岳阳、常德、益阳、娄底
10	武汉城市群	6	武汉、黄石、鄂州、孝感、黄冈、咸宁（并可纳入仙桃、天门、潜江）
11	关中平原城市群	5	西安、铜川、宝鸡、咸阳、渭南
12	江淮城市群	7	合肥、芜湖、蚌埠、淮南、马鞍山、铜陵、滁州
13	北部湾城市群	5	南宁、北海、防城港、钦州、崇左
14	晋中城市群	4	太原、阳泉、晋中、忻州
15	哈大齐城市群	4	哈尔滨、齐齐哈尔、大庆、绥化

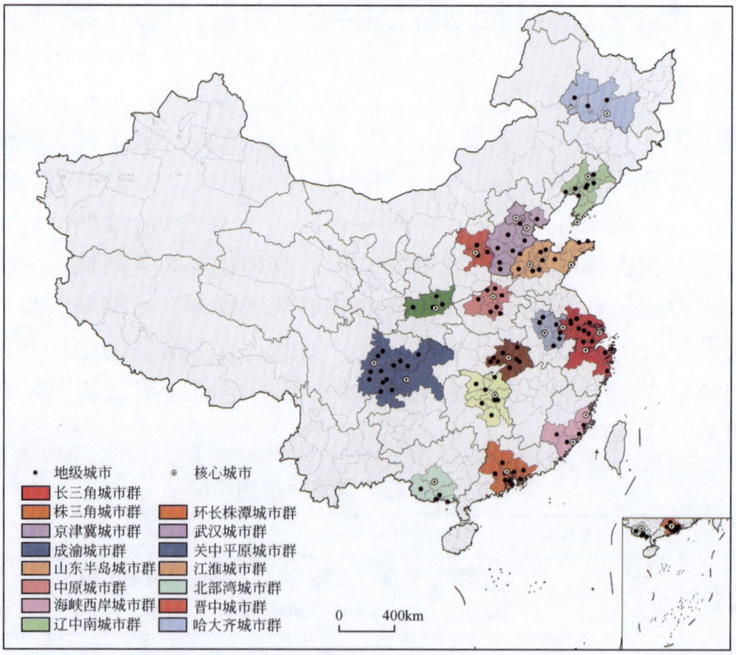

(a)

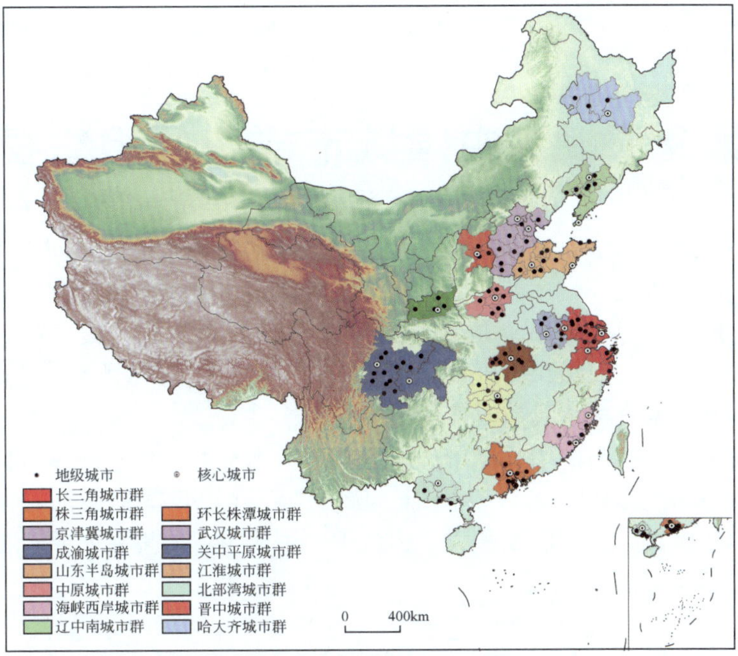

(b)

图 8-10　中国城市群空间分布及其空间边界

8.5　本章小结

由于城市群功能地域的开放性、复杂性和动态性，城市群的空间识别也是一个从单一视角到多维度视角进行综合判别的过程。因此，鉴于城市群的以上基本特性，本章并未严格按照传统的指标体系框架识别城市群空间范围，而是更多基于一种多视角交叉融合的判别途径，试图从不同维度去综合理解城市群化的空间过程，从而最终确定城市群功能地域的实际空间边界。

基于城市群空间识别分析框架，以前文分析结果为基础，本章以城市群发育的六个基本条件作为主要参考，从多个维度对中国城市群空间范围进行轮廓刻画和综合校验，本章共识别出 15 个城市群，包括长三角、珠三角、京津冀、成渝、山东半岛、中原、海峡西岸、辽中南、环长株潭、武汉、关中平原、江淮、北部湾、晋中和哈大齐城市群，构成多视角融合下的中国城市群空间范围的新方案。

第9章 中国城市群空间组织模式

作为功能地域系统，城市群是由多个城市及其腹地在地理空间上集聚形成的大型城市化地域景观。城市群化的过程是由单体城市的分散发展逐步向城市网络化集聚发展的演变过程，从而形成具有形态连续性和功能内聚力的关系网络空间。而探索城市群空间组织是理解城市群空间构造与演化机制的关键途径，对于深化城市群基本发育规律具有重要的研究价值。

基于第8章识别出的中国城市群空间范围，本章通过构建测度不同空间尺度形态多中心与功能多中心的分析框架，从多中心性视角探索中国城市群发育状态，揭示中国城市群空间组织模式，为认识中国城市群的发育水平、演化过程与形成机制提供参考依据。

9.1 中国城市群基本概况

9.1.1 总体概况

基于城市群基本内涵和分析框架，本书共识别出规模不等、分布各异的15个城市群。截至2015年底，这15个城市群总面积大约是133.18km^2，占据我国陆地国土面积的13.87%。从社会经济指标上看，虽然城市群土地面积占比不到15%，但这15个城市群却集中了我国接近50%的常住人口、71.8%的地区生产总值、44.3%的第一产业增加值、80.3%的第二产业增加值、68.6%的第三产业增加值、57.2%的固定资产投资总额、63.7%的社会消费品零售总额、93.1%的进出口总额、79.1%的实际利用外资总额，是我国人口与经济活动集聚分布的重要承载区域（表9-1）。

从空间分布（图9-1）上，中国城市群主要集中东部沿海地区、中部重点经济区以及西部少数人口与经济集聚区，与中国的人口分布格局与经济空间格局是基本一致的。其中，共有6个城市群位于沿海地区，几乎所有沿海省份，均不同程度分布有城市群结构，自北向南包括辽中南、京津冀、山东半岛、长三角、海峡西岸及珠三角城市群。这些位于沿海地区的城市群，大多数为我国发育相对成熟的

表 9-1 2015 年中国城市群主要社会经济指标概况

地区	土地面积/万 km^2	年末常住人口/万人	地区生产总值/亿元	人均生产总值/(万元/人)	第一产业增加值/亿元	第二产业增加值/亿元	第三产业增加值/亿元	固定资产投资总额/亿元	社会消费品零售总额/亿元	进出口总额/亿美元	实际利用外资金额/亿美元
长三角城市群	11. 26	11 036	113 264	10. 26	3 170	49 121	60 799	58 424	40 127	12 201	544
珠三角城市群	5. 49	5 874	62 268	10. 60	1 120	27 146	34 001	20 049	21 145	9 756	256
京津冀城市群	10. 63	8 247	61 111	7. 41	2 464	22 837	35 684	40 303	24 428	4 747	383
成渝城市群	22. 45	9 669	43 435	4. 49	4 179	21 078	18 180	36 755	18 617	1 254	196
山东半岛城市群	10. 83	5 289	49 193	9. 3	3 132	23 704	18 817	33 666	20 854	2 026	143
中原城市群	5. 74	4 112	21 157	5. 15	1 437	10 828	8 588	19 167	8 123	659	108
海峡西岸城市群	6. 15	3 035	21 383	7. 05	1 324	10 941	9 118	16 470	9 092	3 349	71
辽中南城市群	9. 15	3 181	25 589	8. 04	1 818	12 196	11 638	16 159	11 132	865	49
环长株潭城市群	9. 76	4 135	23 391	5. 66	2 171	11 828	9 392	18 821	9 034	236	80
武汉城市群	5. 09	2 780	16 940	6. 09	1 371	7 909	7 661	15 063	8 026	340	82
关中平原城市群	5. 55	2 365	11 538	4. 88	951	5 487	5 110	13 288	5 233	286	42
江淮城市群	4. 48	2 498	13 854	5. 55	956	7 740	4 856	15 264	4 888	395	96
哈大齐城市群	15. 17	2 335	11 277	4. 83	1 679	4 542	4 943	6 678	5 628	120	45
北部湾城市群	6. 13	1 479	6 550	4. 43	966	2 805	2 779	6 459	2 544	440	9
晋中城市群	5. 31	1 219	5 058	4. 15	218	2 079	2 762	5 058	2 670	113	16
城市群合计	133. 18	67 255	486 010	7. 23	26 954	220 240	234 330	321 623	191 540	36 786	2 120
全国汇总	960	137 462	676 708	4. 94	60 863	274 278	341 567	562 000	30 0931	39 530	2 680

资料来源：根据 2016 年《中国城市统计年鉴》、相关省份统计年鉴以及各城市国民经济与社会发展统计公报，经作者整理汇总。由于数据缺失，辽中南城市群和哈大齐城市群人口数据均为户籍人口。

城市群，具有优良的自然环境本底、密集的人口和经济活动集聚，是我国经济发展最为发达的地区。而中部地区，除了江西省，其他省份均分布有规模不等的城市群结构，主要包括环长株潭、武汉、中原、江淮和晋中 5 个城市群。在西部地区，城市群的分布数量则相对较少，只有成渝、关中平原和北部湾 3 个城市群。而这 3 个城市群均是我国西部地区资源环境本底相对优越的地区，具有相对密集的人口和经济空间集聚。由此可见，资源环境基础对于城市群发育具有重要的约束作用。除此之外，就是位于我国最北部，以哈尔滨为核心的哈大齐城市群，也是中国城市群体系的重要组成部分。

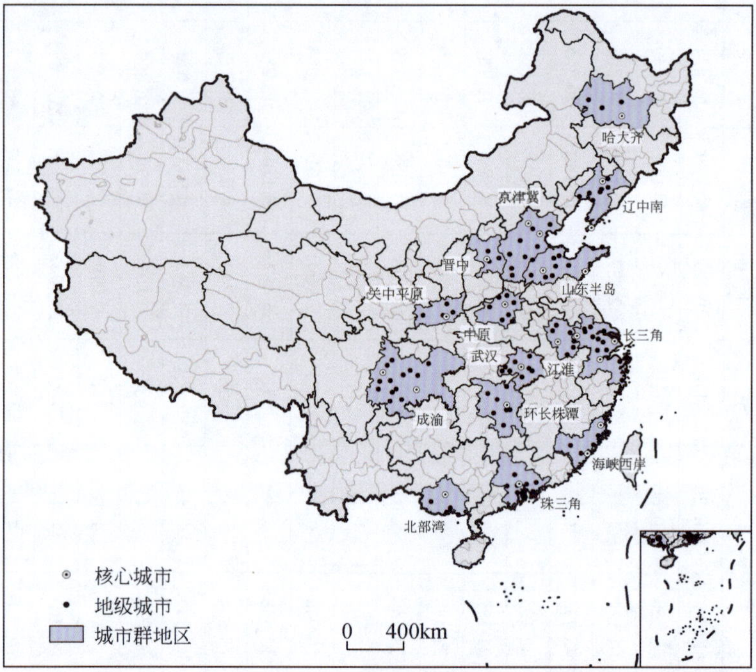

图 9-1　中国城市群空间分布

由于我国幅员辽阔，在自然本底、历史基础、社会经济、制度文化等方面存在明显的空间异质性，因此，中国城市群在规模等级、城镇化水平、经济发展阶段等方面，同样具有明显的差异。表 9-1 描述了中国城市群主要社会经济指标概况。综合中国各城市群的主要社会经济发展指标，大致可以将中国城市群划分为三个等级。其中，一级城市群包括长三角城市群、珠三角城市群和京津冀城市群，二级城市群包括成渝城市群、山东半岛城市群、中原城市群、海峡西岸城市群、辽中南城市群、环长株潭城市群和武汉城市群，三级城市群包括关中平原城市群、江淮城市群、哈大齐城市群、北部湾城市群和晋中城市群。

9.1.2 一级城市群

无论是从人口规模、经济规模还是经济发展水平，位于第一等级的长三角城市群、珠三角城市群和京津冀城市群均是中国最大的三个城市群。在指标上，2015 年，长三角城市群年末常住人口超过 1.10 亿人，地区生产总值 113 264 亿元，人均地区生产总值达到 10.26 万元，远远超过其他城市群，是当之无愧的中国第一大城市群。珠三角城市群的土地面积只有 5.49 万 km^2，但年末常住人口、地区生产总值却分别超过 5874 万人和 62 268 亿元，人均生产总值达到 10.60 万元，属于我国超高密度、强功能整合的人口、产业和经济集聚区。而京津冀城市群面积则超过 10.63 万 km^2，人口规模 8247 万人，但地区生产总值与前两者相比，却相对较弱，只有 61 111 亿元，人均生产总值达到 7.41 万元。

9.1.3 二级城市群

二级城市群共包含了 7 个城市群，属于我国具有明显发展潜力的城市群地区。基于社会经济发展水平，这 7 个城市群又可以大致分为两个类别。首先，第一类别的城市群为成渝城市群和山东半岛城市群，是仅次于长三角、珠三角和京津冀的高规模城市群，在人口规模、经济规模等方面同样具有明显优势。成渝城市群位于四川盆地，特殊的地理区位和地形地貌造就了相对独立的经济单元，也是西部地区少数的具有高密度人口分布和经济活动的城市集聚区。成渝城市群共包括 15 个城市，面积达到 22.45 万 km^2，是中国面积最大的城市群。同时，成渝城市群具有 9669 万的人口规模和 43 435 亿元的地区生产总值。而相对成渝城市群，山东半岛城市群的土地面积、人口规模等大约都有前者的一半左右，但其地区生产总值却超过前者，达到 49 193 亿元，人均生产总值达到 9.30 万元，仅次于长三角和珠三角城市群。整体而言，山东半岛城市群是我国人口和经济活动高度集聚区，属于整体经济发展水平相对较高的沿海地区城市群。

第二类别的城市群主要包括中原、海峡西岸、辽中南、环长株潭和武汉 5 个城市群，这 5 个城市群在土地面积、人口总量、经济规模等方面具有大致相当的规模体量。从主要指标上看，这 5 个城市群的人口规模大致集中在 3000 万 ~ 4000 万，经济规模大约在 2 万亿元，人均生产总值分布在 5 万 ~ 8 万元，均属于我国重要的城镇密集分布地区和具有明显发展潜力的城市群地区。其中，辽中南城市群和海峡西岸城市群属于我国沿海地区城市群，而中原城市群、环长株潭城市群和武汉城市群均位于我国中部地区的重点经济区。

9.1.4 三级城市群

相较于前两个等级城市群，第三等级城市群在规模体量、经济发展水平等方面具有一定程度的劣势，属于我国仍处于发育中的城市群地区，共包括关中平原、江淮、哈大齐、北部湾和晋中 5 个城市群。由于黑龙江省的城市行政面积普遍较大，哈大齐城市群虽然只有 4 个城市，但其整体行政面积却超过 15 万 km^2，仅次于成渝城市群，排在所有城市群的第二位，属于典型的地广人稀地区。而其他城市群的面积基本维持在 4 万 ~6 万 km^2，城市分布相对集中，人口密度相对较大。在人口规模、经济规模方面，这 5 个城市群大体相当，人口总量位于 1200 万 ~2500 万人、经济规模在 5000 亿 ~140 000 亿元，其中，关中平原、江淮和哈大齐城市群具有相对优势。

9.2 城市群空间组织分析框架

作为一个新的经济单元，城市群是由多个城市及其腹地在地理空间上集聚的产物。与全球城市区域和巨型城市区域相比，城市群是由两个及以上相互联系的城市系统组合而成，而不是单一的城市系统；城市群的形成是反身性多尺度经济整合的结果，是基于功能网络形成的具有明显内聚力的地域空间；城市群是由资本、信息、劳动力、贸易等在相邻的地理空间上流动所形成的连续的和相互联系的区域空间。毫无疑问，城市群是当前世界范围内城市化背景下显著的城市空间形态和过程。而其中，一个基础性的问题就是，城市群化的过程是一个由多个相对均衡的城市联合形成的？还是一个由强大的核心城市所驱动的（Schafran，2014，2015）？多中心结构理论为上述问题提供了重要的认知视角。

9.2.1 多中心研究综述

过去 20 多年，无论是学术界还是政府部门，多中心发展模式都得到了大量关注。在城市与区域研究中，多中心性成为一个高频词汇和流行的研究议题。作为一个去中心化集中的概念，通常，多中心性包含了形态和功能两个维度（Burger and Meijers，2012）。在以往的研究中，关于多中心性的解读更多是基于形态维度展开的，形态多中心强调特定地域空间内多个中心的相对均衡分布

(Meijers, 2008)。然而，随着全球化和网络社会的崛起，多中心性的研究逐渐开始转向关系维度，尤其是关注各中心间的功能联系，即功能多中心（Burger et al., 2014）。功能多中心的支持者开始宣称，在当前基于“流空间”的城市系统中，如果该地域内各中心不具备功能联系上的均衡分布，那么该地域就不能被认为是多中心的。

虽然很多文献在不同空间尺度上均提到多中心，如城市、都市区、城市区域、巨型城市区域、全球城市区域等（Kloosterman and Musterd, 2001; Scott, 2002; Hall and Pain, 2006; Taylor et al., 2008），但实际上，在不同场合，不同文献对多中心的定义、测度和解释是不同的。很多研究通过不同视角去测度不同空间尺度上的多中心结构，但目前在实证研究中仍有一些问题需要进一步解决。首先，以往关于多中心结构的文献更多关注单一城市体系，如都市区、城市区域或者巨型城市区域等单一城市功能地域系统，而忽视了由多个城市系统组合而成的城市群尺度；其次，当前关于多中心结构的实证研究，研究视角与途径仍显得相对零散和多元化，缺乏一个统一的分析框架去综合测度、分类、可视化和识别不同尺度多中心结构；此外，关于形态多中心和功能多中心更多是被当作两条独立的研究路径，统筹形态与功能视角的研究比较少，两者之间的关系仍有待于进一步揭示。因此，从方法论的角度，当前亟待建立一个统一的分析框架，能够将多中心结构的形态和功能维度关联起来，综合测度和识别不同空间尺度上的多中心结构，深化对多中心结构与社会经济效应内在交互作用的认知。

近年来，关于中国城市群多中心发展的实证研究开始出现，大部分的研究主要关注了中国最为发达的城市群，如长三角、珠三角等发达城市群，然而很少有研究对中国所有城市群的多中心结构发展进行系统性的全面分析。同时，就多中心性测度而言，当前研究主要是基于交通流（Liu et al., 2016）、企业组织（Zhao et al., 2017）以及创新网络（Li and Phelps, 2017）等视角展开的。作为其他要素流的基本载体，交通流对于刻画城市间功能网络具有重要价值（Xu, et al., 2017; Chen et al., 2018），已经成为测度不同尺度多中心性的常用指标。然而，需要注意的是，不同类别交通流具有其内在属性和结构特征，分别反映的是城市网络的不同侧面，因此，尤其需要甄别不同类型交通流本身的特殊性（陈伟等，2015a；陈伟等，2017）。航空运输主要承担长距离交通运输职能，具有逆向的空间依赖性，受地理空间约束比较小。在特定空间范围尺度内，空间距离越近的两个城市，它们之间的航空联系反而可能越弱。因此，航空流并不是城市群尺度内城市间客运联系的主要方式，并不适合作为反映城市群尺度空间关系的表征。铁路运输在中国客运交通体系中占有重要位置，但由于铁路运输受到国家发展战略和铁路线路规划等影响，城市间实际的铁路客流并不能完全反映最真实的城市关联性。例如，一些高铁线路仍处于规划和建设阶段，城市群内很多城市仍然脱离高铁网络。然而，公路交通是城市间客流运输的常见方式，具有普遍的覆盖率和相对的稳定性，几乎中国所有城市都具有公路客运。同时，公路客流主要承担短距离交通，具有明显的空间依赖性和距离衰减，是探索城市群尺度城市间功能联系的理想途径。

基于上述研究背景，本章试图统筹单中心与多中心、形态与功能维度，分析中国城市群多中心结构发育状态，揭示中国城市群空间组织模式。在测度方法上，本章发展了一套具有一般性的测度不同空间尺度形态多中心与功能多中心的分析框架，能够有效弥补现有研究中关于多中心结构测度与表达存在的缺陷，从而为综合测度、分类、可视化和识别不同空间尺度多中心结构提供方法论支撑。

9. 2. 2 一般性分析框架

正如很多文献中提到的，多中心结构主要包含形态和功能两个维度。一般而言，形态多中心主要考虑在特定地域范围内各中心的均衡分布，而功能多中心则强调特定空间范围内各中心间功能联系的相对均衡。在现有文献中，关于多中心结构的衡量方式并没有达成一致，测度方法也是多种多样。然而，就测度方法而言，现有的形态多中心测度普遍缺乏对不同中心空间位置性的考虑，而功能多中心也需要更加关注网络密度及其均衡性。因此，为弥补上述研究不足，本章试图发展一套能够综合探索不同空间尺度多中心结构的分析框架（图 9-2）。

探索城市或区域尺度的多中心空间结构，数据和方法是关键所在。正如在前面讨论的，多中心结构的形态维度测度途径强调地域内多个中心的绝对重要性或者规模分布的均衡性。一般而言，形态多中心应当包括两部分：①在个体分布维度上，各中心在特定区域内是均衡分布的；②在空间维度上，区域内各中心彼此间具有一定的地理距离，呈现分散式分布格局。基于上述考虑，本章使用一般均衡系数用来描述各中心的数值分布特征，同时引用空间分离指数用以刻画各中心的空间位置性。然后，结合一般均衡系数和空间分离指数，集成产生正式的形态多中心指数，从而满足上述标准。同时，形态多中心测度通常会使用节点度来表示各中心的“重要性”（或称“中心性”），节点度可以基于各种属性数据计算获取，如地区生产总值、人口数、就业数等指标。

功能途径与形态途径具有一定的相似性。一方面，功能多中心关注各中心的（统计学）均衡分布；另一方面，它同样强调特定地域内功能联系上的均衡性分布。值得提到的是，Green（2007）从社会网络视角将网络密度纳入多中心结构的分析模型中，用来表示某一区域内各节点在功能上的相互依赖程度，使得功能

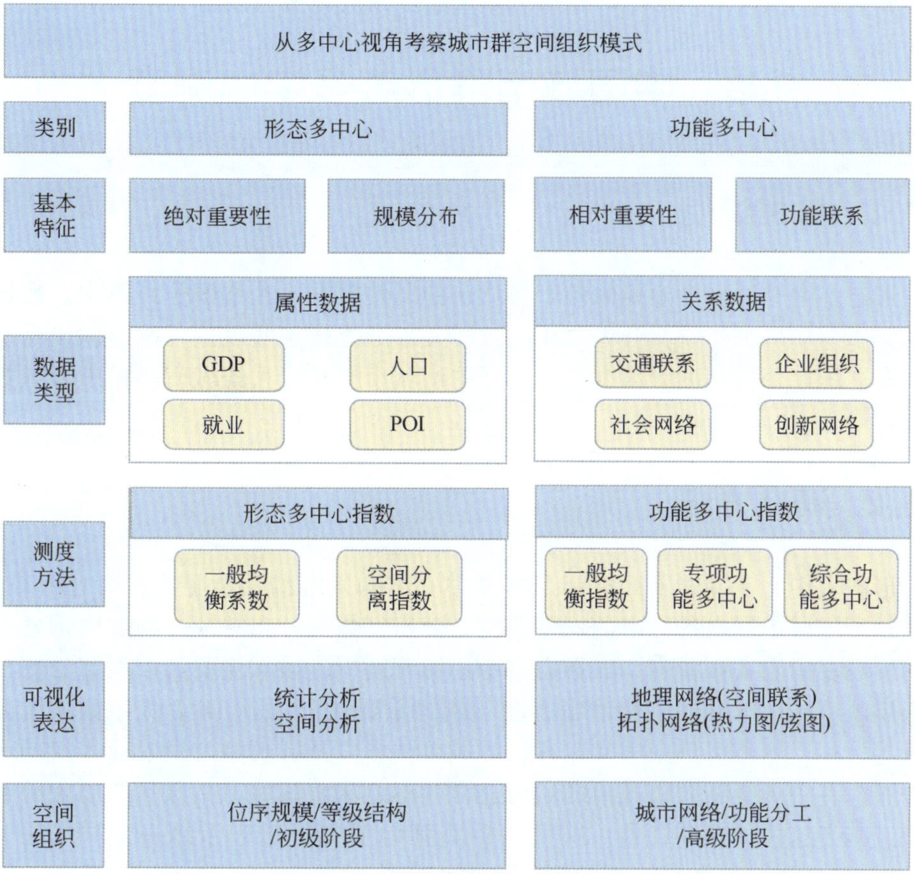

图 9-2 基于多中心视角探索城市群空间组织模式的一般性分析框架

多中心的定量测度得以实现。因此，这里主要借鉴 Green（2007）的功能多中心测度方法。首先，引入网络密度，将一般均衡系数与网络密度结合计算单一类型功能网络表征的专项功能多中心；其次，基于不同类型功能网络对应的专项功能多中心进一步计算考虑多种类型功能网络的平均多中心性，即综合功能多中心性；最后，引入修正系数，结合综合功能多中心性，生成最终正式的功能多中心指数。功能多中心的测度主要依赖于关系型数据，数据类型主要包括交通联系、企业组织、社会网络和创新网络等。

在对多中心结构进行定量化测度的基础上，利用统计与空间可视化表达技术，进一步刻画特定地域单元的形态多中心与功能多中心结构特征。具体而言，通过使用统计分析和空间分析来描述形态多中心，通过地理网络和拓扑网络分析来表达功能多中心，如热力图或者弦图等呈现方式。最后，基于多中心基本内涵和空间表现，深入剖析多中心结构的空间组织形式与形成机制。

9.3 中国城市群形态多中心测度

9.3.1 数据说明

形态多中心的测度主要依赖于各城市的属性数据。在本部分计算中，数据主要来源于《中国城市统计年鉴 2015》、相关省份统计年鉴以及各城市国民经济与社会发展统计公报。由于数据缺失，辽中南城市群和哈大齐城市群城市人口数据均为户籍人口。

9.3.2 研究方法

形态多中心是探索不同空间尺度多中心结构发育的最常见指标。在本章中，主要是利用城市群内各城市的规模属性，分析其数据分布特征，测度中国各城市群的形态多中心发育程度。在形态多中心的测度中，通常主要利用城市的规模属性来反映该城市本身具有的“中心性”或“重要性”，如 GDP、人口数或者就业人数等指标。但考虑到中国实际存在的城乡差异以及行政城市中农业人口的不均衡分布，一个具有高人口规模的城市通常并不意味着该城市一定具有庞大的经济规模。基于这样的现实背景，这里主要采用 GDP 指标来表示每一个城市的“中心性”，以此来计算各城市群的形态多中心指数。

针对任意一个城市群，首先计算区域内各城市中心性的标准差，用来描述该区域内各中心的均衡分布状况（Green，2007）。这里，具体将其定义为一般均衡系数，即

$$\mathrm{OEC}=1-\frac{\sigma_{\mathrm{obs}}}{\sigma_{\max}} \tag{9-1}$$

式中，OEC 表示任意一个城市群的一般均衡系数，数值分布区间是 0 ~ 1。当 OEC = 0 时，表示城市群内各中心之间处于绝对不均衡状态；当 OEC = 1 时，则表示区域内各中心处于绝对均衡状态；σ_{obs} 表示任意一个城市群内各城市中心性的标准差；$\sigma_{\max}$ 表示假定城市群中中心性的标准差，其中，一个节点的中心性为 0，另一个节点的中心性是该网络中的最大观测值。

然而，在以往的研究中，大多数关于形态多中心的测度更多考虑的是区域内各中心在统计上的数据分布特征，而忽视了各中心的空间位置性。假定特定区域中存在着多个中心，但这些中心在地理空间上是邻近的，甚至是紧密相邻分布

的，虽然在数据分布特征上，这类区域表现出“多中心化”的分布特征，但实际上它们并不具有形态上的多中心结构。因此，本章需要进一步考虑多中心结构的空间维度，即考虑区域内各中心的空间集聚与分散格局。在本章中引入了由 Midelfart-Knarvik 等（2002）提出的空间分离指数（也被称为维纳布尔斯指数），并将其纳入形态多中心指数的测度过程中，用来衡量城市群内各中心的空间集聚与分散格局。

空间分离指数主要用于刻画人口、经济或就业等属性在空间上的分散程度。如果区域内各中心在空间上越分散，则其对应的空间分离指数就越大（Pereira et al.，2013）。该指数的计算公式为

$$V=\boldsymbol{S}'\times\boldsymbol{D}\times S \tag{9-2}$$

式中，V 表示任意一个城市群的空间分离指数；S 表示 S_i 的一个列向量，S_i 对应的是城市 i 的中心性；$\boldsymbol{D}$ 表示距离矩阵，其中，D_{ij} 是指节点 i 与节点 j 之间对应的距离值；$\boldsymbol{S}'$ 是 S 的转置矩阵。

为了使空间分离指数在不同空间尺度和环境背景下具有可比性，这里进一步测算空间分离指数的理论最大值 $V_{\max}$，对其进行标准化，具体公式为

$$\mathrm{SSI}=\frac{V}{V_{\max}} \tag{9-3}$$

式中，SSI 表示标准化以后的任意一个城市群的空间分离指数；$V_{\max}$ 表示空间分离指数的理论最大值。假设各中心沿着其所对应区域的边界呈现出绝对地均匀分布时，这时，各节点间的空间分离程度最大，即对应理论上的最大值。当 SSI = 1 时，区域内各个中心在空间上呈现出最大程度的分离，各中心间的空间距离达到最大；当 SSI = 0 时，即意味着所有的“中心性”均集中在单独一个空间单元上。

于是，综合集成一般均衡系数与空间分离指数，最终提出形态多中心的测度方法，即为

$$\mathrm{MPI}=\mathrm{OEC}\times\mathrm{SSI} \tag{9-4}$$

式中，MPI 表示任意一个城市群的形态多中心指数；OEC 表示城市群的一般均衡系数；SSI 表示城市群的空间分离指数。

9.3.3 形态多中心发育特征

基于上述形态多中心测度方法，本章计算了中国全部 15 个城市群的形态多中心发育程度，具体结果如表 9-2 所示。从形态多中心指数来看，中国城市群形态多中心结构发育程度各异，与城市群的城市数量、人口规模、经济总量等并不存在明显的相关关系。从总体发育程度上，中国城市群形态多中心结构发育程度大致可划分为 4 个等级。

表 9-2　中国城市群形态多中心结构发育特征

位序	地区	城市数量	年末常住人口/万人	地区生产总值/亿元	形态多中心指数
1	山东半岛城市群	12	6 429	46 581	0.488
2	长三角城市群	16	11 018	106 024	0.478
3	成渝城市群	15	9 596	40 206	0.471
4	环长株潭城市群	8	4 106	21 600	0.424
5	中原城市群	8	4 172	19 981	0.416
6	海峡西岸城市群	6	3 008	19 706	0.398
7	江淮城市群	7	2 392	12 694	0.373
8	北部湾城市群	5	1 465	6 098	0.372
9	辽中南城市群	10	3 192	25 684	0.370
10	京津冀城市群	8	8 169	57 937	0.338
11	哈大齐城市群	4	2 634	13 081	0.335
12	晋中城市群	4	1 214	4 870	0.329
13	关中平原城市群	5	2 353	10 962	0.322
14	珠三角城市群	9	5 763	57 650	0.249
15	武汉城市群	6	2 746	15 771	0.238

数据来源：《中国城市统计年鉴2015》、相关省份统计年鉴以及各城市国民经济与社会发展统计公报。由于数据缺失，辽中南城市群和哈大齐城市群城市人口数据均为户籍人口

在中国所有城市群中，形态多中心结构发育程度最好的分别是山东半岛城市群、长三角城市群和成渝城市群3个城市群，这3个城市群处于第一等级，三者的形态多中心指数均在0.471～0.488。从城市群构成上看，这三个城市群均属于中国城市群中城市分布数量较多的城市群，分别包含了12个、16个和15个地级以上城市，同时在人口规模、经济规模上具有明显优势。其中，山东半岛城市群的形态多中心发育程度最高，在该城市群内，城市间的规模体量分布差距相对较小，青岛、济南、烟台、潍坊等是区域内重要的中心城市，具有较高的人口与经济规模，而其他城市的地区也具有相对较好的规模体量。而长三角城市群是我国经济发展程度最好的城市群之一，上海、南京、杭州、苏州、无锡等城市均具有极强的经济实力，其他城市同样具有相对不错的经济规模，各城市间整体差距相对较小。在成渝城市群中，成都和重庆是绝对的核心城市，同时在地理空间上彼此分离，其他城市如德阳、绵阳也是重要的区域中心城市。

在形态多中心发育中，处于第二梯队的是环长株潭城市群、中原城市群和海峡西岸城市群，这三个城市群在城市数量、人口规模与经济体量等方面具有一定的相似性，形态多中心指数均分布在0.398～0.424。在城市数量上，这三个城市

群分别包含了 8 个、8 个和 6 个地级以上城市，城市分布相对集中；同时，三个城市群的地区生产总值基本在 2 万亿元左右，具有大体相当的经济规模；而人口总量方面，环长株潭城市群、中原城市群的人口总量略大于 4100 万人，而海峡西岸城市群人口数量只有 3000 万人。

位于第三层级的是江淮城市群、北部湾城市群和辽中南城市群，这 3 个城市群表现出相对低水平的多中心结构发育形态，三者的形态多中心指数较为接近，均维持在 0. 37 左右。从城市群空间结构看，辽中南城市群以沈阳、大连为核心城市，其他城市规模体量大体相当，同时，沈阳和大连在空间上呈现出明显的分散分布，因此表现出一定程度的多中心结构发育特征。而江淮城市群和北部湾城市群分别以省会城市为中心，但其他城市与省会城市的发展差距并没有那么大，因此，城市群表现出一定的多中心结构发育形态。就经济规模和人口总量而言，在这 3 个城市群中，辽中南城市群具有明显优势，地区生产总值约达到 2. 5 万亿元，人口规模接近 3000 万人，其次是江淮城市群，相对较弱的是北部湾城市群。

最后，除了上述城市群，剩下 6 个城市群的形态多中心发育程度普遍较低，甚至有些城市群表现出明显的单中心发育特征。京津冀城市群是中国最大的城市群之一，具有非常高的人口与经济总规模。但从城市群空间结构上看，城市群内部差异过大，除了北京、天津以外，其他城市与前两者相比，在规模等级上具有明显的差距。同时，虽然京津二市是区域内经济实力绝对领先的中心城市，但这两个城市空间邻近，导致城市群并未在形态上表现出明显的多中心结构。因此，京津冀城市群的形态多中心结构发育并不明显。同样，珠三角城市群也具有较高的人口规模、经济规模，但在城市群内部，广州、深圳是经济实力最强的两个中心城市，而其他城市的规模体量与前两者相比，具有明显的劣势，肇庆和清远的地区生产总值仅相当于广州、深圳的十分之一。总体而言，珠三角城市群内部空间极化现象较为明显，区域发展呈现出不均衡状态，因此，在形态上具有明显的单中心结构。而其他城市群同样均表现出一定程度的形态单中心结构，包括关中平原城市群、武汉城市群、哈大齐城市群和晋中城市群，这些城市群均表现出较高的城市首位度，省会城市往往是区域内集政治、经济、文化等多功能为一体的中心城市，而其他城市的规模体量则普遍相对较小。

9. 4 中国城市群功能多中心测度

9. 4. 1 数据说明

功能多中心强调功能维度，其测度主要依赖于关系型数据。为全面客观地刻画功能多中心结构，本章主要采用城市间复合交通联系作为交通流的参量替代，以此来分析中国城市群功能多中心结构的发育状况。具体而言，汽车客运班次数据主要来源于车次网（http://www. checi. cn/），并结合中国公路客票网、各省市公路客票网、携程网和畅途网等官方商业服务网站进行交叉检验、人口修正，以确保数据的完备性和科学性。高铁数据主要来源于政府官网实际开通情况。最后，通过数据清理和重构，建立城市间关联矩阵，为功能多中心的测量提供数据基础。

9.4.2 研究方法

相较于形态多中心，功能多中心同样强调区域内各中心的均衡分布。此外，功能多中心更加关注基于流和网络表征的功能联系的均衡分布。因此，关于功能多中心的测度，实际上更多是基于流与网络展开的。

在上一节，一般均衡系数已经被引入用来评估一个区域内城市中心性的相对均衡性。这里，仍然采用一般均衡系数来计算区域内各中心的均衡分布状况。具体公式为

$$\mathrm{OEC}=1-\frac{\sigma_{\mathrm{obs}}}{\sigma_{\max}} \tag{9-5}$$

式中，OEC 表示任意一个城市群的一般均衡系数，数值分布区间是 0 ~ 1。当 OEC=0 时，表示区域内各中心处于绝对不均衡状况；当 OEC=1 时，表示区域内各中心处于绝对均衡状态。σ_{obs}表示区域内所有市全部中心性（入度或出度）的标准差。$\sigma_{\max}$ 表示假定的 2-节点网络中全部中心性（入度或出度）的标准差，在该 2-节点网络中，一个节点的中心性为 0，另一节点的中心性是网络中的最大观测值。每一个城市的入度和出度可以分别通过城市节点间的进入流和发出流计算获得。

如果一个区域具有功能多中心性，则意味着该区域内城市彼此间具有功能上的相互联系。因此，网络密度成为度量功能多中心的关键指标。对于加权有向网络，网络密度 Δ 的计算公式为

$$\Delta=\frac{L}{L_{\max}} \tag{9-6}$$

式中，Δ 表示网络密度；L 表示区域内全部的实际联系量；$L_{\max}$ 表示全部联系量的理论最大值。一般而言，$L_{\max}$ 并不容易计算，这里主要利用每一个城市群的总人口规模来估计并推断该区域内潜在的最大联系量。

于是，用于表征单一功能网络的专项功能多中心性可以被定义为

$$P_{SF}(N)=\mathrm{OEC}\times\Delta \tag{9-7}$$

式中，P_{SF}表示网络 N 中 F 功能的专项功能多中心性；OEC 表示网络 N 的一般均衡系数。当城市间不存在任何联系时，表示城市间并不具有功能上的联系，这时，专项功能多中心则为 0。

基于专项功能多中心性，进一步计算同一地理空间内多种功能网络共同表征的平均多中心性，即为综合功能多中心性：

$$P_{GF} = \sum_{n=1}^{n} P_{SF}(N_1, N_2, \cdots, N_n)/n \tag{9-8}$$

式中，$P_{GF}(N_1, N_2, \cdots, N_n)$表示功能网络；$N_1$，$N_2$，…，$N_n$ 表示综合功能的多中心性；$P_{SF}(N_1, N_2, \cdots, N_n)$表示网络 N_1，N_2，…，N_n 分别对应的专项功能多中心性；n 表示网络的数量。在本章中，通过结合进入流和发出流的功能网络生成平均的多中心性。

但在现实中，当将多种功能网络放到一起时，可能会发生功能上的单中心网络由于和其他功能网络互补而形成功能上的多中心系统。因此，需要进一步考虑纳入修正系数：

$$\varphi = 1 - \sigma_{\mathrm{OEC}} \tag{9-9}$$

式中，φ 表示补充修正系数；σ_{OEC}表示一般均衡系数的标准差。

基于上述步骤，最终，功能多中心性可以被正式定义为

$$\mathrm{FPI} = P_{GF} \times \varphi \tag{9-10}$$

式中，FPI 表示任意一个城市群的功能多中心指数；P_{GF}表示城市群的综合功能多中心性；φ 表示补充的修正系数。

9.4.3 功能多中心发育特征

基于功能多中心测度方法，本章计算了中国全部 15 个城市群的功能多中心结构发育程度，具体结果如表 9-3 所示。整体而言，中国城市群功能多中心结构发育程度具有显著的地域差异，与城市群的城市数量、人口规模、经济总量等并不存在显著的相关关系。相对于形态多中心结构，中国城市群功能多中心结构发育程度的区域差异更大，城市群间功能多中心指数分布分散，彼此间差异巨大。从功能多中心指数看，长三角城市群是多中心性发育程度最高的城市群，其功能多中心指数达到 0.630，而多中心性发育程度最低的哈大齐城市群，其功能多中心指数仅为 0.043，两者相差了 10 倍以上。依据功能多中心指数，中国城市群功能多中心结构发育程度可大致划分为四个等级。

表 9-3　中国城市群功能多中心结构发育特征

位序	地区	城市数量/个	年末常住人口/万人	地区生产总值/亿元	功能多中心指数
1	长三角城市群	16	11 018	106 024	0.630
2	海峡西岸城市群	6	3 008	19 706	0.430
3	珠三角城市群	9	5 763	57 650	0.356
4	辽中南城市群	10	3 192	25 684	0.215
5	环长株潭城市群	8	4 106	21 600	0.215
6	中原城市群	8	4 172	19 981	0.200
7	成渝城市群	15	9 596	40 206	0.173
8	北部湾城市群	5	1 465	6 098	0.172
9	山东半岛城市群	12	6 429	46 581	0.160
10	京津冀城市群	8	8 169	57 937	0.144
11	江淮城市群	7	2 392	12 694	0.137
12	武汉城市群	6	2 746	15 771	0.137
13	关中平原城市群	5	2 353	10 962	0.124
14	晋中城市群	4	1 214	4 870	0.069
15	哈大齐城市群	4	2 634	13 081	0.043

资料来源：《中国城市统计年鉴 2015》、相关省份统计年鉴以及各城市国民经济与社会发展统计公报。由于数据缺失，辽中南城市群和哈大齐城市群城市人口数据均为户籍人口

首先，中国城市群功能多中心结构发育程度最高的是长三角城市群、海峡西岸城市群和珠三角城市群，功能多中心指数分布区间在 0.356～0.630，明显大于其他城市群。从城市群基本属性上看，长三角城市群、珠三角城市群和海峡西岸城市群均位于我国沿海地区，分别包括了 16 个、9 个和 6 个地级以上城市，城市空间分布集中，是我国沿海地区人口与经济活动集聚地区。其中，长三角城市群人口总量达到 11 018 万人、经济规模达到 106 024 亿元，是我国规模最大的城市群。而珠三角城市群和海峡西岸城市群，虽然在土地面积、规模体量方面，无法和长三角城市群相比，但该区域内城市经济发展水平普遍较高，城市间经济联系密切，区域内城市网络发育相对较好，具有明显的内聚力。单就功能多中心指数看，长三角城市群是中国城市群功能多中心发育水平最高的城市群，远超其他城市群。其次，海峡西岸城市群、珠三角城市群同样具有较高程度的功能多中心发育形态。

处于中国城市群功能多中心发育水平第二梯队的是辽中南城市群、环长株潭城市群和中原城市群，这三个城市群的功能多中心性维持在 0.200～0.215，具有一定的功能多中心发育形态。从规模体量上看，这三个城市群相差不大，均属于

中等规模体量的城市群，人口规模集中在 3000 万 ~ 4200 万人，经济规模大致维持在 1.9 万亿 ~ 2.6 万亿元。其中，辽中南城市群以沈阳、大连为南北方向上的核心，连同周边的中小城市，共同构成了紧密联系的区域结构。中原城市群共包括了以郑州为中心的 8 个城市，是我国中部地区重要的人口与经济集聚区；在地域文化上，该区域同样具有强烈的内部凝聚力，是中原经济区的核心结构。而环长株潭城市群是我国政府最早推动发展的城市群空间，在政策实施等方面积累了较多的发展经验，具体是以长沙、株洲和湘潭为核心，与周边的其他城市构成的省域单元内部的城市集聚体。

除了上述六个城市群，其他城市群的功能多中心发育程度普遍有限。其中，位于第三等级的是成渝城市群、北部湾城市群和山东半岛城市群，功能多中心指数分布在 0.160 ~ 0.173，具有一定的功能联系，但整体水平相对较弱，表现出一定程度的功能单中心状况。其中，山东半岛城市群和成渝城市群均属于我国区域中重要的经济空间，是我国人口与经济活动密集分布的区域，但从功能维度看，这两个城市群的城市网络发育存在不均衡发展，体现为以区域中心城市为核心的极化态势。而北部湾城市群仅包括了 5 个城市，以南宁为核心形成邻海城市群，但在规模体量上相对较小。

最后，其余城市群属于中国功能多中心结构发育最弱的城市群，表现出不同程度的功能单中心结构，在城市群地域空间上的集聚与极化效应较为明显。从指标上看，该类别城市群的功能多中心指数均在 0.15 以下，哈大齐城市群甚至低于 0.05，空间极化现象显著。其中，京津冀城市群的人口规模、经济规模均在中国全部城市群中排名前列，但从功能联系上，京津冀城市群内部城市间并未显示出紧密的经济联系，而是在空间结构表现出一定程度的以北京为核心的功能单中心空间组织形态。而其他城市群，如关中平原城市群、武汉城市群、晋中城市群和哈大齐城市群，与形态多中心发育水平类似，在功能上同样表现出明显的单中心发育结构。

9.5 中国城市群空间组织模式

9.5.1 城市群空间类型划分

基于城市群空间组织分析框架，本章通过形态多中心指数和功能多中心指数刻画中国 15 个城市群的空间结构，具体结果如表 9-2 和表 9-3 所示。总体而言，中国城市群形态多中心与功能多中心结构呈现出明显的差异，功能多中心性的变化幅度明显高于形态多中心性。从形态维度看，山东半岛城市群、长三角城市群和成渝城市群属于形态多中心结构发育的第一等级（形态多中心指数均超过0.470），而京津冀城市群、哈大齐城市群、晋中城市群、关中平原城市群、珠三角城市群和武汉城市群显示出较低水平的形态多中心性（形态多中心指数低于0.340）。然而，从功能维度看，长三角城市群是功能多中心结构发育最好的城市群，海峡西岸城市群和珠三角城市群同样具有较高的功能多中心性发育水平，仅次于长三角城市群。同时，形态多中心性与功能多中心性之间并不存在明显的相关关系，两者的相关系数仅为0.32，也表明中国城市群形态多中心性与功能多中心性之间存在着一定程度的空间不匹配现象。换句话说，一个具有较高形态多中心性的城市群，并不一定意味着该城市群同样具有较高的功能多中心性，反之亦然。

为廓清不同城市群的空间差异性和相关性，本研究利用二维象限图划分中国城市群形态多中心性和功能多中心性的关系类型。具体结果如图9-3所示，为显示出不同城市群的内部差异，每一个城市群的人口规模、经济规模属性同样被映射到图中，其中，圆点的大小表示的是经济总量，颜色的深浅显示的是人口规

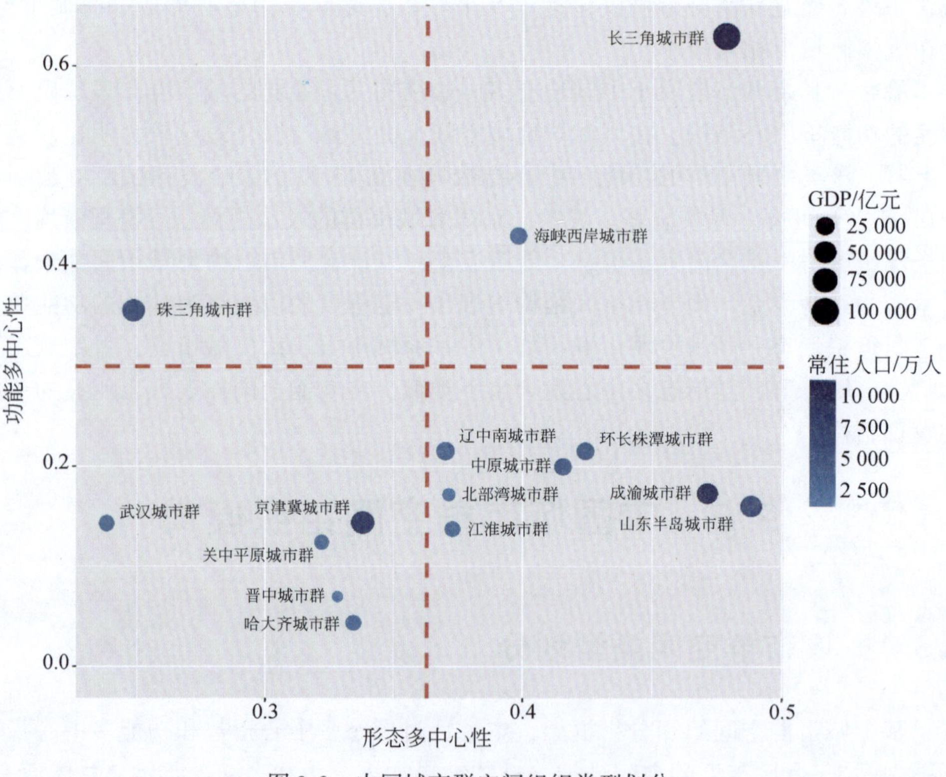

图9-3 中国城市群空间组织类型划分

模。同时，根据形态多中心指数和功能多中心性指数的范围，分别取各自数值范围的平均值作为分割线，将中国城市群多中心结构类型划分为四个象限，分别对应中国城市群空间组织模式的四种类型。其中，右上象限对应的是具有形态多中心—功能多中心的城市群（共有 2 个），左上象限对应的是具有形态单中心—功能多中心的城市群（共有 1 个），左下象限对应的是具有形态单中心—功能单中心的城市群（共有 5 个），右下象限对应的是具有形态多中心—功能单中心的城市群（共有 7 个）。在这四种空间组织模式中，大部分城市群表现出功能维度上的单中心发育结构，而城市群在形态维度上的分布则相对分散。

基于上述分类结果，综合集成地理网络与拓扑网络的可视化技术，进一步分析中国四种类型城市群的空间特征。具体而言，地理网络主要用于描述城市群内城市的规模分布和空间联系特征，而拓扑网络（热力图）将主要用于刻画城市群内城市空间关联的拓扑结构和集聚形态。

9.5.2 形态多中心—功能多中心

多中心性包含了形态和功能两个维度。在所有中国城市群中，只有 2 个城市群，同时具有明显的形态多中心性和功能多中心性，即为长三角城市群和海峡西岸城市群。在此类别中，城市群同时具有规模分布和功能网络上的均衡特征。对于具有多中心发育模式的城市群，地域系统往往包含多个相对均衡的中心城市作为经济引擎，依托于发达的基础设施网络，形成紧密的空间联系和功能网络，与周边中小城市进行有效、便捷的资源共享、要素流动、劳动分工和经济合作。

图 9-4 分别描述了该类型上述两个城市群的规模分布与功能网络特征。整体而言，长三角城市群、海峡西岸城市群均在形态和功能维度上表现出明显的去中心化集中的空间格局，不同城市的规模等级相对均衡，同时在功能联系上也呈现出网络化发展态势，显示出一定程度的形态—功能多中心结构发育特征。长三角城市群是中国经济发展水平最高、最具有经济竞争力的城市群之一。在该城市群内，城市间的社会经济发展差异相对较小，长期以来，区域内产业分工和合作不断深化，城市网络化发展趋势明显。毫无疑问，上海是具有全球意义的大都市，而区域内其他城市，如南京、杭州、苏州、无锡、宁波等，同样具有显著的经济竞争力和区域辐射力，这些城市共同推动了区域功能整合过程。相对于长三角城市群，海峡西岸城市群的多中心结构发育水平稍弱一些，但仍属于形态—功能多中心结构。在海峡西岸城市群内，福州、厦门和泉州均为具有相对均衡实力的中心城市，以及一定强度的社会经济活动与联系，在整体上表现出中等水平的形态—功能多中心结构发育特征。

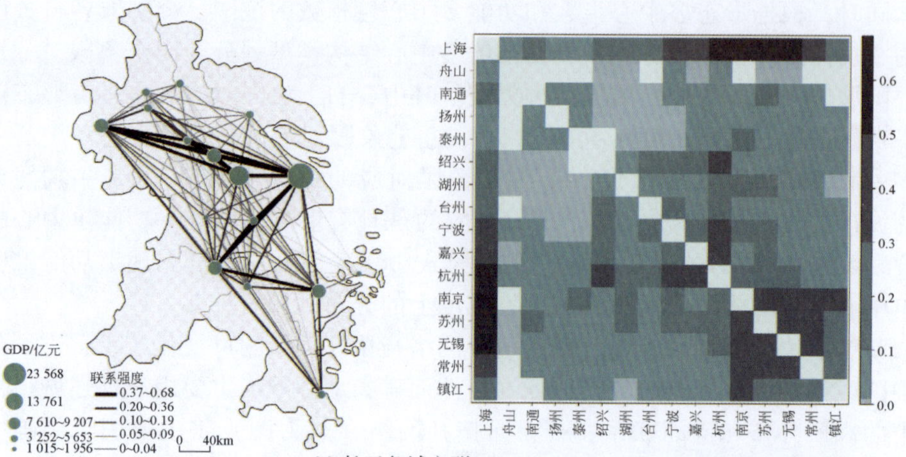

(a) 长三角城市群

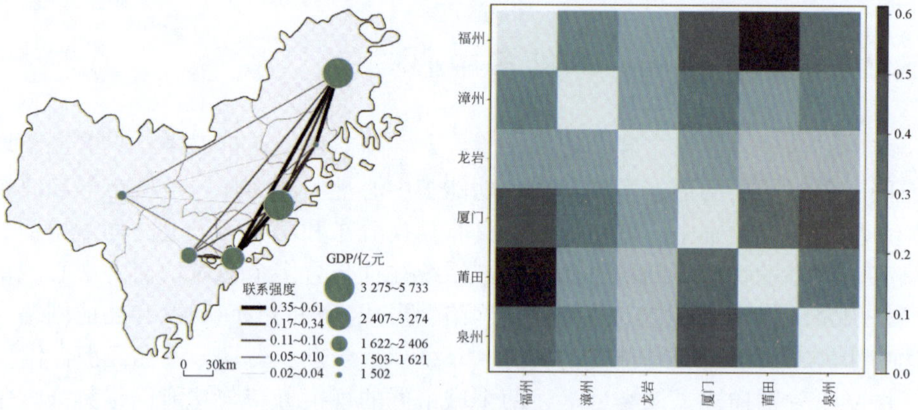

(b) 海峡西岸城市群

图 9-4 形态多中心—功能多中心城市群的规模分布与功能网络

资料来源：公路客运班次和高铁班次数据分别来源于车次网和中国铁路客户服务中心（2014 年）；GDP 数据来源于 2016 年《中国城市统计年鉴》

9.5.3 形态单中心—功能多中心

由中国所有城市群的形态和功能多中心指数可知，形态多中心性与功能多中心性并不具有明确的相关关系，两者分属于不同的维度。形态多中心性关注规模分布，而功能多中心性则与区域中的流和网络有关。由不同中心间的经济互补性所产生的联系和流的均衡分布，是功能多中心区域的基本特征。然而，一个具有功能多中心的区域并不一定意味着同样具有形态上的多中心结构。

在中国，珠三角城市群就是该类型的城市群，虽然珠三角城市群具有显著的功能多中心性，但其形态多中心性却很低。自从 20 世纪 80 年代的改革开放，珠三角地区快速进入了工业化和城市化进程，成为我国最具活力的经济区域之一。从功能维度看，在珠三角城市群内，各城市间已经形成了较为成熟的功能网络和合作机制（图 9-5），城市群内各城市普遍参与到生产网络和价值链，基本显示出相对均衡的城市网络发育形态，因此，珠三角城市群在整体上具有很高的功能多中心结构发育程度。但在该区域内，却同样存在着显著的区域发展差距，不同城市间的人口规模、经济规模差异巨大。广州和深圳是珠三角城市群的门户城市和经济中心，周边的地级城市同样具有较好的经济表现，但相对于广州、深圳的“一枝独秀”，其他城市的规模等级则显得相对较弱。例如，广州和深圳的地区生产总值达到 1.6 万亿元以上，而清远的地区生产总值仅为 1845.06 亿元，两者相差了近 9 倍以上。同时，其他社会经济指标的分布格局同样显示出一定相似性。

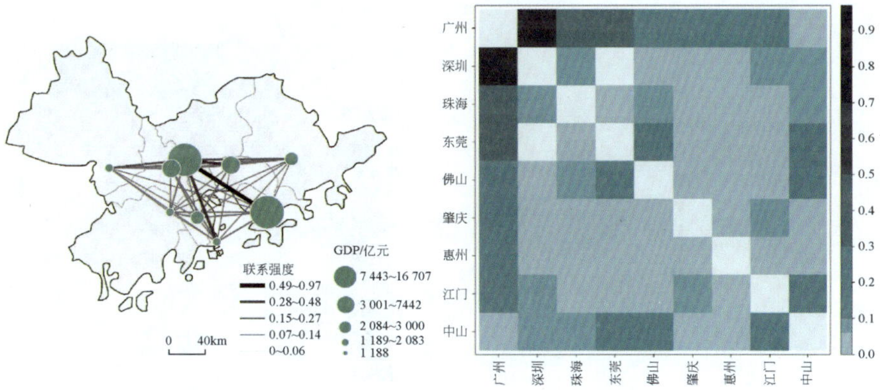

图 9-5　形态单中心—功能多中心城市群的规模分布与功能网络

资料来源：公路客运班次和高铁班次数据分别来源于车次网和中国铁路客户服务中心（2014 年）；GDP 数据来源于 2016 年《中国城市统计年鉴》

9.5.4　形态单中心—功能单中心

单中心区域系统往往以“单独城市”作为核心引擎，表现出一定程度的核心-边缘结构。形态—功能单中心城市群在规模分布和功能联系方面均呈现出不均衡状态，共有 5 个城市群被划分为该类别，包括京津冀城市群、武汉城市群、关中平原城市群、晋中城市群和哈大齐城市群。图 9-6 显示了上述五个城市群的规模分布和功能网络。总体而言，这五个城市群表现出不同程度的不均衡发展状态，城市群内部城市规模等级差距较大，城市间功能联系主要指向中心城市，具有明显的空间集聚现象。

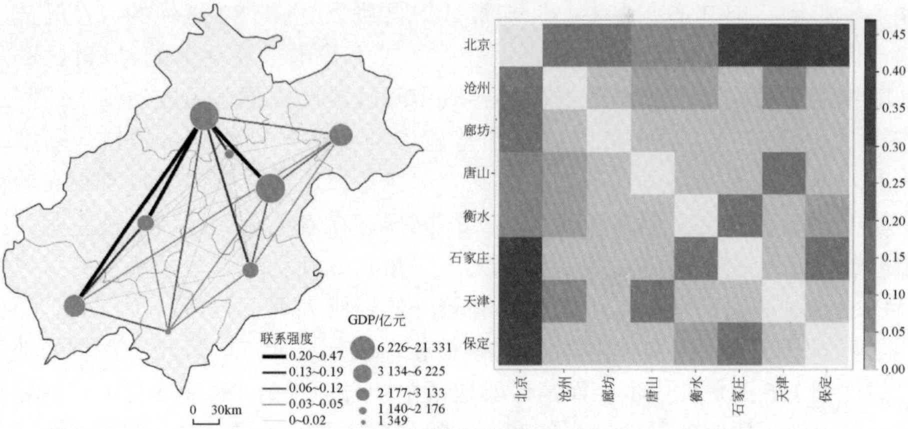

(a) 京津冀城市群

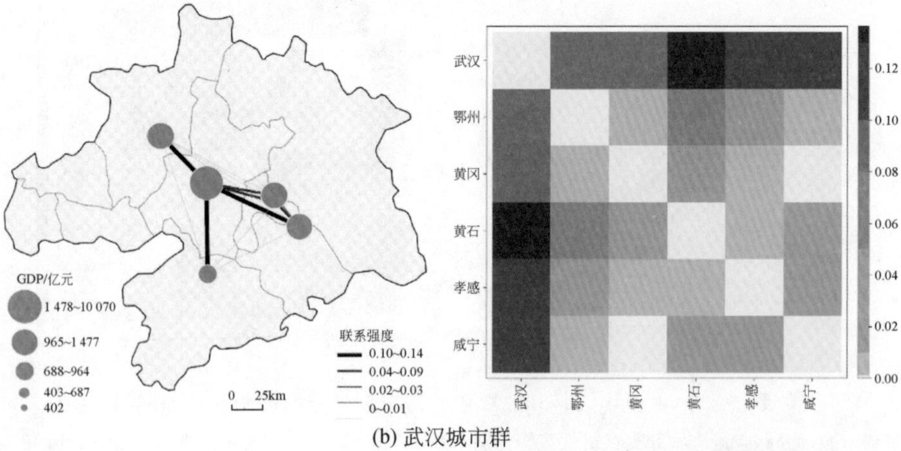

(b) 武汉城市群

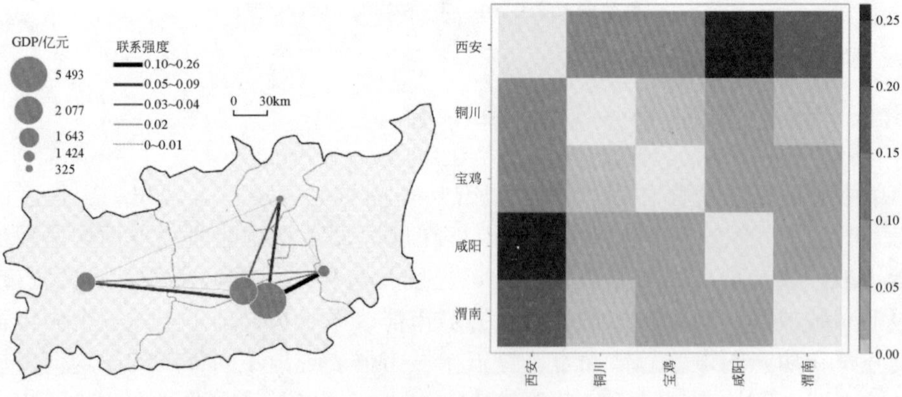

(c) 关中平原城市群

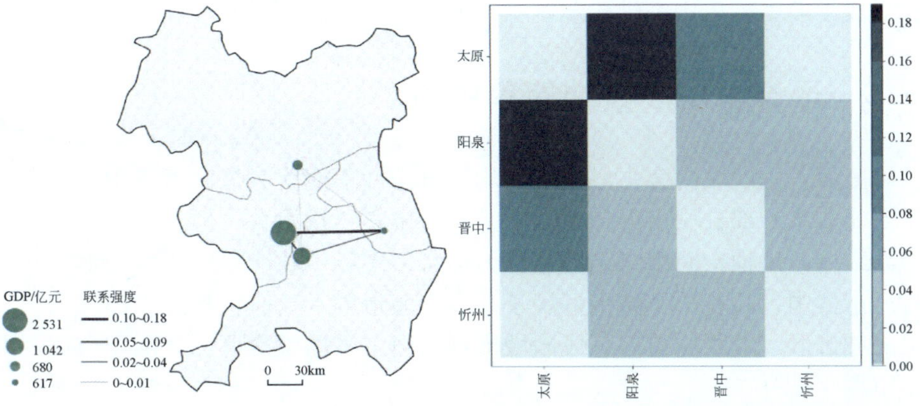

(d) 晋中城市群

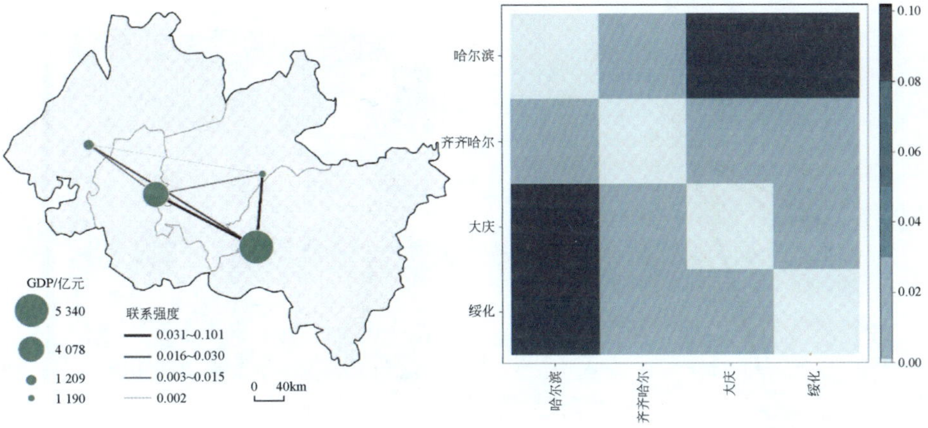

(e) 哈大齐城市群

图 9-6 形态单中心—功能单中心城市群的规模分布与功能网络

资料来源：公路客运班次和高铁班次数据分别来源于车次网和中国铁路客户服务中心（2014 年）；GDP 数据来源于 2016 年《中国城市统计年鉴》

京津冀城市群以北京、天津为中心，并包含周边的 6 个城市，具有庞大的人口和经济基础。然而，区域内产业分工和合作体系却并未建立，北京在整个区域系统占据绝对的主导地位。同时，受限于各种因素，北京、天津和河北的发展差距仍在不断扩大，不均衡发展现状进一步阻碍区域经济整合。武汉城市群是中部地区重要的城市群，武汉是区域内绝对的核心引擎，其他周边中小城市普遍发育较弱，在人口与经济规模上与前者无法相比，共同构成了典型的单中心空间组织结构。关中平原城市群仅包括了五个城市，以西安为中心城市，同咸阳、宝鸡、渭南和铜川等城市共同构成具有明显单中心结构的城市群。晋中城市群和哈大齐城市群均属于城市数量较少的城市群，分别以各自省会为核心，其他城市发育较弱，形成了典型的单中心结构。

9.5.5 形态多中心—功能单中心

一般而言，区域内各中心规模的均衡分布并不能代表该区域各中心间同样存在着功能联系。部分城市群在形态上具有多中心结构发育，但在功能上却可能是单中心结构，这种空间组织结构被称为形态多中心—功能单中心城市群。在中国所有城市群中，共有 7 个城市群属于此类别城市群，具体包括辽中南城市群、环长株潭城市群、中原城市群、成渝城市群、山东半岛城市群、江淮城市群和北部湾城市群（图 9-7）。

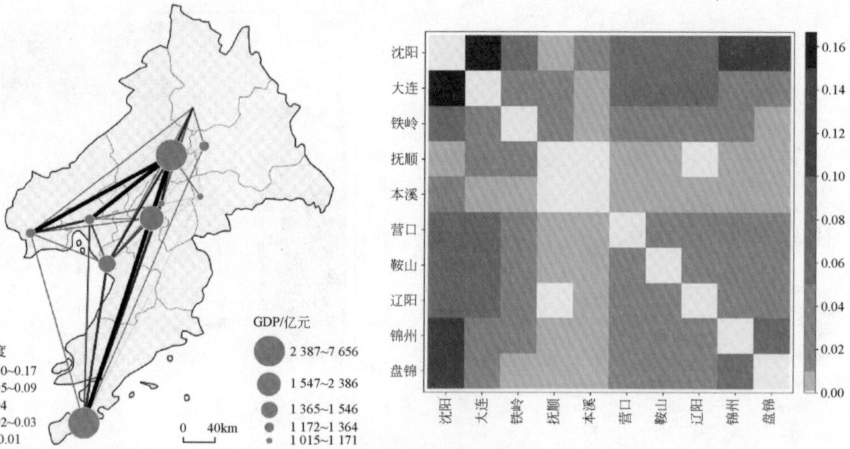

(a) 辽中南城市群

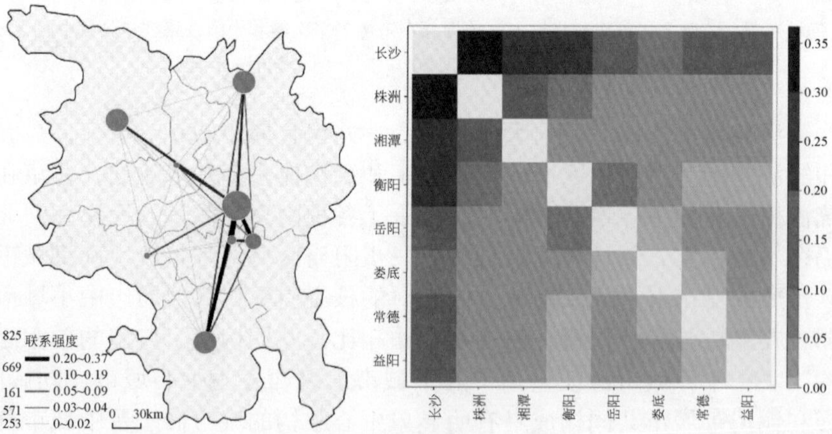

(b) 环长株潭城市群

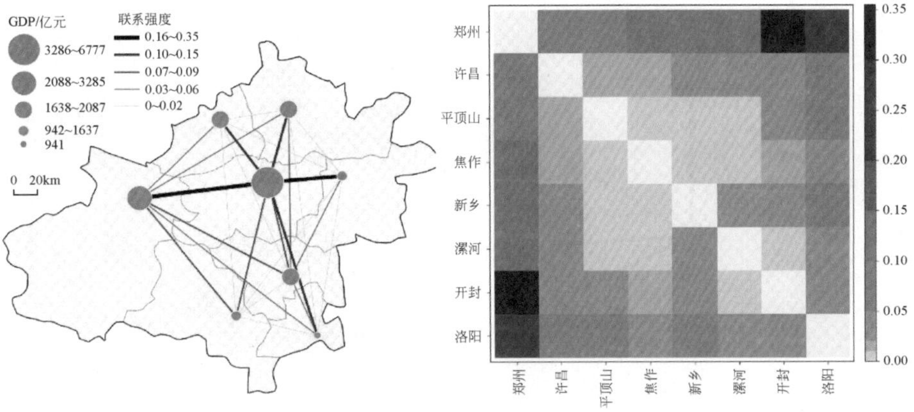

(c) 中原城市群

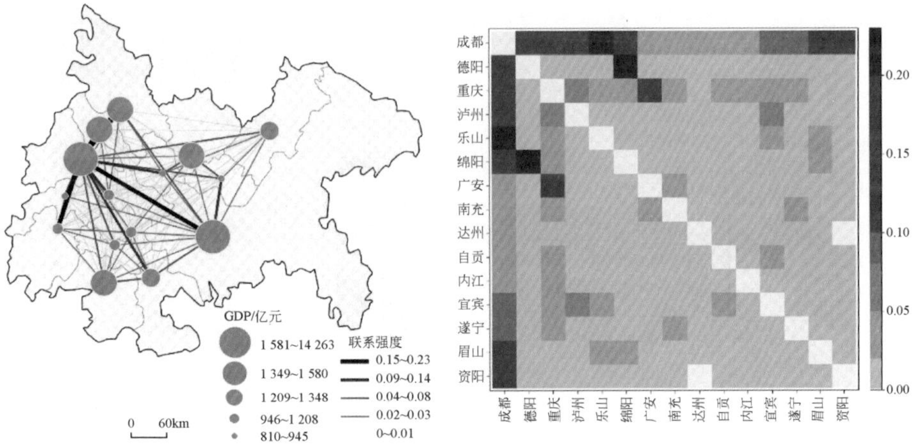

(d) 成渝城市群

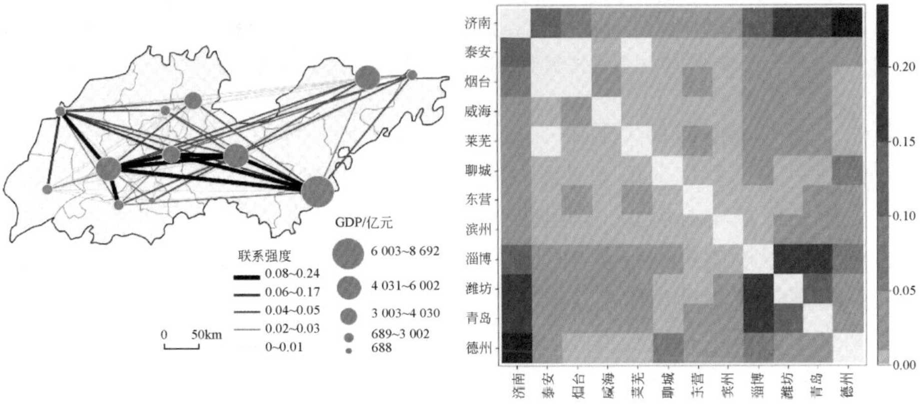

(e) 山东半岛城市群

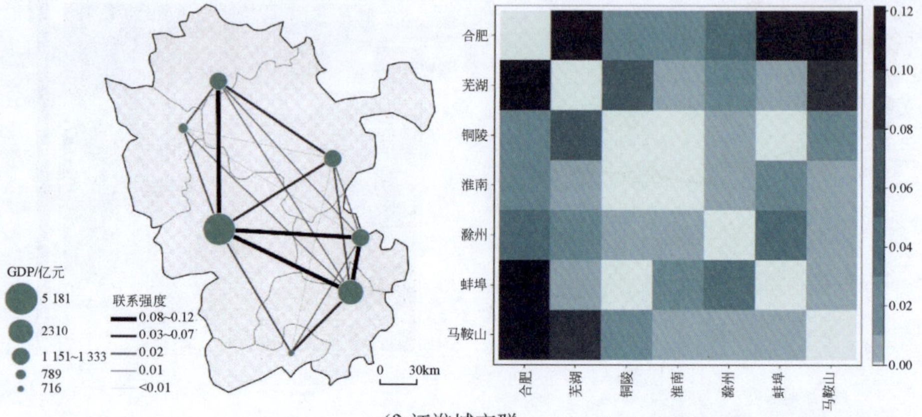

(f) 江淮城市群

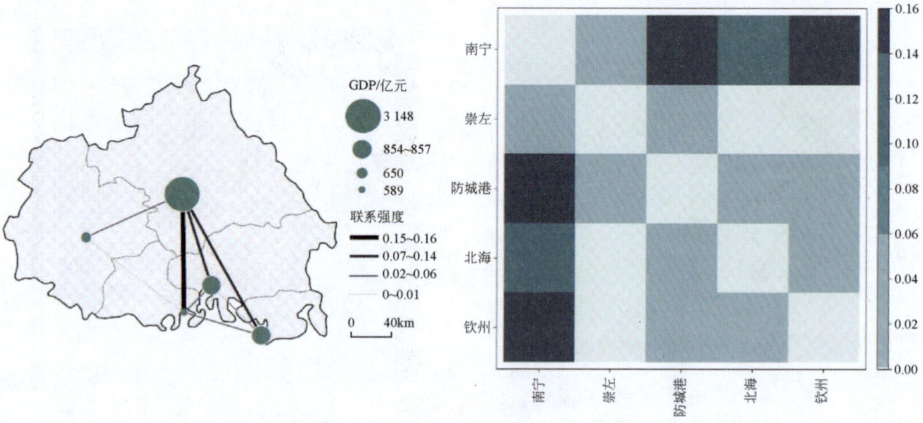

(g) 北部湾城市群

图 9-7 形态多中心—功能单中心城市群的规模分布与功能网络

资料来源：公路客运班次和高铁班次数据分别来源于车次网和中国铁路客户服务中心（2014 年）；GDP 数据来源于 2016 年《中国城市统计年鉴》

其中，成渝城市群和山东半岛城市群均属于规模体量超大的城市群，在我国城市群体系中占据着重要的地位。成渝城市群是我国西部地区最重要的城市群，成都、重庆是区域中心城市，其他城市在规模体量上相对接近，因此，成渝城市群内各城市在规模体量上波动相对较小，表现出较强的形态多中心性。然而，从功能联系上看，成渝城市群的城市网络多集中在成都、重庆两个中心城市，其他城市在网络中的角色和地位并不凸显，整体的网络密度也相对较低，因此，成渝城市群的功能多中心性有待于进一步发育。山东半岛城市群共包含了省域单元内 12 个城市，是整体经济发展水平较高的区域。在该城市群内，青岛、济南和烟台是主要的经济中心，同时其他中小城市也同样具有相对较大的人口规模和经济总量，具有形态上的多中心发育结构。但从功能维度看，由于自然地形的障碍，以及缺少高铁的串联作用，山东省内城市间的实际联系并不强烈，城市网络有待于进一步发展。

环长株潭城市群、辽中南城市群和中原城市群均为区域尺度上重要的城市群。环长株潭城市群是我国发育较早的城市群地区，以长沙、株洲和湘潭为核心，三个城市间的一体化发展趋势较为明显。在规模分布上，环长株潭城市群内部差异相对较小，除了长沙外，株洲、衡阳、岳阳、常德等均具有相当规模的经济体量，形态多中心性较为明显。但在功能联系方面，该城市群内城市网络发育主要围绕长沙，其他城市间联系较弱，因此功能多中心性有待于进一步发育。而辽中南城市群、中原城市群是我国中等规模的城市群，位于重要的经济区，区域内具有明显的龙头城市，但中小城市相对较弱，城市网络有待于进一步发育。

而江淮城市群和北部湾城市群在形态维度上具有一定的相似性，虽然整体表现出形态多中心性，但该多中心结构仅略好于所有城市群形态多中心指数的平均值，属于发育较弱的形态多中心性。而两者在功能网络方面，城市群内城市间联系密度相对较低，多集中指向省会城市，其他城市的网络联系参与相对较低，因此并没有表现出功能联系上的相对均衡分布。因此，这两个城市群的空间组织形式仍有待于进一步观察，而其空间演化过程将取决于各城市在未来城市网络发展中的角色和地位。

9.6 本章小结

本章统筹单中心与多中心、形态与功能维度，发展了一套具有一般性的测度不同空间尺度形态多中心与功能多中心的分析框架，分析中国城市群多中心结构发育状态，进一步揭示中国城市群空间组织模式，为认识中国城市群的发育水平、演化过程与形成机制奠定认知基础。从形态维度看，中国城市群形态多中心结构发育程度各异，与城市群的城市数量、人口规模、经济总量等并不存在明显的相关关系；相对于形态多中心结构，中国城市群功能多中心结构发育程度的区域差异更大，城市群间功能多中心指数分布分散，变化幅度更大。同时，形态多中心性与功能多中心性之间并不存在明显的相关关系，中国城市群形态多中心性与功能多中心性之间存在着一定程度的空间不匹配现象，一个具有较高形态多中心性的城市群，并不一定意味着该城市群同样具有较高的功能多中心性。利用二维象限法，进一步识别出四种中国城市群空间组织模式，即为形态多中心—功能多中心（共有 2 个城市群）、形态单中心—功能多中心（共有 1 个城市群）、形态单中心—功能单中心（共有 5 个城市群）、形态多中心—功能单中心（共有 7 个城市群）。其中，大部分城市群在功能维度上表现出单中心发育结构，而城市群在形态多中心性上的分布则相对分散。

第 10 章　结论与展望

本书以城市群为研究对象，以多尺度城市功能地域空间重构为背景，统筹关系地理和城市网络等视角，尝试对中国城市群理论内涵、空间范围和空间组织等方面进行综合探究。作为本书的最后一章，这里将系统性地梳理前面章节分析所得出的主要结论，在此基础上，提出对当前城市和城市群发展的政策启示，最后总结研究不足与未来研究方向。

10.1 主要结论

1）对比中西方城市功能地域概念，可以发现，中国的城市群概念与西方学术界的巨型城市区域、巨型都市区、巨型区域三个概念是最为接近的，均是指由两个及以上相互联系的城市系统构成的大型城市集聚单元，在空间内涵、规模体量以及空间组织形式等方面具有极大的相似性和共通之处。通过系统性梳理中西方城市群理论发展脉络，本书认为，城市群是：①两个及以上城市系统组成的巨型城市地域；②兼具形态连续性和功能内聚力的城市系统；③全球化与本地化显著交互作用的大型经济单元；④当今时代城市与区域分工协作的一种尺度修复。此外，城市群发育的基本判断条件主要体现在 6 个方面，即良好的资源环境综合承载能力、大都市区与多个城市系统、地理空间上的邻近性与紧凑性、发达和完善的基础设施网络、深入协调的功能分工与经济联系，以及相对一致的社会网络和文化认同。

2）从城市群发育的基本条件出发，通过分析中国城市经济区、城市网络发育特征，刻画了中国城市群的基本发育状态和宏观格局，也为进一步识别中国城市群空间范围奠定认知基础。研究表明：①基于公路流的中国城市网络空间形态表现出强烈的空间依赖性和层级特征，与我国主要城市群分布存在较大程度的空间耦合，更多体现的是区域尺度的空间关系及核心-外围组合关系；②通过组团识别算法识别出 19 个城市经济区，其空间内涵主要包括行政区经济特征、巨型区域溢出效应和核心-边缘结构等方面；③不同地域系统内城市网络自成体系，表现出强烈的空间依赖性和多元的空间组织模式，多层次、流动性和网络化的地域系统格局凸显；④从空间形态上看，区域城市网络空间结构大致可划分为单核心结构、双核心结构、多核心结构和低水平均势结构等区域关联形态，并以单核心发育模式为主。

3）城市群的发育往往是孕育在经济区的地域系统内，城市网络发育是城市群地区的基本特征。从城市群的空间性质出发，基于关系地理与城市网络视角，本书共识别出21个城市群结构，并对其空间范围进行了初步划定，分别包括长三角、珠三角、京津冀、成渝、山东半岛、中原、辽中南、海峡西岸、关中平原、环长株潭、呼包鄂榆、兰州—西宁、晋中、武汉、江淮、环鄱阳湖、北部湾、黔中、滇中、哈大齐和吉林中部城市群。相较于国家“十三五”规划纲要提出的19个城市群，本书识别出的城市群既有所重叠，也有所区别，最大的不同在于长江中游城市群、哈长城市群、江淮城市群、宁夏沿黄城市群和天山北坡城市群。

4）考虑自然地表空间的异质性，本书综合集成陆地交通网络和自然地表要素，构建更为逼近真实情景的可达性分析算法，精确刻画中国城市的空间可达性，从而进一步解析和提取中国城市群空间范围。从空间可达性视角，多尺度功能性城市与区域体系开始浮现，如都市区、城市区域和城市群等不同尺度的功能地域系统。基于城市等时圈，从空间连续性、关联性和紧凑型出发，本书共识别出15个城市群结构，分别是长三角、珠三角、京津冀、成渝、山东半岛、中原、辽中南、海峡西岸、关中平原、环长株潭、武汉城、晋中、北部湾、江淮和宁夏沿黄城市群等。

5）城市群的发育、形成与演化具有其内在规律，是自然、经济、社会等多因素综合作用的结果，城市群功能地域具有高度的开放性、复杂性和动态性，城市群空间范围边界的界定也是一个从单一视角到多维度视角进行综合判别的过程。基于城市群空间识别分析框架，以城市群发育的六个基本条件作为主要参考，从多个维度对中国城市群空间范围进行轮廓刻画和综合校验。最终，本书共识别出15个城市群，包括长三角、珠三角、京津冀、成渝、山东半岛、中原、海峡西岸、辽中南、环长株潭、武汉、关中平原、江淮、北部湾、晋中和哈大齐城市群，构成多视角融合下的中国城市群空间范围的新方案。

6）基于前面识别出的中国城市群空间范围，本书构建了一套具有一般性的测度不同空间尺度形态多中心与功能多中心的分析框架，分析中国城市群多中心结构发育状态，揭示中国城市群空间组织模式。研究发现，中国城市群形态多中心性与功能多中心性之间并不存在明显的相关关系，两者之间存在着一定程度的空间不匹配现象，利用二维象限法，进一步识别出四种中国城市群空间组织模式，即为形态多中心—功能多中心（共有2个城市群）、形态单中心—功能多中心（共有1个城市群）、形态单中心—功能单中心（共有5个城市群）、形态多中心—功能单中心（共有7个城市群）。其中，大部分城市群在功能维度上表现出单中心发育结构，而城市群在形态多中心性上的分布则相对分散。

10.2 不足与展望

（1）城市群分析框架未能兼顾国家政策与政府干预

长期以来，城市群一直是我国城市地理领域的重要研究议题，在国民经济发展过程中发挥了重要作用。在实际研究中，作者试图通过引入的流数据和网络分析方法，从多个维度综合分析我国城市群的发育程度，识别我国城市群的空间范围和空间组织，从而深化对我国城市群的基础认知。因此，本书更多是从科学研究的角度出发，单纯从学理上对城市群的空间内涵、空间范围、空间组织等进行讨论，希望能够丰富和完善当前的城市群理论。在本书撰写过程中，作者未能充分顾及政策实施层面，当前的研究内容未能与国家政策完全相互衔接和对应，也是本书研究的缺憾。在后续的研究中，作者将继续深化、完善现有的城市群分析框架，尝试将研究内容与国家政策相对接，以期能够为城市群的政策实践提供参考支撑，进一步提高本研究的实践价值。

（2）研究视角与研究尺度有待于进一步延伸与深化

本书主要尝试通过关系地理和城市网络等视角，对中国城市群空间范围、空间组织等方面进行综合探究，在一定程度上弥补了现有研究中关于城市群研究中对功能维度的缺失。但考虑到关系型数据的难获取性，本书所采用的流与网络数据仍属于对真实流数据的参量替代。受限于数据来源，本书未能获取真实的交通流量数据，同时公路流数据的尺度也相对较粗，基于县级单元甚至更精细尺度的公路流数据具有极大的研究价值。多尺度与多视角城市网络正在不断深化传统的城市与区域空间组织理论，并为不同尺度空间关系带来全新视角和理论认知，也是未来城市群研究中的重点突破方向。

（3）中国城市群研究需要增强对功能维度的考量

空间形态和功能联系是城市群的重要维度，是认识城市群空间内涵的基本视角。以形态维度为优先的城市群研究，通常更多注重从自然景观上研究城市群空间，如从城市的人口、土地等属性特征和空间形态维度刻画城市群；而功能维度则更加关注自然景观背后的“流”和“网络”，强调城市群内外部的社会经济文化联系。其实，长期以来，在中国城市群研究过程中，城市群内部的社会经济联系、网络化组织均得到不同程度的关注，但这却仅局限于在一些概念性和结构性的论述中均有所提及，真正基于关系地理和城市网络的实证研究开展相对较少。这大概有两个方面的原因：一方面，虽然经济地理学中的关系和网络转向在西方学术界产生了重大的影响，但这并未能成为国内研究城市群空间组织的基本视角和一致共识；另一方面，由于关系型数据在获取和构建上存在较大难度，对于城市群尺度关系结构和生产网络的研究普遍缺少数据和方法论的实证支撑。因此，中国城市群研究基于形态维度围绕发展现状、空间结构、集聚扩散、演化过程等方面做出大量探索性研究；然而，基于功能维度针对城市群空间范围、空间组织、演化过程和形成机制等方面的研究却相对匮乏，尤其缺少从关系地理和城市网络视角来综合探索城市群的形成与演化过程。

（4）中国城市群研究需要更加注重多尺度的分析

在当今全球化、信息化时代，城市与区域均处于反身性的多尺度空间，城市根植于区域，区域是城市发展的基本容器。城市与区域发展问题，应更多基于尺度关联、关系地理和空间交互等视角来进行重新审视。在“流空间”和城市网络的框架下，城市发展不再局限于城市单体本身的空间范围、行政等级、规模体量等属性参数，而是更多依赖于参与分工协作的地位以及与区域内外的功能联系，应更多从多尺度空间分析城市在区域内外城市网络中的角色、地位和影响力。将城市放到更大范围的区域层面，思考如何通过协调区域内城市间合理的分工协作，提升多尺度城市网络联系强度，降低单体城市由于要素过度集聚造成的负外部性，从而通过互借规模兼顾城市单体发展与区域整体效率最大化，是理解多尺度空间重构的关键所在。从区域层面来看，如何通过调整区域空间结构，构建大中小城市相互依存、合理分工协作的空间网络和功能联系，不断优化和完善城市体系，提升区域整体竞争力和内生发展动力，将是区域可持续发展的关键问题。

（5）中国城市群研究需要更加关注内在运行机制

长期以来，学术界对于城市群的研究重心更多集中在城市群的概念内涵、空间结构、空间形态等，而缺乏对于城市群内在运行机制的审视。为了更深入地理解城市群化的过程，需要进一步关注城市群内在的运行机制及其背后可能存在的主体间博弈。当前，国家的城市群规划正在如火如荼地开展，各地城市争相“加入”城市群空间范畴，担心“被边缘化”。因此，我们需要仍进一步思考和回答：①城市群的作用是什么？对于一个区域，没有城市群分布，是否就意味着该区域的落后及其被边缘化？②城市群对于区域整体竞争力有何影响？集聚的还是扩散的？促进了经济发展还是扩大了区域差距？③城市群对于不同行为主体有何影响？对于大城市有何影响？对于小城市有何影响？对于区域内的不同阶层有何影响？这些问题均值得我们深思。

参考文献

蔡莉丽，马学广，陈伟劲，等. 2013. 基于客运交通流的珠三角城市区域功能多中心特征研究［J］. 经济地理，33（11）：52-57.

陈博文，陆玉麒，柯文前，等. 2015. 江苏交通可达性与区域经济发展水平关系测度——基于空间计量视角［J］. 地理研究，34（12）：2283-2294.

陈伟，修春亮，陈金星，等. 2015a. 中国城市间交通流强度的空间格局［J］. 人文地理，30（4）：116-122.

陈伟，修春亮，柯文前，等. 2015b. 多元交通流视角下的中国城市网络层级特征［J］. 地理研究，34（11）：2073-2083.

陈伟，刘卫东，柯文前，等. 2017. 基于公路客流的中国城市网络结构与空间组织模式［J］. 地理学报，72（2）：224-241.

方创琳. 2009. 城市群空间范围识别标准的研究进展与基本判断［J］. 城市规划学刊，（4）：1-6.

方创琳. 2014. 中国城市群研究取得的重要进展与未来发展方向［J］. 地理学报，69（8）：1130-1144.

方创琳，毛其智，倪鹏飞. 2015. 中国城市群科学选择与分级发展的争鸣及探索［J］. 地理学报，70（4）：515-527.

方创琳，鲍超，马海涛. 2016. 中国城市群发展报告［M］. 北京：科学出版社.

方创琳，王振波，马海涛. 2018. 中国城市群形成发育规律的理论认知与地理学贡献［J］. 地理学报，73（4）：651-665.

冯·杜能 J. 1997. 孤立国同农业和国民经济的关系［M］. 吴衡康，译. 北京：商务印书馆.

冯长春，谢旦杏，马学广，等. 2014. 基于城际轨道交通流的珠三角城市区域功能多中心研究［J］. 地理科学，34（6）：648-655.

高晓路，许泽宁，牛方曲. 2015. 基于“点—轴系统”理论的城市群边界识别［J］. 地理科学进展，34（3）：280-289.

高鑫，修春亮，魏冶. 2012. 城市地理学的“流空间”视角及其中国化研究［J］. 人文地理，（4）：32-36.

顾朝林. 1991. 中国城市经济区划分的初步研究［J］. 地理学报，46（2）：129-141.

顾朝林. 1992. 中国城镇体系：历史·现状·展望［M］. 北京：商务印书馆.

顾朝林. 2011. 城市群研究进展与展望［J］. 地理研究，30（5）：771-784.

顾朝林，张敏. 2000. 长江三角洲城市连绵区发展战略研究［J］. 现代城市研究，（1）：7-11.

贺灿飞，潘峰华. 2005. 外部集聚经济、外资溢出效应与制造业企业效率［J］. 产业经济研究，(3)：8-15.
贺艳华，周国华，唐承丽，等.2017. 城市群地区城乡一体化空间组织理论初探［J］. 地理研究，36（2）：241-252.
侯韵，孙铁山.2016. 中国城市群空间结构的经济绩效——基于面板数据的实证分析［J］. 经济问题探索，(2)：80-88.
胡序威.1993. 论中国经济区类型与组织［J］. 地理学报，48（3）：193-202.
胡序威，周一星，顾朝林，等.2000. 中国沿海城镇密集地区空间集聚与扩散研究［M］. 北京：科学出版社.
黄金川.2016. 基于辐射扩散测度的中国城市群发育格局识别［J］. 经济地理，36（11）：199-206.
霍华德 E. 2010. 明日的田园城市［M］. 金经元. 北京：商务印书馆.
姜海宁，谷人旭，陆玉麒，等.2010. 江苏省民用机场可达性及其服务能力评价［J］. 地理科学，16（4）：521-528.
蒋海兵，徐建刚，祁毅.2010. 京沪高铁对区域中心城市陆路可达性影响［J］. 地理学报，65（10）：1287-1298.
金凤君.2012. 基础设施与经济社会空间组织［M］. 北京：科学出版社.
金凤君.2013. 功效空间组织机理与空间福利研究［M］. 北京：科学出版社.
金凤君，王姣娥.2004. 20 世纪中国铁路网扩展及其空间通达性［J］. 地理学报，59（2）：293-302.
金凤君，王成金.2005. 轴-辐侍服理念下的中国航空网络模式构筑［J］. 地理研究，24（5）：774-784.
靳诚，黄震方.2012. 基于可达性技术的长江三角洲旅游区划［J］. 地理研究，31（4）：745-757.
克里斯塔勒 A. 1998. 德国南部中心地原理［M］. 常正文，等，译. 北京：商务印书馆.
李佳洺，张文忠，孙铁山，等.2014. 中国城市群集聚特征与经济绩效［J］. 地理学报，69（4）：474-484.
李凯，刘涛，曹广忠.2015. 中国典型城市群空间范围的动态识别与空间扩展模式探讨——以长三角城市群、武汉城市群和成渝城市群为例［J］. 城市发展研究，22（11）：72-79.
李小建.2006. 经济地理学（第二版）［M］. 北京：高等教育出版社.
梁泽，黄姣，韦飞黎，等.2020. 基于夜光遥感影像与百度 POI 数据的中国城市群空间范围识别方法［J］. 地理研究，39（1）：92-102.
刘慧，樊杰，李扬.2013. “美国 2050”空间战略规划及启示［J］. 地理研究，32（1）：90-98.
刘荣增.2003. 城镇密集区发展演化机制与整合［M］. 北京：经济科学出版社.
刘卫东.2003. 论全球化与地区发展之间的辩证关系——被动嵌入［J］. 世界地理研究，12（1）：1-9.
刘卫东，甄峰.2004. 信息化对社会经济空间组织的影响研究［J］. 地理学报，59（s1）：67-76.

刘卫东，樊杰，周成虎，等. 2003. 中国西部开发重点区域规划前期研究 [M]. 北京：商务印书馆.

刘卫东，陆大道. 2005. 新时期我国区域空间规划的方法论探讨——以“西部开发重点区域规划前期研究”为例 [J]. 地理学报，60 (6)：894-902.

刘卫东，等. 2013. 经济地理学思维 [M]. 北京：科学出版社.

刘志高，刘卫东，贺灿飞. 2011. 中国经济地理学的发展方向 [J]. 中国科学院院刊，26 (4)：407-414.

陆大道，陈明星. 2015. 关于“国家新型城镇化规划（2014-2020）”编制大背景的几点认识 [J]. 地理学报，70 (2)：179-185.

陆大道. 1995. 区域发展及其空间结构 [M]. 科学出版社.

陆大道. 2015. 京津冀城市群功能定位及协同发展 [J]. 地理科学进展，34 (3)：265-270.

陆大道，等. 2003. 中国区域发展的理论与实践 [M]. 科学出版社.

陆玉麒. 1998. 区域发展中的空间结构研究 [M]. 南京师范大学出版社.

罗震东，何鹤鸣，韦江绿. 2012. 基于公路客流趋势的省域城市间关系与结构研究 [J]. 地理科学，32 (10)：1193-1199.

罗震东，何鹤鸣，耿磊. 2011. 基于客运交通流的长江三角洲功能多中心结构研究 [J]. 城市规划学刊，(2)：16-23.

罗震东. 2010. 长江三角洲功能多中心程度初探 [J]. 国际城市规划，25 (1)：60-65.

孟德友，李小建，樊新生. 2016. 高速公路引导下中原经济区交通可达性空间格局 [J]. 地域研究与开发，35 (2)：36-40.

苗长虹，胡志强. 2015. 城市群空间性质的透视与中原城市群的构建 [J]. 地理科学进展，34 (3)：271-279.

宁越敏. 2011. 中国都市区和大城市群的界定—兼论大城市群在区域发展中的作用 [J]. 地理科学，31 (3)：257-263.

宁越敏. 2016. 论中国城市群的发展和建设 [J]. 区域经济评论，(1)：124-130.

宁越敏，施倩，查志强. 1998. 长江三角洲都市连绵区形成机制与跨区域规划研究 [J]. 城市规划，22 (1)：16-20.

潘竟虎，刘伟圣. 2014. 基于腹地划分的中国城市群空间影响范围识别 [J]. 地球科学进展，29 (3)：352-360.

潘竟虎，戴维丽. 2017. 基于网络分析的城市影响区和城市群空间范围识别 [J]. 地理科学进展，36 (6)：667-676.

沙里宁 E. 1986. 城市：它的发展，衰败与未来 [M]. 顾启源，译. 北京：中国建筑工业出版社.

沈建法. 2006. 中国城市化与城市空间的再组织 [J]. 城市规划，30 (S1)：36-40.

沈丽珍. 2010. 流动空间 [M]. 南京：东南大学出版社.

宋家泰，崔功豪，张同海. 1985. 城市总体规划 [M]. 北京：商务印书馆.

宋伟，李秀伟，修春亮. 2008. 基于航空客流的中国城市层级结构分析 [J]. 地理研究，27 (4)：917-926.

孙斌栋，王旭辉，蔡寅寅. 2015. 特大城市多中心空间结构的经济绩效——中国实证研究［J］. 城市规划，39（8）：39-45.

孙伟，闫东升，吴加伟. 2018. 城市群范围界定方法研究——以长江三角洲城市群为例［J］. 地理研究，37（10）：1957-1970.

孙中伟，路紫. 2005. 流空间基本性质的地理学透视［J］. 地理与地理信息科学，21（1）：109-112.

藤田昌久，克鲁格曼·P，维纳布尔斯·A·J. 2005. 空间经济学——城市、区域与国际贸易［M］. 梁琦，译. 北京：中国人民大学出版社.

汪德根，钱佳，牛玉. 2016. 高铁网络化下中国城市旅游场强空间格局及演化［J］. 地理学报，71（10）：1784-1800.

王成金. 2009. 城际交通流空间流场的甄别方法及实证——以中国铁路客流为例［J］. 地理研究，28（6）：1464-1475.

王发曾，程丽丽. 2010. 山东半岛、中原、关中城市群地区的城镇化状态与动力机制［J］. 经济地理，30（6）：918-925.

王姣娥，丁金学. 2011. 高速铁路对中国城市空间结构的影响研究［J］. 国际城市规划，26（6）：49-54.

王丽，邓羽，牛文元. 2013. 城市群的界定与识别研究［J］. 地理学报，68（8）：1059-1070.

王兴平. 2002. 都市区化：中国城市化的新阶段［J］. 城市规划汇刊，（4）：56-59.

王振波，徐建刚，朱传耿，等. 2010. 中国县域可达性区域划分及其与人口分布的关系［J］. 地理学报，65（4）：416-426.

韦伯·A. 1997. 工业区位论［M］. 李刚剑，等，译. 北京：商务印书馆.

魏后凯. 2006. 现代区域经济学［M］. 北京：经济管理出版社.

吴旗韬，张虹鸥，叶玉瑶，等. 2012. 基于交通可达性的港珠澳大桥时空压缩效应［J］. 地理学报，67（6）：723-732.

吴威，曹有挥，曹卫东，等. 2006. 长江三角洲公路网络的可达性空间格局及其演化［J］. 地理学报，61（10）：1065-1074.

武文杰，董正斌，张文忠，等. 2011. 中国城市空间关联网络结构的时空演变［J］. 地理学报，66（4）：435-445.

修春亮，魏冶. 2015. "流空间"视角的城市与区域结构［M］. 北京：科学出版社.

徐永健，许学强，阎小培. 2000. 中国典型都市连绵区形成机制初探——以珠江三角洲和长江三角洲为例［J］. 人文地理，15（2）：19-23.

许学强，周春山. 1994. 论珠江三角洲大都会区的形成［J］. 城市问题，（3）：3-6.

许学强，周一星，宁越敏. 2009. 城市地理学（第二版）［M］. 北京：高等教育出版社.

薛凤旋，郑艳婷，许志桦. 2014. 国外城市群发展及其对中国城市群的启示［J］. 区域经济评论，（4）：147-152.

闫小培，郭建国，胡宇冰. 1997. 港穗澳都市连绵区的形成机制研究［J］. 地理研究，16（2）：22-29.

姚士谋. 1992. 中国城市群［M］. 合肥：中国科学技术大学出版社.

姚士谋，朱英明，陈振光，等 . 2001. 中国城市群［M］. 合肥：中国科学技术大学出版社 .
姚士谋，周春山，王德，等 . 2016. 中国城市群新论［M］. 北京：科学出版社 .
姚士谋，陈振光，叶高斌，等 . 2015. 中国城市群基本概念的再认知［J］. 城市观察，35（1）：73-82.
叶玉瑶 . 2006. 城市群空间演化动力机制初探——以珠江三角洲城市群为例［J］. 城市规划，30（1）：61-66.
于涛方，顾朝林，李志刚 . 2008. 195 年以来中国城市体系格局与演变——基于航空流视角［J］. 地理研究，27（6）：1407-1418.
袁瑞娟，宁越敏 . 1999. 球化与发展中国家城市研究［J］. 城市规划汇刊，（5）：64-67.
张莉，陆玉麒 . 2006. 基于陆路交通网的区域可达性评价——以长江三角洲为例［J］. 地理学报，61（12）：1235-1246.
张倩，胡云锋，刘纪远，等 . 2011. 基于交通、人口和经济的中国城市群识别［J］. 地理学报，66（6）：761-770.
赵渺希，黎智枫，钟烨 . 2016. 中国城市群多中心网络的拓扑结构［J］. 地理科学进展，35（3）：376-388.
钟业喜，陆玉麒 . 2009. 基于可达性角度的区域发展机会公平性评价：以江西省为例［J］. 地理科学，29（6）：809-816.
钟业喜，陆玉麒 . 2011. 基于铁路网络的中国城市等级体系与分布格局［J］. 地理研究，30（5）：785-794.
周亮，赵琪，杨帆 . 2019. 于 POI 与 NPP/VIIRS 灯光数据的城市群边界定量识别［J］. 地理科学进展，38（6）：840-850.
周一星 . 1995. 城市地理学［M］. 商务印书馆 .
周一星，史育龙 . 1995. 建立中国城市的实体地域概念［J］. 地理学报，50（4）：289-301.
周一星，张莉 . 2003. 改革开放条件下的中国城市经济区［J］. 地理学报，58（2）：271-284.
周一星，胡智勇 . 2002. 从航空运输看中国城市体系的空间网络结构［J］. 地理研究，21（3）：276-286.
Alderson A S，Beckfield J. 2004. Power and position in the world city system［J］. American Journal of Sociology，109（4）：811-851.
Allen J，Massey D，Cochrane A. 1998. E-Thinking the Region［M］. London：Routledge.
Amin A，Thrift N. 2002. Cities：Reimagining the Urban［M］. Cambridge：Polity Press.
Amin A. 2004. Regions unbound：Towards a new politics of place［J］. Geografiska Annaler：Series B，Human Geography，86（1）：33-44.
Baigent E. Geddes P，2004. Lewis Mumford and Jean Gottmann：Divisions over ‘megalopolis’［J］. Progress in Human Geography，28（6）：687-700.
Bathelt H，Glückler J. 2005. Resources in economic geography：From substantive concepts towards a relational perspective［J］. Environment and Planning A，37（9）：1545-1563.
Batten D F. 1995. Network cities：Creative urban agglomerations for the 21st century［J］. Urban Studies，32（2）：313-327.

Blondel V D, Guillaume J L, Lambiotte R, et al. 2008. Fast unfolding of communities in large networks [J]. Journal of Statistical Mechanics: Theory and Experiment, (10): 10008.

Boggs J S, Rantisi N M. 2003. The "relational turn" in economic geography [J]. Journal of Economic Geography, 3 (2): 109-116.

Borgatti S P, Everett M G. 2000. Models of core/periphery structures [J]. Social networks, 21 (4): 375-395.

Brenner N. 2001. The limits to scale? Methodological reflections on scalar structuration [J]. Progress in Human Geography, 25 (4): 591-614.

Brenner N. 2013a. Implosions/Explosions: Towards a Study of Planetary Urbanization [M]. Berlin: Jovis.

Brenner N. 2013b. Theses on urbanization [J]. Public Culture, 25 (1): 85-114.

Brenner N, Schmid C. 2011. Planetary urbanization//Gandy M. Urban Constellations [M]. Berlin: Jovis: 10-13.

Burger M, Meijers E. 2012. Form follows function? Linking morphological and functional polycentricity [J]. Urban Studies, 49 (5): 1127-1149.

Burger M J, Meijers E J, van Oort F G. 2014. Editorial: The development and functioning of regional urban systems [J]. Regional Studies, 48 (12): 1921-1925.

Burger M J, Meijers E J, van Oort F G. 2014. Regional spatial structure and retail amenities in the Netherlands [J]. Regional Studies, 48 (12): 1972-1992.

Burger M J, van Der Knaap B, Wall R S. 2014. Polycentricity and the multiplexity of urban networks [J]. European Planning Studies, 22 (4): 816-840.

Burger M J, Meijers E J, Hoogerbrugge M M, et al. 2015. Borrowed size, agglomeration shadows and cultural amenities in North-West Europe [J]. European Planning Studies, 23 (6): 1090-1109.

Camagni R, Capello R. 2004. The city network paradigm: Theory and empirical evidence//Capello R, Nijkamp P. Urban Dynamics and Growth: Advances in Urban Economics [M]. Amsterdam: Elsevier.

Capello R, Camagni R. 2000. Beyond optimal city size: An evaluation of alternative urban growth patterns [J]. Urban Studies, 37 (9): 1479-1496.

Capello R. 2000. The city network paradigm: Measuring urban network externalities [J]. Urban Studies, 37 (11): 1925-1945.

Carbonell A, Yaro R D. 2005. American spatial development and the new megalopolis [J]. Land Lines, 17 (3), 1-4.

Castells M. 1989. The Informational City: Information Technology, Economic Restructuring, and the Urban-Regional Process [M]. Oxford: Blackwell.

Castells M. 1996. The Rise of the Network Society [M]. London: Blackwell.

Castells M. 1999. Grassrooting the space of flows [J]. Urban Geography, 20 (4): 294-302.

Castells M. 2001. The Internet Galaxy [M]. Oxford: Oxford University Press.

Castells M. 2002. Local and global: Cities in the network society [J]. Tijdschrift Voor Economische en Sociale Geografie, 93 (5): 548-558.

Castells M. 2010. Globalisation, networking, urbanisation: Reflections on the spatial dynamics of the information age [J]. Urban Studies, 47 (13): 2737-2745.

Champion A G. 2001. A changing demographic regime and evolving poly centric urban regions: Consequences for the size, composition and distribution of city population [J]. Urban Studies, 38 (4): 657-677.

Chen W, Liu W, Ke W, et al. 2018. Understanding spatial structures and organizational patterns of city networks in China: A highway passenger flow perspective [J]. Journal of Geographical Sciences, 28 (4): 477-494.

Chen W, Liu W, Liu Z. 2020. Integrating land surface conditions and transport networks to quantify the spatial accessibility of cities in China [J]. Journal of Maps, 16 (1): 6-12.

Chen W, Xiu C, Liu W, et al. 2015. Visualizing intercity scientific collaboration networks in China [J]. Environment and Planning A, 47 (11): 2229-2231.

Clauset A, Newman M E J, Moore C. 2004. Finding community structure in very large networks [J]. Physical Review E, 70 (6): 066111.

Da Silva M R, Ma H, Zeng A P. 2008. Centrality, network capacity, and modularity as parameters to analyze the core- periphery structure in metabolic networks [J]. Proceedings of the IEEE, 96 (8): 1411-1420.

Davoudi S. 2003. European briefing: Polycentricity in European spatial planning from an analytical tool to a normative agenda [J]. European Planning Studies, 11 (8): 979-999.

de Goei B, Burger M J, van Oort F G, et al. 2010. Functional polycentrism and urban network development in the Greater South East, United Kingdom: Evidence from commuting patterns, 1981-2001 [J]. Regional Studies, 44 (9): 1149-1170.

Della Rossa F, Dercole F, Piccardi C. 2013. Profiling core- periphery network structure by random walkers [J]. Scientific Reports, 3: 1467.

Derudder B, Witlox F. 2008. Mapping world city networks through airline flows: Context, relevance, and problems [J]. Journal of Transport Geography, 16 (5): 305-312.

Dicken P, Kelly P F, Olds K, et al. 2001. Chains and networks, territories and scales: Towards a relational framework for analysing the global economy [J]. Global Networks, 1 (2): 89-112.

Dicken P. 2007. Global shift: Mapping the Changing Contours of the World Economy [M]. London: Sage Publications Ltd.

Enderson J V. 1988. Urban Development: Theory, Fact, and Illusion [M]. Oxford: Oxford University Press.

Everett M G, Borgatti S P. 1999. The centrality of groups and classes [J]. The Journal of Mathematical Sociology, 23 (3): 181-201.

Fang C, Yu D. 2017. Urban agglomeration: An evolving concept of an emerging phenomenon [J]. Landscape & Urban Planning, 162: 126-136.

Fang C. 2015. Important progress and future direction of studies on China's urban agglomerations [J]. Journal of Geographical Sciences, 25 (8): 1003-1024.

Farmer C J Q, Fotheringham A S. 2011. Network- based functional regions [J]. Environment and Planning A, 43 (11): 2723-2741.

Florida R, Gulden T, Mellander C. 2008. The rise of the mega- region [J]. Cambridge Journal of Regions, Economy and Society, 1 (3): 459-476.

Friedmann J. 1996. Regional Development Policy: A Case Study of Venezuela [M]. Cambridge: MIT Press.

Fujita M, Krugman P R, Venables A. 2001. The Spatial Economy: Cities, Regions, and International Trade [M]. Cambridge: MIT Press.

Fujita M. 1988. A monopolistic competition model of spatial agglomeration: Differentiated product approach [J]. Regional Science and Urban Economics, 18 (1): 87-124.

Gao S, Liu Y, Wang Y, et al. 2013. Discovering spatial interaction communities from mobile phone data [J]. Transactions in GIS, 17 (3): 463-481.

Geddes P. 1915. Citiesin Evolution: An Introduction to the Town Planning Movement and to the Study of Civics [M]. London: Williams & Norgate.

Georg I, Blaschke T, Taubenböck H. 2016. New spatial dimensions of global cityscapes: From reviewing existing concepts to a conceptual spatial approach [J]. Journal of Geographical Sciences, 26 (3): 355-380.

Girvan M, Newman M E J. 2002. Community structure in social and biological networks [J]. Proceedings of the National Academy of Sciences, 99 (12): 7821-7826.

Glaeser E L, Shleifer A. 1992. Growth in Cities [J]. Journal of Political Economy, 100 (6): 1126-1152.

Glaeser E L. 1999. Learning in cities [J]. Journal of urban Economics, 46 (2): 254-277.

Goddard J B. 1970. Functional regions within the city centre: A study by factor analysis of taxi flows in central London [J]. Transactions of the Institute of British Geographers, (49): 161-182.

Gottmann J. 1957. Megalopolis or the urbanization of the Northeastern Seaboard [J]. Economic Geography, 33 (3), 189-200.

Gottmann J. 1961. Megalopolis: The Urbanized Northeastern Seaboard of the United States [M]. New York: Twentieth Century Fund.

Grabher G. 2006. Trading routes, bypasses, and risky intersections: Mapping the travels of networks' between economic sociology and economic geography [J]. Progress in Human Geography, 30 (2): 163-189.

Green N. 2007. Functional polycentricity: A formal definition in terms of social network analysis [J]. Urban Studies, 44 (11): 2077-2103.

Gregory D, Johnston R, Pratt G, et al. 2009. The DIctionary of Human Geography: 5th ed [M]. London: Wiley-Blackwell.

Hall P, Pain K. 2006. The Polycentric Metropolis: Learning from Mega-city Regions in Europe [M]. London: Earthscan.

Hall P. 2014. Cities of Tomorrow: An Intellectual History of Urban Planning and Design Since 1880 [M].

Chichester: John Wiley & Sons.

Hanssens H, Derudder B, Witlox F. 2013. Are advanced producer services connectors for regional economies? an exploration of the geographies of advanced producer service procurement in Belgium [J]. Geoforum, 47 (2): 12-21.

Harrison J, Hoyler M. 2015. Megaregions: Globalization's new urban form? [M]. Cheltenham: Edward Elgar.

Harrison J. 2013. Configuring the new 'regional world': On being caught between territory and networks [J]. Regional Studies, 47 (1), 55-74.

Helminen V, Rita H, Ristimäki M, et al. 2012. Commuting to the centre in different urban structures [J]. Environment and Planning B: Planning and Design, 39 (2): 247-261.

Henderson J V. 1977. Economic Theory and the Cities [M]. New York: Academic Press.

Henderson J V. 2003. Marshall's scale economies [J]. Journal of Urban Economics, 53 (1): 1-28.

Hennemann S. 2013. Information- rich visualisation of dense geographical networks [J]. Journal of Maps, 9 (1): 68-75.

Holme P. 2005. Core-periphery organization of complex networks [J]. Physical Review E, 72 (4): 046111.

Howard E, Osborn F J. 1965. Garden Cities of Tomorrow [M]. Cambridge: Mit Press.

Hoyler M, Freytag T, Mager C. 2008. Connecting Rhine- Main: The production of multi- scalar polycentricities through knowledge- intensive business services [J]. Regional Studies, 42 (8): 1095-1111.

Hoyler M, Kloosterman R C, Sokol M. 2008. Polycentric puzzles- emerging mega- city regions seen through the lens of advanced producer services [J]. Regional Studies, 42 (8): 1055-1064.

Jacobs J. 1985. Cities and the Wealth of Nations: Principles of Economic life [M]. New York: Random House.

Jiao J, Wang J, Jin F, et al. 2016. Understanding relationship between accessibility and economic growth: Case study from China (1990-2010) [J]. Chinese Geographical Science, 26 (6): 803-816.

Karlsson C, Olsson M. 2006. The identification of functional regions: Theory, methods, and applications [J]. The Annals of Regional Science, 40 (1): 1-18.

Kloosterman R C, Lambregts B. 2001. Clustering of economic activities in polycentric urban regions: The case of the Randstad [J]. Urban studies, 38 (4): 717-732.

Kloosterman R C, Musterd S. 2001. The polycentric urban region: Towards a research agenda [J]. Urban Studies, 38 (4): 623-634.

Krugman P. 1991. Increasing returns and economic geography [J]. Journal of Political Economy, 99 (3): 483-499.

Krugman P. 1996. Urban concentration: The role of increasing returns and transport costs [J]. International Regional Science Review, 19 (1-2): 5-30.

Lambregts B. 2006. Polycentrism: Boon or barrier to metropolitan competitiveness? The case of the

Randstad Holland [J]. Built Environment, 32 (2): 114-123.

Lancichinetti A, Fortunato S. 2009. Community detection algorithms: A comparative analysis [J]. Physical Review E, 80 (5): 056117.

Lang R E, Dhavale D. 2005. America's megapolitan areas [J]. LandLines, 17 (3), 1-5.

Lang R E, Nelson A C. 2009. Megapolitans: Defining and applying a new geography//Ross C L. Megaregions: Planning for Global Competitiveness [M]. Boston: Island Press.

Lang R, Knox P K. 2009. The new metropolis: Rethinking megalopolis [J]. Regional Studies, 43 (6): 789-802.

Leyshon A, Pollard J. 2000. Geographies of industrial convergence: The case of retail banking [J]. Transactions of the Institute of British Geographers, 25 (2): 203-220.

Li Y, Phelps N A. 2017. Knowledge polycentricity and the evolving Yangtze River Delta megalopolis [J]. Regional Studies, 51 (7): 1035-1047.

Li Y, Phelps N. 2018. Megalopolis unbound: Knowledge collaboration and functional polycentricity within and beyond the Yangtze River Delta Region in China, 2014 [J]. Urban Studies, 55 (2): 443-460.

Liu X, Wang M. 2016. How polycentric is urban China and why? A case study of 318 cities [J]. Landscape and Urban Planning, 151: 10-20.

Liu X, Derudder B, Wu K. 2016. Measuring polycentric urban development in China: An intercity transportation network perspective [J]. Regional Studies, 50 (8): 1302-1315.

Marshall A. 1890. Principles of Economics [M]. London: Macmillan.

Martínez B, Celda M F, Millán M E, et al. 2009. On the economic foundation of the urban network paradigm: Spatial integration, functional integration and economic complementarities within the Dutch Randstad [J]. Urban Studies, 47 (4): 725-748.

Massey D B. 1994. Space, Place, and Gender [M]. Minneapolis: University of Minnesota Press.

Massey D B, Allen J, Sarre P. 1999. Human Geography Today [M]. Cambridge: Polity Press.

Meijers E J, Burger M J, Hoogerbrugge M M. 2016. Borrowing size in networks of cities: City size, network connectivity and metropolitan functions in Europe [J]. Papers in Regional Science, 95 (1): 181-198.

Meijers E J, Burger M J. 2010. Spatial structure and productivity in US metropolitan areas [J]. Environment and Planning A, 42 (6): 1383-1402.

Meijers E, Burger M. 2015. Stretching the concept of 'borrowed size' [J]. Urban Studies, 54 (1): 269-291.

Meijers E. 2005. Polycentric urban regions and the quest for synergy: Is a network of cities more than the sum of the parts? [J]. Urban Studies, 42 (4): 765-781.

Meijers E. 2008. Measuring polycentricity and its promises [J]. European Planning Studies, 16 (9): 1313-1323.

Midelfart- Knarvik K H, Overman H G, Redding S, et al. 2002. Integration and Industrial Specialisation in the European Union [J]. Revue Économique, 53 (3), 469-481.

Mu X, Yeh A G O. 2016. Measuring polycentricity of mega-city regions in China based on the intercity migration flows [J]. ISPRS-International Archives of the Photogrammetry, Remote Sensing and Spatial Information Sciences, XLI-B6: 275-281.

Mumford L. 1938. The Culture of Cities [M]. New York: Harcourt.

Murphy J T. 2006. Building trust in economic space [J]. Progress in Human Geography, 30 (4): 427-450.

Nelson A C, Lang R E. 2011. Megapolitan America: a New Vision for Understanding America's Metropolitan Geography [M]. Chicago: APA Planners Press.

OECD. 2006. Competitive Cities in the Global Economy, OECD Territorial Reviews [R] . Paris: Organisation for Economic Co-operation and Development.

Parr J B. 2002. Agglomeration economies: Ambiguities and confusions [J]. Environment and Planning A, 34 (4): 717-731.

Parr J B. 2004. The polycentric urban region: A closer inspection [J]. Regional Studies, 38 (3): 231-240.

Parr J B. 2014. The regional economy, spatial structure and regional urban systems [J]. Regional Studies, 48 (12): 1926-1938.

Pereira R H M, Nadalin V, Monasterio L, et al. 2013. Urban centrality: A simple index [J]. Geographical analysis, 45 (1): 77-89.

Phelps N A. 2004. Clusters, dispersion and the spaces in between: For an economic geography of the Banal [J]. Urban Studies, 41 (5-6): 971-989.

Phelps N A, Fallon R J, Williams C L. 2001. Small firms, borrowed size and the urban-rural shift [J]. Regional Studies, 35 (7): 613-624.

Pons P, Latapy M. 2006. Computing communities in large networks using random walks [J]. Journal of Graph Algorithms and Applications, 10 (2): 191-218.

Raghavan U N, Albert R, Kumara S. 2007. Near linear time algorithm to detect community structures in large-scale networks [J]. Physical Review E, 76 (3): 036106.

Regional Plan Association. 2006. America 2050: A Prospectus [R]. New York: Regional Plan Association.

Rinzivillo S, Mainardi S, Pezzoni F, et al. 2012. Discovering the geographical borders of human mobility [J]. KI-Künstliche Intelligenz, 26 (3): 253-260.

Ross C L. 2009. Megaregions: Planning for Global Competitiveness [M]. Washington D C: Island Press.

Rosvall M, Bergstrom C T. 2008. Maps of random walks on complex networks reveal community structure [J]. Proceedings of the National Academy of Sciences, 105 (4): 1118-1123.

Rosenthal S S, Strange W C. 2001. The determinants of agglomeration [J]. Journal of Urban Economics, 50 (2): 191-229.

Sassen S. 2000. The global city: Strategic site/new frontier [J]. American Studies, 41 (2/3): 79-95.

Schafran A. 2014. Rethinking mega-regions: Sub-regional politics in a fragmented metropolis [J]. Regional Studies, 48 (4): 587-602.

Schafran A. 2015. Beyond globalization: a historical urban development approach to understanding megaregions [M] //Harrison J, Hoyler M. Megaregions: Globalization's New Urban Form? Cheltenham: Edward Elgar.

Scott A J. 2001. Globalization and the rise of city-regions [J]. European Planning Studies, 9 (7): 813-826.

Scott A J. 2002. Global city- Regions: Trends, Theory, Policy [M]. Oxford: Oxford University Press.

Slater P B. 1976. A hierarchical regionalization of Japanese prefectures using 1972 interprefectural migration flows [J]. Regional Studies, 10 (1): 123-132.

Smith A. 2003. Power relations, industrial clusters, and regional transformations: Pan-European integration and outward processing in the Slovak clothing industry [J]. Economic Geography, 79 (1): 17-40.

Soja E W. 2000. Postmetropolis: Critical Studies of Cities and Regions [M]. Oxford: Basil Blackwell.

Soja E, Kanai E. 2007. The urbanization of the world//Burdett R. The Endless City [M]. London: Phaidon Press Limited.

Sokol M, van Egeraat C, Williams B. 2008. Revisiting the 'informational city': Space of flows, polycentricity and the geography of knowledge-intensive business services in the emerging global city-region of Dublin [J]. Regional Studies, 42 (8): 1133-1146.

Starrett D. 1978. Market allocation of location choice in a model with free mobility [J]. Journal of Economic Theory, 17 (1): 21-37.

Storper M. 1997. The Regional World: Territorial Development in a Global Economy [M]. New York: Guilford Press.

Su S, Liu Z, Xu Y, et al. 2017. China's megaregion policy: Performance evaluation framework, empirical findings and implications for spatial polycentric governance [J]. Land Use Policy, 63: 1-19.

Sunley P. 2008. Relational economic geography: A partial understanding or a new paradigm? [J]. Economic Geography, 84 (1): 1-26.

Taylor P J, Evans D M, Pain K. 2008. Application of the interlocking network model to mega-city-regions: Measuring polycentricity within and beyond city-regions [J]. Regional Studies, 42 (8): 1079-1093.

Taylor P J, Hoyler M, Verbruggen R. 2010. External urban relational process: Introducing central flow theory to complement central place theory [J]. Urban Studies, 47 (13): 2803-2818.

Taylor P J. 2001. Specification of the world city network [J]. Geographical Analysis, 33 (2): 181-194.

Taylor P J. 2004. The new geography of global civil society: NGOs in the world city network [J]. Globalizations, 1 (2): 265-277.

Taylor P J, Pain K. 2007. Polycentric mega-city regions: Exploratory research from Western Europe// Regional Plan Association and Lincoln Institute of Land Policy. The Healdsburg Research Seminar on Megaregions: Discussion Papers and Summary [R]. Cambridge: Lincoln Institute of Land Policy.

Taylor P J, Catalano G, Walker D R F. 2002. Measurement of the world city network [J]. Urban Studies, 39 (13): 2367-2376.

Taylor P J, Evans D M, Hoyler M, et al. 2009. The UK space economy as practised by advanced producer service firms: Identifying two distinctive polycentric city- regional processes in contemporary Britain [J]. International Journal of Urban and Regional Research, 33 (3): 700-718.

UN-DESA. 2011. Population Distribution, Urbanization, Internal Migration and Development: An International Perspective [R]. New York: United Nations Publications.

UN- DESA. 2012. World Urbanization Prospects: The 2011 Revision [R]. New York: United Nations Publications.

UN-Habitat. 2008. State of the World's Cities 2010/2011: Bridging the Urban Divide [R]. London: Earthscan.

Vasanen A. 2012. Functional polycentricity: Examining metropolitan spatial structure through the connectivity of urban sub-centres [J]. Urban Studies, 49 (16): 3627-3644.

Vasanen A. 2013. Spatial Integration and functional balance in polycentric urban systems: A multi-scalar approach [J]. Tijdschrift Voor Economische en Sociale Geografie, 104 (4): 410-425.

Veneri P, Burgalassi D. 2012. Questioning polycentric development and its effects. Issues of definition and measurement for the Italian NUTS- 2 regions [J]. European Planning Studies, 20 (6): 1017-1037.

Veneri P. 2010. Urban polycentricity and the costs of commuting: Evidence from Italian metropolitan areas [J]. Growth and Change, 41 (3): 403-429.

Wang J, Jin F, Mo H, et al. 2009. Spatiotemporal evolution of China's railway network in the 20th century: An accessibility approach [J]. Transportation Research Part A: Policy and Practice, 43 (8): 765-778.

Wang J, Mo H, Wang F. 2014. Evolution of air transport network of China 1930-2012 [J]. Journal of Transport Geography, 40, 145-158.

Whebell C F, 1969. Corridors: A theory of urban systems [J]. Annals of the Association of American Geographers, 59 (1): 1-26.

Xu J, Li A, Li D, et al. 2017. Difference of urban development in China from the perspective of passenger transport around spring festival [J]. Applied Geography, 87: 85-96.

Xu Z, Harriss R. 2014. Discontinuities in the evolution of the city system in Texas from 1850 to 2010 [J]. Computers, Environment and Urban Systems, 43: 14-24.

Yang J, French S, Holt J, et al. 2012. Measuring the structure of US metropolitan areas, 1970-2000: Spatial statistical metrics and an application to commuting behavior [J]. Journal of the

American Planning Association, 78 (2): 197-209.

Yang J, Song G, Lin J. 2014. Measuring spatial structure of China's megaregions [J]. Journal of Urban Planning and Development, 141 (2): 04014021.

Yeung H W C. 2005. Rethinking relational economic geography [J]. Transactions of the Institute of British Geographers, 30 (1): 37-51.

Yue W, Liu Y, Fan P. 2010. Polycentric urban development: The case of Hangzhou [J]. Environment and Planning A, 42 (3): 563-577.

Zhang C. 2016. Agglomeration of knowledge intensive business services and urban productivity [J]. Papers in Regional Science, 95 (4): 801-818.

Zhao M, Derudder B, Huang J. 2017. Examining the transition processes in the Pearl River Delta polycentric mega-city region through the lens of corporate networks [J]. Cities, 60: 147-155.

Zhong C, Arisona S M, Huang X, et al. 2014. Detecting the dynamics of urban structure through spatial network analysis [J]. International Journal of Geographical Information Science, 28 (11): 2178-2199.

Zhou Y. 1991. The metropolitan interlocking. region in China: A preliminary hypothesis// Ginsburg N, Koppel B, McGee T G, et al. The Extended Metropolis: Settlement Transition in Asia [M]. Honolulu: University of Hawaii Press: 89-111.